解读王朝 后妃卷

【全新角度思考历史 解密王朝宫廷风云】

韶华 亚方 邓荫柯 主编
郎享伯 著

中国青年出版社

目录

代序　关于《解读王朝》(韶华)	001
迷人害己的苏妲己	001
一笑失天下的褒姒	009
奸狡诡诈的骊姬	024
翟叔隗死于乱箭	042
自刎垓下的虞姬	050
从夫人到"人彘"	058
恚恨而死的栗姬	067
悬梁自尽的卫子夫	076
无辜被杀的赵钩弋	086
被毒死在产房里的许平君	096
被废赐死的许皇后	104
妖艳狠毒的赵氏姊妹	112
利欲熏心的董皇后	126
抢来又赐死的甄后	134

暴戾贪婪的贾南风　　　　　　　　146

迫害亲妹妹的冯皇后　　　　　　　159

仿效武后的韦皇后　　　　　　　　175

秤量天下的上官昭容　　　　　　　186

杨贵妃魂断马嵬驿　　　　　　　　199

不认亲爹的刘皇后　　　　　　　　214

被废入道的郭皇后　　　　　　　　235

能诗善歌的萧瑟瑟　　　　　　　　244

生不如死的纪淑妃　　　　　　　　257

贵不保子的张皇后　　　　　　　　268

临难不悔的珍妃　　　　　　　　　278

附录　历代皇妃非正常死亡情况表　288

代序 关于《解读王朝》

我不是一个历史知识很丰富的人,从来也没有想过要当历史学家。但是我常常读些史书,想从历史的发展中寻找一些带有规律性的东西。这几年我从上古到清末,系统地读了些史料。使我吃惊的是,自西周以来近3000年的历史中,死于非命的帝王竟然那么多!占在位帝王的比例那么大!我便按朝代做了若干张统计表。其中一张是"死于非命的历代帝王比例表"。此表分为四栏:

一、纪元:自公元(前、后)xx年至xx年。

二、在位帝王:该朝从xx帝至xx帝,在位帝王共xx代,亡于x朝。

三、该朝在位帝王平均享年(生卒年月不详者未计)。

四、死于非命的帝王数目、死亡原因及其在该朝在位帝王中所占的比例。

这几项统计,头两项前人作过,属于普及知识范畴,但后两项,就我所接触的史书,尚未见过。我列了二十几张各朝各代表和一张"总表"(因为夏商史料不全、不准,我是从西周开始统计的)。统计数字所表明的结果很令人吃惊:

一、从公元前1046年到公元1911年,共2957年。

二、从西周武王到清朝溥仪,共84个王朝,882个在位帝王。

三、在位帝王平均享年41.7岁。

四、在882个在位帝王中,有288个不得善终(被杀死、缢死、饿死、毒死),占在位帝王的32.6%。也就是说,100个在位帝王中,有近1/3不得善终。其中有4个王朝100%的帝王被杀,有25个王朝50%以上的帝王被杀。帝王的平均寿命40来岁,可以说是短命鬼。

五、在被杀帝王中,有18个未成年帝王,占被杀帝王的7.4%。

帝王是权力的最高象征,掌握着举国的生杀大权,这么多在位帝王被杀,就不能不令人想一想有关"什么是历史"和"权力"的一些问题了。

令人深思的还有:这些被杀帝王中,按我们习惯认识的常理,应该是被农民起义军所杀。可是统计表明,他们基本上都是在宫廷政变的夺权斗争中互相残杀而死的。找来找去,找到了一个崇祯皇帝,是在李自成攻进北京时,上吊自杀的(只能算半个)。所以,我在"总表"的"附记"中说了一句:"被农民起义军杀死的极少,其比例小到可以忽略不计的程度。"这又为我们认识历史提供了一个新的思路。

"总表"有一个"附表",即把在位30年、活到50岁以上的皇帝列了一个"长寿皇帝表"。按我掌握的资料,在历史上可以说寥若晨星,一共不到30个。我列了20个,并在一条"小注"中作了说明。

从此表可以看出:

凡是开国的、治国的、对人民实行"仁政"或"勤政"、重视文化的朝代,延续的时间都比较长,帝王平均享年高,被杀的少;凡是继位的帝王反复争权夺位的、荒淫无道的、压迫人民特别残酷的王朝,统治时间都比较短,被杀的帝王比例大,帝王大多是短命鬼。这也是一种规律。

统治和被统治是残酷的,统治集团内部之间的这种斗争也是非常激烈和残酷的。

其中还有值得思索的一个问题是:历史是怎么发展的?每次农民起义建立的只是一个新的封建王朝,战争之后无不哀鸿遍地,尸横荒野。倒是某个王朝统治比较稳定的时期,科学文化发展了,则会有一个被称之为"盛世"的时期。

在"非正常死亡表"中,还有三张"王子"、"后妃"和"重臣"的"非正常死亡表"。

在某一个皇帝在位时,如果不立太子,内部矛盾暂时潜伏下来,一旦要立太子了,即这种统治权力更迭时,皇帝与太子、皇子与皇子(因为皇帝的儿子很多)、拥立此皇子与拥立彼皇子继位的大臣派系之间,甚至王妃之间的斗争,便激化起来,使用的手段也特别毒辣、残酷。父子之间、母子之间、兄弟之间便互相杀将起来。但本表只统计在位皇帝的"非正常死亡";如果把被杀的王子、王妃、大臣也统计在内(还有其他原因被杀的),那就太多了!纵观古今各朝各代,概莫能外。因此,后三张表统计都比较简单。因对方施展阴谋而"暴崩"的皇帝,史学家未证明是被杀的,也未计算在内。

制订了这些个"表格"后,我没想到发表,只是作为自己认识历史、思索权力的规律性的一个资料,有时也作为和二三好友谈话的题目。后来和一位文学界的朋友谈及此表,他建议我编一种套书。我本来有许多小说要写,可是,我觉得此事很有意义,自己也有兴趣,即组织几位又是史学家又是作家的朋友(即阎德荣、吴梦起、郎享伯、孙宝镛同志)着手编写,又过了一年多,编成了四卷书。

编写之前,我和这几位同志曾经商量了几个问题:

第一是读者对象问题。此书是作为史料写,还是作为文学作品写?我们认为,对象应该是最广大的普通读者,让他们通过此书了解历史和思索历史;不是为史学家提供资料——他们掌握有比我们还多的资料。要特别注重可读性、知识性和趣味性,力争达到雅俗共赏。

第二是文学性和历史真实的关系问题。第一要符合历史真实,但必须有文学性,有可读性。我们遵循的原则是:大事不虚,小事不拘。大事,即主要人物和主要事件,要符合历史真实;小事,即情节和细节,可以运用文学描写手段。或者叫作"以史为骨,以文为肉"。这是用文学手段写作历史题材作品的共同规律。

第三是选材问题,即多和少的关系问题。历朝历代的宫廷斗争,留下多少惊心动魄的故事!我们只能选择具有典型性和有特色的故事来写。如果悉数收录,那是百八十卷也写不尽的。

第四是篇幅问题,即大和小的关系问题。每个帝王,每段历史上的这类故事,都可以写成一部中篇、长篇小说,或者多集电视连续剧,如果尽情地这么写开了去,这不是本书所能做到的。所以,我们规定每个入选的故事写5000至1万字。每卷三四十个故事,约25万到30万字。

第五是求全和不全的关系问题。在近3000年历史84代王朝中,280多个帝王被杀,还有数不清的王子、后妃、重臣被害,而我们只选择几十个故事,显然不足以囊括历史。为补缺遗,我们在每卷后面列了一个"附表",或可从中约略窥见全貌。

《解读王朝》的四卷分别为:

第一卷《帝王卷》,主要写历代帝王为夺取江山、巩固自己的权力,互相杀戮的故事,特别是内部宫廷政变中的自相残杀,是极其残酷的,本书第一卷的附表中,有18个未成年皇帝被杀,有的只当了一天皇帝就送了小命,可见内部的夺权斗争的激烈!

第二卷《王子卷》。权力这个东西是极其敏感的,历代王朝都是如此。平常矛盾还隐蔽着,每当要立太子时,即权力的转移时刻,矛盾便激化起来。要保这个太子登基和要推那个太子继位的各个派系,互相间便争得不可开交,大多以阴谋或血刃相见。因为他们权力的"运行机制"是世袭,是皇帝指定"接班人",立长立庶有老规矩,但由于各种因素又不能尽行老规矩,或是由于实际威胁,或是由于猜忌多疑,于是便父杀子,子弑父,兄杀弟,弟杀兄,宫廷便笼罩在刀光血影之中,要说明的是:皇帝们的王子太多,不可胜记,其中被杀者数目不准,也无法像对在位帝王一样列出比例,后面的附表只能由斑见豹。

第三卷《后妃卷》。我国古代女人本来是不参政的。但后妃们一旦置身于权力的漩涡中,和立太子、当太后联系起来,也就卷入了权力斗争,有的成了牺牲品,有的则"比男人更凶残",如吕后。也是因为皇帝们的后妃太多,被杀者难以列表,更算不出比例。如果算出来一定是个可怕的数字!但我们还是列了个"历代后妃非正常死亡情况表"。

第四卷《重臣卷》。俗话说"伴君如伴虎",稍不小心,皇帝老儿就会要你的脑袋。况且不少重臣为了自己的利益,也参与了夺权斗争,被杀头、赐死的难以胜记。冤假错案不少,作恶多端该死者也不少。这一卷主要写他们的故事。

编就这四卷书,掩卷深思:权力这个东西像张魔椅,都想坐上去;坐上

去为了保住它，什么道德、良心、父子之情、夫妻之义，全化烟化灰了，其残忍程度有时比对异族他国的敌人都凶。还觉得可悲的是：这些帝王们自己也读史书，殷鉴不远，但那魔椅总是驱使他们去重复这段历史，这里有什么不可抗拒的规律吗？

电视连续剧《唐明皇》的主人公——这个曾经开创"开元盛世"的李隆基也曾杀了自己的三个儿子，废了几个皇后，杀人者、被杀者都没有好结果，悲哉！

这套书分别由四位作家写作。文章的风格基本上是统一的，但也不免有些差别。我想，在一套书中，不求统一风格也好，若总是一个调子，会引起读者的"审美疲劳"。换换口味，可能更有兴味。

我是怀着浓厚兴趣提议编这套书的，和几位作家一起做了"总设计"，由我主编，荫柯和亚方同志任副主编。

在我制作第一卷那一部分"附表"的时候，曾经请教作家、清史研究家凌力同志和本书的另几位作者，为我作了校订，在这里表示感谢。

韶 华

2008年8月28日于北京

迷人害己的苏妲己

帝辛（就是后世所称的商纣王）正陪着爱妃妲己（dájī）在鹿台上饮酒作乐，玩耍取笑。他俯瞰着脚下的朝（zhāo）歌城（在今河南省淇县，商代别都）那一簇簇方的、圆的草屋顶，像一个个大蘑菇，有的草屋顶端的烟囱还飘着袅袅炊烟。连那炊烟都在他们的脚下。只有对面那些豪华的宫殿，因为是建在夯台之上，又十分高大，才可以与这鹿台一比高低。

"妲己，给寡人跳一段舞吧！"帝辛的眼睛跟着妲己在这高高的鹿台顶上转来转去，几乎是在哀求妲己。

帝辛就爱看苏妲己跳舞。她那匀称的腰身，仿佛被轻纱装扮成一棵亭亭玉立的幼树；她那婆娑的舞姿，似乎是在轻柔的乐声中翩翩飞翔的仙鹤；她那娇嫩的皮肤，已经被篝火涂上一层迷人的橘红色……在帝辛的眼里，这位苏部落送来不久的美女无处不散发着诱人的光彩。特别是当他手持酒爵，带着几分醉意边饮边看的时候，那妲己就像在空中飘舞，在云里飞翔，甚至觉得自己也在与她同舞，真是别有一番乐趣。可是今天，任他怎样恳求，妲己就是不跳。

用什么办法能让她起舞呢？他琢磨来琢磨去，到底想出一个办法：

"爱妃，让我们谈个交换条件吧！寡人先给爱妃表演一段角力，然后爱妃再给寡人跳几段舞，如何？"妲己既没有说是，也没有说否，只是淡淡地一笑。

妲己是苏部落送给帝辛的礼物。因为各个部落，也就是八方诸侯们都知道，帝辛不是一般的好色之徒，而是一个爱女色几至发狂的国君。光靠财物珠宝、黄金贝壳，已经无法使他满足了。为了自身的安宁，他们也只好设法满足他的淫欲。与此同时，大家深为他的勇力和聪明惋惜：如果他能把他的勇力和聪明都用到治理国家上，商朝的颓势不就可以挽回一二了

吗？而刚刚满十五岁的妲己觉得自己之所以能够进宫,当上帝辛的宠妃,完全是因为自己的美貌。因此,她十分珍视自己的美貌。王宫里的财富和随心所欲,更加激发了她利用自己的美貌博得进一步的宠爱、占有更多的财富的欲望。她觉得,过于顺从反而会降低自己的身价,必要的时候,也得撒娇使气。

帝辛也想借这个机会向妲己显示一下,他转身对妲己说:"请爱妃在上面观看。"他对几名宰臣一挥手,说道:"下去给我准备牛!"

不多时,那些宰臣为他备好了九条牛。每条牛拉着一条套绳,九条套绳又结成一个绳扣,而绳扣上又扯出一条绳子,绑到帝辛的腰上。那九条牛扇面似的分开,拉着帝辛的绳子。只见帝辛用脚跟在地上踩出了两个坑,用力蹬住。宰臣们挥动长鞭,驱牛前进。帝辛身体后倾,两脚蹬得溜直,任你怎样吆喝那几头牛,他却纹丝不动。妲己在台上看着好玩,也跟着"驾、驾"地轰那些牛。相持一段时间,那九头牛反而被帝辛拉着倒退了一步。台上台下,一片喝彩之声。

帝辛兴高采烈地重回台上,问妲己:"寡人的勇力如何?"

"臣妾无比钦佩!"妲己果然说话了。

"这算不得什么。有一次,殿上一根柱子裂了,寡人让小臣(小臣是宫内管理奴隶和各种事务的官)换一根,那小臣为难地说,'这要用很多人把房梁举起来,才能换柱子,要费很多时间,会耽误大王的事情的'。寡人对他说,'你去把柱子拿来吧,寡人自有办法'。等他们几个人把柱子抬来,寡人伸手举着房梁,大喝一声,那房梁果然让寡人给举起来了。哈哈,寡人的力气如何?"

"臣妾真的不胜感佩!"妲己再次表示了她对帝辛的佩服。

"那好,这回该爱妃的了。你跳一个吧!你看看两边。"

妲己顺着帝辛手指的方向看去,在鹿台的两边,乐队已经准备就绪:后边是吊在架子上的成组的乐器,乐手们一律站着。而前边的乐手们一律折腿跪坐。他们手中的乐器也是各式各样:有竹质的、土质的、木质的、革质的、丝质的,还有金(铜)质的。编钟、编磬与伴唱歌手在两厢整齐地排

列。帝辛以为这一次她是必跳无疑了。

"不跳。"

"为什么?"大感意外的帝辛伸出双臂,把妲己揽在怀里,一面问,一面表示自己对她的亲昵。

"那音乐不好听,要么直直地不拐个弯,要么忽高忽低,像战场上冲锋陷阵,难听死了。那舞姿也不优美,不是祭神祭祖的,就是摹仿战争、摹仿禽兽的,难看死了。臣妾不爱跳嘛!"她撒娇地在帝辛怀里扭动着身躯。

帝辛想一想,妲己说得也有道理。那些老掉了牙的乐曲也确实不怎么中听。如果能有更好听的歌更好看的舞,让妲己来表演,岂不是更好?

"师涓!"帝辛冲着两边侍候的人群喊了一声。"师"这里指的是乐师,就是宫中负责音乐的官员。"涓"则是这位乐师的名字。"限你两天之内,编出几套新曲新舞。曲要柔和悦耳,百听不厌。舞要优美悦目,百看不烦!"

师涓不敢违抗帝辛的命令,果然在两天之内编出了几只新曲和几段名为《北里之舞》的新舞。试奏试练的时候,妲己非常满意地说:"这才叫音乐。这样的曲子听起来心旷神怡。这样的舞看起来赏心悦目,跳起来也有劲。"

可是,几位老臣却站出来反对。祖伊说:"臣闻此声乃是靡靡之音,亡国之音,此风不可长!"鄂侯和箕子也支持祖伊的意见。

帝辛见妲己的脸沉下来,知道她不愿意听这样的话,就说:"这曲子这样好听,为什么不能听?寡人还没见过哪个国家是因为听了几只好歌而亡国的。"

箕子说:"并不是说听歌就能亡国,而是这样的靡靡之音能够涣散人心、消磨意志,使人无向上之心,从而造成亡国。臣以为,这样的歌还是不听不唱为好。"

"你们不愿听就不听,寡人是要听的。"帝辛根本就听不进这些大臣们的意见。他转身对师涓和妲己说:"你们要尽快把这些歌舞排练好,让寡人尽早看到表演。"

新歌新舞很快就排练好了。有的是妲己独唱,有的是多人合唱,由妲

己担任领唱,有的是妲己独舞,有的是妲己领舞,大多是边舞边唱。帝辛看得非常开心,当场决定赏给妲己一大笔金钱。

妲己很爱钱。她见唱歌跳舞能使帝辛高兴,帝辛高兴了就赏给她钱,她唱得跳得更起劲了。妲己在鹿台附近修起了自己的金库和粟库,专门储藏帝辛赏给她的钱财和谷物。而帝辛为了讨妲己的欢心,就不断地赏赐。妲己跳完唱罢,喜欢玩狗玩马和赏玩珍宝奇物,帝辛就派人到处购买这些珍宝奇物。

"禀大王,国库里的金钱和粮谷已经快要空虚了,请大王不要再轻易赏人和花销了。"大臣祖伊已经向帝辛谏过多次。

帝辛觉得这些老臣总是同他过不去,就不耐烦地说:"王家用度都是取之于民,不够用就加税嘛!给各地诸侯传令,把他们的贡献增加一成!"

妲己的心越玩越野,贪欲也是越来越强。帝辛见妲己高兴了一阵子,又不听他的了。"不知爱妃为何怏怏不乐?"帝辛讨好地问妲己。

"我们乐队的规模扩大了几倍,舞女的数量增加了几倍,这小小的鹿台如何玩得开?这般拥挤,让人如何能够开心?"

"爱妃以为如何是好?"帝辛又一次把妲己揽在怀里,轻声轻气地问道。

"上次大王带臣妾去沙丘(在今河北省广宗县)打猎。臣妾以为那个地方风景很不错,又远离喧嚣的闹市。如果在那里修起一个苑囿,筑一个更大的台,我们岂不是可以更加尽兴地玩乐吗?"

"好主意!"帝辛本来就是一个好玩乐的人,听了妲己的主意很高兴,便下令各地诸侯抽调大批奴隶到沙丘修苑筑台。用了一年的时间,一个长宽各三里的大苑修成了,里面亭台楼阁俱全,特别是那台,比鹿台还高还大。帝辛还下令诸侯贡献珍禽异兽,养在沙丘苑,供他们赏玩。至于诸侯贡献的酒肉,更是源源不断地送到沙丘。哪个诸侯不送,他就派兵去攻打人家。

帝辛也觉得修好后的沙丘确是个好去处,特别是妲己喜欢这里,他干脆就在这里处理朝政大事了。

帝辛比妲己更会玩。他让人把酒倒在池子里面，叫作"酒池"，又在旷野立起木桩，拉上绳子，把腊肉都挂在上面，叫作"肉林"，让妃嫔和宫女脱光了衣服，他在这酒池肉林中追赶她们。

有一个侯王没有按期贡献酒肉，帝辛就派兵把他抓来。

"难道你要做逆臣吗？"帝辛满脸不快地审问那个侯王。

"臣不敢。"

"那你的贡献为何迟迟不到？"

"禀大王，近几年灾荒连连，贡献不断，百姓不堪负担，老臣也是无可奈何。老臣冒死向大王进一言，现在，民间负担过重，颇多怨言。特别是大王宠幸妲己，大修苑囿，耗尽国库，各方诸侯也颇不满。这样下去，恐对大王的天下不利。"这老家伙的胆子也够大的了。他讲这话的时候，妲己就在帝辛身边。实际上，很多大臣诸侯都想趁妲己不在他身边的时候对他说类似的话，可他们实在是找不到一个妲己不在他身边的机会。这位侯王等不到这样的机会，就不顾一切地讲出了这些话。

妲己听了此话，怎能高兴？她心想："国家由你们男人管，女人任你们男人玩弄，出了毛病，就往女人身上推，这算哪门子道理？"她心里恨死了这个侯王。她把嘴贴到帝辛的耳朵上说："他这哪里是说臣妾，分明是指桑骂槐，借题发挥，咒骂大王败坏国家。"

帝辛小声对她说："难道这点道理我还看不出来？"他又面向那老侯王，立起眉毛，厉声说道："寡人是天下的共主，日夜为国家操劳，游戏一下，高兴一会儿，有何不可？你不但抗缴贡献，还借机对寡人恶毒攻击，你知罪吗？"

那老侯王辩解道："老臣确是为了国家才发此议。"

"你还狡辩！"帝辛冲着一个宰臣说道，"先把他押到牢里，再议如何处置。"

妲己见帝辛把这个老侯王抓起来很高兴，唱着歌就飘进了后殿。一个奴婢正在那里用铜熨斗给她熨烫裙子。那时的熨斗就是一个铜盒子，上面有盖，盖上有柄，侧面有通风的孔，内部烧炭。那奴婢把铜熨斗放在地上，

腾出手来整理裙褶。这时候,有一只蚂蚁爬到熨斗上,几只脚全被烤焦,滚落下来。妲己灵机一动,想起一个主意,又跑到正殿上,悄声问帝辛:

"大王打算如何处置这个老家伙?"

"爱妃的意思呢?"

她把嘴附在帝辛的耳朵上嘀咕了几句。帝辛听了,开怀大笑道:"妙!妙!"他又冲着殿下喊道:"工臣!""工"是主管手工奴隶的官名。为了说起来方便,我们就把他称为"工臣"吧。那工臣走上来后,帝辛吩咐他说:"你立即去铸一根一丈长的铜柱。铸好后,要把表面磨得越光越好。"同时,他又让各路驿使急速通知诸侯到沙丘来议事。

八百诸侯来了大半。帝辛与妲己站在高高的台上,台下的诸侯围成个半圆。圈内,两块大石头上面架着一根胳膊般粗、一丈长的铜柱。下面二尺高的地方,炭火烧得正旺。那铜柱下面对着火的一面被火烤得直冒烟,显然那铜柱子是涂了油膏。

"现在,有些诸侯不听天子调遣。""天子"是指中央之国的国君,也就是帝辛自己。帝辛站在高台上,大声地讲:"不但如此,他们还对寡人进行恶毒的攻击。对这样的人,寡人决不姑息。"说罢他又冲着卫士命令道:"把逆臣给我带上来!"

那位老侯王被押上来,拉到铜柱的一端。帝辛对他喊道:"你如果能从这根铜柱上走过,寡人就放了你。"

那老侯王不知铜柱上涂了油,还以为帝辛要吓他一吓,然后放他走呢,说一声:"谢大王!"便登上石头,迈步前行。可是当他的脚一踏上铜柱,他就感觉不好,脚下滑得很。他的胳膊不断地摆动,以求得平稳。台上的帝辛和妲己看了,哈哈大笑。那老侯王没等走到中间就掉下来,落到下面的炭火上,活活地烧死了。妲己和帝辛"发明"的这种刑罚,就是"著名"的"炮(páo)烙之刑"。

从那以后,不论是朝内大臣还是各国诸侯,对帝辛更加离心离德。帝辛不顾大家的反对,一意孤行,并且更加好女色。他身边最高的大臣是三公。帝辛这时的三公分别为西伯昌、九侯和鄂侯,他们也都是侯王。帝辛听

说九侯的女儿长得好,就让九侯把女儿给他送到宫中。可是九侯的女儿不愿意像妲己那样淫乱,帝辛不但杀了九侯的女儿,还把九侯给剁成肉酱(这也是一种刑罚)。鄂侯因为坚持为九侯说情,也被帝辛给杀了。

西伯昌只是偷偷地长叹一声,就被人告了密,也被监禁起来。西伯昌是周国的侯王,他的臣下大夫闳夭给帝辛送来很多美女、奇物和良马,帝辛才把西伯昌给放了。西伯昌出狱后,把属于自己的洛西地方献给帝辛,请求他废除炮烙之刑。帝辛答应了他。后来,西伯昌用各种办法结交诸侯,并且尽量为百姓多做好事,取得了百姓对他的拥护。诸侯也大多背叛了帝辛而投靠了西伯昌。

帝辛却是不知悔改,谁劝也不听。祖伊告诫他要防备西伯昌,他竟毫不在意。

不久,西伯昌死了,他的儿子,就是后世所说的周武王,继承了爵位。武王进一步发展了周国的力量,八百诸侯倒向了周国。武王不肯轻举妄动,只是等待时机灭商。

帝辛有位叔叔叫作比干。比干多次劝告帝辛。后来比干见周国力量越来越强,足以灭商,就不顾别人的劝阻,再次强行劝说帝辛以国家为重。帝辛说:"寡人听说圣人的心有七个孔,我要看看你的心有几个孔。"说罢,就下令杀了比干,挖出他的心。帝辛的另一位叔父箕子觉得生活在他的身边太危险,就假装得了精神病。帝辛的重要大臣太师、少师见商国没有什么希望了,就带着象征商朝权力的祭器等贵重东西投奔了周国。

周武王觉得时机已经成熟,便联合诸侯和西方少数民族,以帝辛"用其妇人之言"为首要的理由,派出三百辆战车和四万八千名战士,东征商国。帝辛发兵七十万迎战于牧野。可是商军阵前倒戈,与周军一起进攻朝歌。帝辛逃到鹿台,穿上自己最得意的珠宝制成的衣服,放了一把火自焚了。这是公元前11世纪的事。我们为什么把他称作"帝辛",而没有把他称作"纣王"呢?《史记》在说到他的名字的时候,说"天下谓之纣",这就是说,"纣王"是世人对他的称呼。"纣"是"残义损善"的意思,是个贬义词。所以,我们以为,当他在世为王的时候,人们是不可能称他为纣王的,起码不能

当面这样称呼。

妲己也死了。《史记》在《殷记》中说是武王"杀妲己",在《周纪》中说她是"经自杀",就是上吊了,记述得都很简要。因为她的死关系到对她的评价,我们不好妄加演绎。但有一点是很清楚的:三千多年来,妲己一直承担着商朝亡国的责任。

一笑失天下的褒姒

《史记》载:"褒姒不好笑,幽王欲其笑万方,故不笑。幽王为烽(fēng)燧(suì)大鼓,有寇至则举烽火。诸侯悉至,至而无寇,褒姒乃大笑。"这就是后世所传周幽王为博取褒姒一笑,烽火戏诸侯的信史所本。那么,褒姒为什么"不好笑"呢?要揭开这个谜,不得不从褒姒的哭说起。

一

周宣王英明有道,任用贤臣,勤政爱民,国势转盛,虽不及文、武、成、康之时,也算得上周室的"中兴之世"。

都城镐京是天下政治、经济中心,市井繁华,商贾云集。每天日中为市,日西方散。方圆几百里的百姓都到镐京城里的集市上,卖出自产的山货野物,买得衣饰用品而归。

褒城山中盛产名贵桑木,是做强弓的好材料。有一个名叫姒大的工匠制造的桑木弓、赤矢箭远近闻名,夫妇二人遂以卖弓矢为业。

这一日,姒大在镐京城里的集市上卖完了弓箭,买了一些生活所需用品,急忙出城,想早一点赶回家去。

出城二十多里,来到清水河边。姒大看看天色尚早,不疾不慢地走着。

"呱——呱——"一阵婴儿的哭声传来。

姒大看看四周,既无村舍,也无行人,眼前清水河碧波荡漾,岸边芦苇郁郁葱葱。这婴儿的哭声来自哪里呢?姒大心中暗道:"奇怪!"仔细一听,婴儿的哭声来自苇塘深处。于是,循声找去,在一个草墩上面发现一个黄色绸包,已被浪花打湿,随着嘶哑的哭声而轻轻蠕动。姒大抱起包裹,哭声停止了,打开一看,是一个生下来不到几天的女婴。

被遗弃是人生的一大不幸。这个女婴刚刚来到人世就遭此厄运,死神已悄悄地向她逼近,难怪要"哇哇"地大哭大叫。姒大可怜女婴的不幸,心中一阵酸楚:是谁家的父母?也太狠心了。从包女婴的黄绸被面看,这孩子不像穷苦人家所生,不缺吃,不缺穿,为什么不好好地抚养自己的孩子呢?难道是害怕她长大了会夺走家中的一份财产?再仔细看看,婴儿身上湿漉漉的,冷得小脸煞白。姒大不再多想,脱下衣服,把婴儿裹好,抱回家中。

姒大的妻子勤劳、贤惠,年过三十,不能生儿育女。见到这个女婴,十分喜爱,精心抚育,视同亲生女儿一样,并随丈夫的姓氏,给这个女婴取名褒姒。

二

姒大居住的山村只有三五户人家,虽说偏僻,倒也山明水秀。高山环抱,重重叠叠,似乎要把这个穷苦的小山村与外界隔断。小溪在村边绕了几个弯,才恋恋不舍地向山外流去。

这个无名的小山村是褒国的领地。在那个时代,再偏远的地方也逃不过列国诸侯们的瓜分。

"吱呀"一声,姒大家的柴门开了。晨光里,褒姒担着一副水桶,出门来到小溪的转弯处。汲满了水,却不急着走,她对着明镜般的溪水梳理晨妆。没有钗环,散开的长发像黑色瀑布一样直垂水面。不饰脂粉,清水洗过的容颜艳若初绽的桃花。修眉俊目,像青山映衬下的溪水一样清澈晶莹,顾盼有神。梳洗完毕,褒姒担起沉甸甸的两桶水,步履轻盈地沿着曲折的山径拾级而上,扭动的腰肢像微风中轻轻摆动的垂柳。褒姒十五岁了,发育已经成熟。村野装束,掩饰不住她的国色天姿。

因下乡催收赋税,偶然来到这里的褒国大夫之子洪德被褒姒的美丽惊呆了。但他不是好色之徒,看着褒姒一来一去,他猛然想到被周幽王囚禁在镐京的父亲——褒珦。

周宣王死后,太子宫涅继位,是为幽王。立申侯之女为王后,儿子宜臼

为太子。周幽王暴戾寡恩，喜怒无常，耽于声色，荒于朝政。曾经辅佐周宣王的尹吉甫、台虎等一批老臣见周幽王无道，忧虑成疾，相继而亡。申侯进谏不听，大失所望，回归申国。赵叔带上表直谏，被罢归故里。郑伯友没被罢黜，也不受重用。当朝主事的大臣中已无贤能之士，只有贪位好利、善于谄媚阿谀的虢石父、祭易、尹球三人红极一时，位列三公。这三个势利小人在周幽王面前阿谀奉承，一味讨好，唯王所欲是从，助纣为虐。周幽王更加肆无忌惮地寻欢作乐，尽情地声色犬马，终日过着荒淫无度的生活。在虢石父、祭易、尹球的怂恿下，周幽王竟然诏告天下，让各国诸侯寻访绝色美女，送往镐京，以充后宫。

褒城山中的褒国仅仅是一个大夫之国。大夫褒珦为人正直，有忠义之心。看到周幽王访美献美的诏告，不但不献美女，反而急忙入朝谏阻，义正词严地说："伊尹相助而汤兴，太公相助而周兴，大王岂能不访贤才而访美女？"

周幽王闻言大怒，下令囚褒珦于狱中，至今已达四年之久。

褒珦之子洪德看到美若天仙的褒姒，一个营救父亲出狱的念头萌生了。当年，西伯侯被囚禁羑里，大夫闳夭以天下美女、奇物、良马贡献纣王，求得宽释，救出西伯侯。如果买得褒姒这样的绝色美女献给周幽王，再以重金打通关节，也一定能救父亲出狱。

次日，洪德来到姒大家里，讲明来意，以布帛三百匹"聘"褒姒。姒大不是见利忘义之人，可是，来"聘"女儿的人是褒国大夫之子，虽满心不愿意，又哪敢违抗，只好忍痛答应。

姒大的妻子流着眼泪对褒姒说："孩子，你的命太苦了。你虽说不是我亲生的，可这些年来情同骨肉，我怎能舍得你呀！"

这突如其来的变故无疑是一个晴天霹雳，褒姒又震惊又悲痛，又愤恨又不平。她懂得两位老人的爱心，也体恤他们的处境。她一头扑进养母的怀里号啕大哭。

来到人世间，没尝到温暖就被人抛弃在荒无人迹的草丛里。那时，她太小了，不懂得什么是不幸，什么是悲哀，只凭着求生的本能"哇哇"地哭

叫。现在,她长大了,懂事了。这些年来,姒大夫妇把她当心肝一样疼爱,用温情哺育她成长,使她体验到人间的温暖、人生的美好。她精心地编织着未来生活的梦,也曾想到,要好好地报答两位老人的抚育之恩。可是,这温情,这美梦,被一把冷剑斩断了。她心里明白,洪德的"聘"实际上就是买,是一种强横的买。被遗弃是不幸,被强买是更大的不幸。一个被人买去的女孩子,又将被当作玩物献给别人,那命运该是多么悲惨啊!

眼泪湿透了衣裳,却改变不了命运。

褒姒跟着洪德走了,恋恋不舍地离开了这个小山村,离开了抚养她成长的两位老人。

三

洪德以重金买通位列三公的虢石父,当朝献美。褒姒一改村野装束,略施粉黛,插钗戴环,披以锦绣,更显得娉婷婀娜、仪态万方,各国诸侯所献的美女在她跟前一个个黯然失色。周幽王看得目瞪口呆,神痴心迷,当晚留褒姒同宿琼台。随即降旨,赦褒珦出狱,复其官爵。

琼台是镐京城里的一处别宫,离王后居住的宫殿很远,除纳凉消暑外,王宫里的人很少来这里。周幽王把褒姒留在琼台,打算找个适当的机会再把褒姒送进宫去,纳为贵妃。

褒姒不喜欢珠宝玉器、楼台亭阁,而是爱花成癖,也许是在山村长大,天天与自然界打交道养成的习惯吧。褒姒住进琼台,就让奴仆们养了不少花。周幽王为了讨好褒姒,又从各地征集来许多奇花异草,分派专人培植、养护。不久,亭台四周、甬道两旁,绿浪红花,争芳斗奇,姹紫嫣红,香气浮动,成了鲜花的世界,与红楼碧瓦、雕梁画栋交相辉映。褒姒常常一个人对花出神,谁也猜不出她在想些什么。

周幽王没有赏花的习惯,为了博得美人一笑,也装出爱花的样子,黄昏月下,挽着褒姒的手臂,在花间漫步消闲。当谈起花的习性、颜色、形态时,褒姒总是滔滔不绝。她对少女时的山居生活还有留恋之情。周幽王不

时地插科打诨,故意说得牛唇不对马嘴,想以此引逗褒姒一笑,但褒姒总也笑不起来。

俗话说,世上没有不透风的墙。周幽王自从得了褒姒,贪恋美色,三个多月来很少回王宫,日夜在琼台寻欢作乐。

生性好妒的申后探知周幽王和褒姒终日在琼台饮酒赏花,不由妒火中烧,当即领着几个宫娥气势汹汹地闯进琼台。坐在周幽王身旁的褒姒被这个不速之客惊得一愣神,不知道闯进来的人是谁,没有站起来迎接。申后见此情景,火上浇油,指着褒姒破口大骂:"哪里来的贱人,竟敢到这里来祸乱后宫,给我拿下!"

周幽王怕申后真的动手,急忙站起来,把褒姒挡在身后,解释说:"不要生气!她是我新近收进宫的美人,因位次没定,不便进宫朝见王后。"

申后见周幽王出面阻拦,不敢轻易动手,以进来献茶的侍女为由头,指桑骂槐地大闹一场,气恨恨地走了。

惊恐未定的褒姒问周幽王:"刚才来的人是谁?这么凶!"

"申王后。"周幽王淡淡地回答。

"王后的权力大吗?"褒姒又问。

"大!为六宫之主,掌管后宫的一切。"周幽王又嘱咐说,"过几天,你得去拜见她。"

权力,这是一个什么样的怪物呢?申王后也是一个女人,而且不漂亮,但她是王后,拥有了权力,就可以那么凶,大喊大叫地骂人。今天,若真的被她拿了去,至少是一顿毒打,也可能被关进冰冷的牢房,冻死、饿死或者被活活打死。权力这个怪物太可怕了!褒姒在对权力感到恐惧的同时,又对权力追慕不已。我若做了王后,主管六宫,别人就得服从我,申王后不服从,我也可以骂她、打她。权力像一根棍子,拿在自己手里就可以打别人,拿在别人手里就得挨打。在这王宫里生活,不能没有权力。可是我一点权力也没有啊!从此,褒姒一心想得到的只有权、权、权!

申后回到王宫,怒气未消。

时逢太子宜臼来见:"孩儿问候母后安好!"

"好什么,刚才差点没被那个贱人气死。"接着,申后详细述说了在琼台发生的事情,说到伤心之处,不觉泪下:"你父王宠幸褒姒,将来这个贱人得志,宫里哪还能有我们母子立足之地呀!"

太子宜臼安慰说:"母后放心,明日是下月初一,父王必然临朝。我趁这个时机带人去琼台,狠狠教训褒姒一顿,为母后出气,也杀杀她的气焰,以后她就不敢以下犯上了。"

申王后怕太子宜臼年少气盛,遇事莽撞,赶忙劝道:"吾儿不可乱来,此事非同小可。"

太子宜臼怀愤出宫。

第二天早晨,周幽王上朝,群臣咸来贺朔。

太子宜臼带着数十宫人到了琼台。他们一进门,就在花圃里乱摘乱踏,一时红花绿草,狼藉满地。里面的几个宫女跪在地上劝阻:"禀太子,这花是大王派人栽种的,专供褒姒王妃玩赏,毁坏了,奴婢们担罪不起。"

太子身边的宫人也不让分毫:"我们是奉太子之命来采摘鲜花,奉献给申王后的,谁敢阻拦。"

正巧褒姒走来,看见这些宫人强横无理,不由火起,正想发作。不料,太子宜臼窜到面前,一把揪住褒姒的发髻,骂道:"你是何等下贱之人,无名无位,也敢妄称王妃,目无王后?看我教训教训你。"说着,抡拳便打。

宫女们苦苦哀求:"太子爷,看在大王的分上,住手吧!不然,大王怪罪下来,怎么得了?"

太子宜臼也怕事情闹大了,不好收场,带着宫人悻悻地走了。

褒姒含羞忍痛,回到屋里,知道这是太子宜臼来为申王后出气来了,想起太子所说的"无名无位"的话,更加伤心,伏在床上,泪如雨下。

周幽王散朝归来,看见褒姒鬓发蓬乱,两眼红肿,急忙上前劝慰。褒姒扯着周幽王的袍袖,放声大哭。管事宫女见褒姒哭得说不出话来,便将太子宜臼来琼台毁坏草木、打骂褒姒的经过如实说了一遍。

管事宫女的话一完,褒姒立刻跪倒在周幽王面前,说:"太子为母报怨,看那来头,是不杀我不肯罢休。自蒙大王宠幸,我已怀孕两月。我死不

足惜,这孩子是大王的骨肉,求大王开恩,放我出宫,回褒城山中,生下王子,送还大王,以保全我母子性命。现在,我母子的性命全捏在太子手中,请大王为我做主。"说罢,又是呜呜咽咽,痛哭不已。

周幽王扶起褒姒,说:"你不能走,此事我自有办法处置。"

当时传出旨意:"太子宜臼好勇无礼,不能将顺,发去申国,体察下情,自省自悟。"并责令虢石父、祭易、尹球等人催促太子尽快离开镐京,不准进宫申诉。

太子宜臼虽然还保留太子之位,但实际上已被放逐。

四

怀胎十月,褒姒生下一子。周幽王为此子赐名伯服,爱如珍宝。

周幽王对褒姒倍加宠爱,但褒姒却心神不安,常常做梦。有时她梦见申王后带着人闯进琼台,一声喝令,两个人冲上来,把她的手脚捆上了。太子宜臼举着一根大棍子狠狠地砸向伯服的头。她想去救儿子,挣不脱。她想喊救命,喊不出来。有时她梦见自己做了王后,伯服被立为太子。宫里的人都给她磕头,只有申王后和宜臼不跪。她发怒了,大喝一声,要把他们赶出宫门。申王后和宜臼害怕了,一齐跪在地上磕头求饶。

无论做的是哪种梦,醒来之后,褒姒都要想上半天。想来想去,她的决心下定了,一定要让大王立伯服为太子,自己做王后。大权在手,才能除掉申王后和宜臼,杜绝后患,永保无虞。可是,她又有点担心,怕自己势力孤单,得不到大臣们的支持。

位列三公的虢石父、祭易、尹球三人图利贪位,奸狡专权。曾因申侯屡次当朝直谏,说穿了他们的谗言,心怀忌恨,几次想削去申侯的势力,无奈有申王后和太子宜臼在位,不敢轻易下手。今见太子宜臼被逐出镐京,褒姒得宠,又生下贵子,他们想借助褒姒的力量做内应,怂恿周幽王废嫡立庶,除去申侯在朝中的权势。三人计议停当,由虢石父入琼台,与褒姒暗通气息。

虢石父进了琼台，一见褒姒就满脸堆笑地贺喜："小王子生得福相，将来可以继承王位。"

褒姒一听，正中下怀，但不明虢石父的来意，试探说："太子已立，伯服哪会有那样的福分，虢公过分夸奖了。"

"宜臼已被逐出京城，大王早有废太子之意，难道王妃还不明白大王的心意？"虢石父逼问一句。

"申王后尚在镐京，岂肯甘心？"褒姒偷偷地看着虢石父。

老奸巨猾的虢石父仅在三言两语之间就察明了褒姒的心意，爽快地挑明了，说："内有王妃的枕边之言，外有我和祭易、尹球三人相扶，还用怕申王后吗？"

褒姒心中一喜，有力的支持者竟然上门相助，感激地说："若能得三公同心扶持，伯服嗣位，天下当与三公共之。"

"岂敢，岂敢！为臣愿效微薄之力。"虢石父哈哈一笑。

各怀一己私利，一拍即合。为了谋夺太子之位，虢石父为褒姒作了精心筹划。

从此，褒姒在内，对周幽王的侍候更加殷勤周到，乘机对申王后、太子宜臼下了不少挑唆之言。外面的虢石父等人密遣心腹，日夜监视申王后的动静。

太子宜臼被逐出京，申王后像一只伤了翅膀的鸟，躲在巢里将养。她为宜臼的处境心疼，但不恐慌。周幽王只有宜臼一个儿子，太子之位非他莫属，迟早会继承王位，那时再施展神威，除掉褒姒，易如反掌。俗话说，君子报仇，十年不晚。但没有想到，褒姒生了伯服，冒出一个争夺太子之位的强劲对手，王位继承权受到强有力的挑战，申王后惶惶不安了。如果周幽王听信褒姒之言，立伯服为太子，宜臼将永无出头之日，王后的宝座也将随之易主，多年来苦心经营的一切都将付诸流水。申王后一个人独居深宫，忧心如焚，终日流泪。

在申王后一筹莫展的时候，一个年长的宫女出谋划策说："王后何不修书一封，秘密送往申国，让太子上表请罪，以父子之情感动大王，早日召

回太子,王位可保。"

申王后心中一喜,像一个困在沙漠里的人突然看到了一片绿洲,想了一会儿,不胜忧虑地说:"此计虽好,但宫门森严,谁能传递出去呢?"

"我母温媪知晓医术,王后诈称有病,召我母进宫看脉,乘机将书信带出,万无一失。"年长宫女回答说。

申王后依计而行,给太子写好了书信,假装生病,卧床不起,急召温媪进宫看脉。申王后取出书信,交给温媪,嘱咐说:"此信关系重大,星夜送往申国,万万不可迟误!"为酬谢温媪带信之劳,当下赠彩缯两匹。

温媪早有准备,接过书信,缝进衣襟里,捧着彩缯从容出宫。

宫中的一切事情都处在虢石父心腹人的秘密监视之中。温媪一出宫门,就受到严格盘查。

"彩缯是谁赠送的?"

"进宫看脉时,申王后赠送的。"

"内中可有别的东西?"

"没有。"

几个宫监一拥而上,撕开温媪的衣襟,拿出书信,二话没说,就把温媪押往琼台。

褒姒拆开书信一看,心中大怒,命宫监把温媪锁进空房,严加看管,又吩咐手下人,决不许走漏风声。她怒气未消,把那两匹彩缯一寸一寸地撕裂成条条,嘴里恨恨地说:"总有一天,我要让你碎尸万段。"

晚上,周幽王回来,看到碎缯条条满案盈几,询问原因。褒姒迎上前去,含泪说:"我入宫之后,深蒙大王宠幸,却遭到王后忌妒,又生下一子,忌恨更深。申王后写信给太子,信中说'别作计较',必定是要谋杀我母子性命,求大王为我做主。"说罢,将书信呈上。

周幽王展信一看,大意是:"大王宠信妖女,使我母子分离。今妖女生子,宠幸益固。你可上表,佯作认罪,求得大王宽恕,得以还朝,母子重逢,别作计较。"周幽王认得申王后的笔迹,确信不疑,顿时雷霆震怒,问:"送信的人呢?"

宫监带出温媪。周幽王不容分说，挥剑将温媪斩为两段。

褒姒乘机进言，跪倒在地上，悲悲切切地说："大王杀了温媪，也救不了我母子性命，我母子的性命是捏在太子手里的。"

"有我做主，太子成不了大事。"周幽王安慰说。

"大王千秋万岁之后，必定太子继承王位。他们母子当权，我与伯服死无葬身之地。"褒姒言罢，号啕大哭，长跪不起。

周幽王无可奈何地说："我本欲废去王后、太子，立你为王后，立伯服为太子，只怕群臣不服，不便出口。"

"大王可当朝提出，由大臣们面议。成，是群臣议定的；不成，也是群臣议定的，不伤大王尊严。"褒姒乘机献策。

"也好，只看明天朝议结果如何。"周幽王一口答应下来。

当夜，褒姒派心腹之人出宫，传信给虢石父，通知明日上朝的大臣作好应答准备。

次日，早朝礼毕，周幽王宣公卿上殿，开口问道："王后嫉妒，诅咒寡人，难为天下之母，可否拘来问罪？"

虢石父抢先奏道："王后乃六宫之主，虽然有罪，不可拘问。如果德不称位，当传旨天下，另择贤德之人母仪天下，实为万世之福。"

尹球接着奏道："臣闻褒姒德性贞静，可主六宫之事。"

周幽王又问："若废申后，太子如何处置？"

祭易上前奏道："臣闻母以子贵，子以母贵。太子宜臼好勇无礼，已被逐出京城，今既废其母，焉用其子？臣等愿扶持伯服为太子，社稷有幸。"

听了三公之言，周幽王心中大喜，废除王后、太子，遂了自己的心愿，但他却不知道，这是褒姒与位列三公的虢石父、祭易、尹球串通一气的结果。当朝传旨，将申王后贬入冷宫，废太子宜臼为庶人，立褒姒为王后，立伯服为太子。

大臣中也有反对的，但见周幽王心意已决，又有三公支持，无法挽回，如再进谏，必以宜臼党羽定罪，招来杀身之祸，只得缄口无言。

五

周幽王还没回来,立褒姒为王后、立伯服为太子的旨意就早已有人报进琼台。

宫女们簇拥着褒姒坐在大厅的正位上,齐刷刷地跪在褒姒面前,同声道贺,改口称"王后",连平时不太听话的几个宫女也恭顺起来。

褒姒坐在高高的座位上,不禁浮想联翩。追慕已久的权力拿在手上,放射出夺魂摄魄的光焰。申王后再也不敢闯进来破口大骂,动辄拿人。权力,握在别人手里时令人恐惧,拿在自己手里就变得十分可爱,富贵、荣耀、恭维、欢乐……接踵而来。

想到明天就将离开琼台,搬进正宫,她坐不住了,想去看看她一向喜爱的花草。金灿灿的阳光,红艳艳的花朵,绿茵茵的草地……多么可爱啊!宜臼再也不敢来随意践踏了。一个人有了权力,连她所喜爱的物件也跟着高贵了,辉煌了,不容侵犯了。

褒姒在细细地品尝着掌握权力的美好滋味。殊不知,掌握权力也有苦涩的味道。她本来想开心一笑的,可是又笑不出来了。

一个贴身宫女轻轻地走到褒姒跟前说:"王后,虢公求见。"

褒姒以为虢石父是来祝贺的,急忙吩咐:"请!"

虢石父道贺之后,向周围的人看了一眼,褒姒令侍女退下。

"王后,有一个谣言先在申国流传,现在连京城内外都传开了,不知王后是否听说了。"虢石父悄声地说。

"什么谣言?"褒姒疑惑地问。

"事关重大,请王后恕下臣直言。"虢石父诚惶诚恐地说。

"说吧。"

"这个谣言说,夏桀王末年,有两条龙飞到宫殿里,口里吐着白沫,自称是褒国的两位先人。夏桀王害怕了,想派人杀死或赶走这两条龙。太史官说,神人下降,必主吉祥。吐出的白沫是龙的精气,收而藏之,洪福齐天。

于是,在龙的跟前摆列祭品,用金盘收集龙吐出的白沫,装在一个红匣子里。忽然,风雨大作,两条龙不见了。夏桀王命侍臣把这个红匣子收藏在库府里。传至殷朝,再传至周朝。周厉王末年,这个红匣子放出光芒,库官上奏朝廷,周厉王命库官把红匣子拿进宫殿验看。开匣时,一不小心,落在地上,白沫流出来,变成一个小龟,在大殿里乱爬。侍臣追赶捕捉,小龟跑进后宫,忽然不见了。后宫里七岁以下的宫女牙齿全部脱落,一个十二岁的宫女无缘无故地怀了孕,被囚禁在一间黑屋子里。四十年后,这个宫女生下一个女婴,被当作怪物,扔到清水河边。这个女婴被一个卖桑木弓的人捡去,抱进褒城山里养大。后来,这个妖女被褒国大夫买去,献给国王,做了王后。"虢石父一边说一边察看褒姒的神色。

褒姒听了这个离奇的故事,心往下一沉,她知道这是有来头的,便惴惴不安地问:"这个谣言与废申王后、废太子有什么关系?"

"关系重大。废了申王后,废了太子,申侯不肯甘心,一定举兵讨伐,围困镐京。这个谣言传扬开去,各国诸侯都知道宫中有妖女,大王被妖言迷惑,离心背叛,一定不肯发兵解救镐京之围。申侯就可以乘机杀进王宫,逼大王收回成命,那结果……"虢石父不愿明白说出。

"那该怎么办呢?"褒姒心情沉重地问。

"谣言的传播没法禁止,要想办法探清各国诸侯是否还忠心于王室。"

"怎么试探呢?"

虢石父与褒姒秘密商讨,终于想出了一个试探诸侯是否忠心的计谋。

正宫装点一新,喜气祥和。

褒姒在两个宫女的搀扶下,缓缓地迈着方步,走到王后宝座之前,慢慢地转过身来,端端正正地坐下。接着,在朝大臣、六宫主事、宫娥侍女,依次一批又一批地参见新王后。一人身居高位,凌驾于众人之上,这该是何等荣耀啊!但褒姒无暇品味做王后的荣耀,而是心事重重,面沉似水。

周幽王心想,褒姒这回该笑逐颜开了吧。庆贺大典上,他下旨召集乐工鸣钟击鼓,调竹弹丝,轻歌曼舞,可褒姒还是面无悦色。

"住进正宫,接位王后,这是天大的喜事,王后为何还不笑一笑呢?"周

幽王终于沉不住气了,不解地问。

"我生平不笑。"褒姒紧锁双眉。

"哈哈……"周幽王敞声大笑,"人哪有一辈子不笑的,王后何出此戏言?"

"大王主宰天下,却无法使我一笑。"褒姒有意激周幽王。

"好,我一定有办法让王后开心一笑。"周幽王脸上露出得意之色,传令说,"无论宫内宫外,有能博得褒王后一笑的人,赏赐千金。"

虢石父乘机献计说:"先王之时,为抵御西戎犯境,在骊山脚下设置了几十处烽火台,台上有大鼓,遇有敌寇来犯,点燃烽火,擂响大鼓,各路诸侯急速发兵,勤王抗敌。数年来,天下太平,烽火不举。大王若能同褒王后同游骊山,举起烽火,诸侯必至,至而无敌,褒王后必笑无疑。"

"好,此计甚善!"周幽王连连称赞。

大夫郑伯友闻言大惊,上前奏道:"不可。烽火台是先王设置,以备敌寇进犯时应急之需,早已取信于诸侯。没有敌寇犯境而举烽火,是戏弄诸侯。一次失信,他日真有敌寇犯境,再举烽火,诸侯不信,必不肯来,还用什么方法调兵呢?"

周幽王大怒:"今天下太平,不用调兵。我与褒王后同游骊山,无可消遣,聊以诸侯为戏,有何不可?"

喝令郑伯友退下,遂传令起驾,同褒姒往骊山游玩。

周幽王终于上了褒姒与虢石父商定的试探诸侯是否忠于王室的圈套。

当夜,周幽王命人在骊山脚下举起烽火。漆黑的暗夜里,突然烈焰腾空,火光冲天,一处、两处……相继燃起,像一条跳跃翻腾、金光耀眼的火龙,照红了半边天。鼓声暴响如雷,震彻长空,伴随着鸡鸣犬吠、马嘶人叫,撕裂了夜的宁静。顷刻之间,天与地、山与水、人与兽、草与木……都被这紧迫、焦虑、神秘、恐怖的气氛吞没了。

周幽王和褒姒在骊宫里作长夜之饮,悠闲自得地等待着各路诸侯的到来。

曙光初现的时候,王畿(jī)之内的各路诸侯马不停蹄地赶到骊宫前面的校军场,听候王命调遣。

褒姒跟随周幽王登上骊宫楼头,俯视校军场。已到的几百乘战车列成一个个方阵,晨光熹微中,尚可分辨出各路诸侯的不同旗色。士卒们顶盔贯甲,荷戟执戈,作好了厮杀的准备。后到的战车长队马蹄翻飞,车声辚辚,从四面八方拥进校军场。褒姒不懂得军事阵法,但从这威武雄壮的军容里,她看到了各路诸侯众志成城、勤于王室的耿耿忠心。尽管那个谣言在四处传播,诸侯对周幽王的忠诚丝毫没改,她悬着的心落地了。如果申侯敢于兴兵进犯镐京,各路诸侯像今天这样及时赶来退敌,可保王位万无一失。

于是,褒姒在周幽王面前拍掌大笑,笑得十分开心。

周幽王派人传令:"幸无外寇,不劳跋涉,各归领地,将养士卒。"

各路诸侯听到这个命令,面面相觑,疑惑不解。等他们听到从骊宫里传出的鼓乐之声,看到宫楼上褒姒的笑脸,一切都明白了。众人纷纷调转车头,含愤而去。

褒姒戏弄了诸侯,而历史则戏弄了褒姒。谁也不会想到,这一笑,结束了历史上的一个时代,宣判了一个千古不赦的罪人。

申侯为了夺回王后、太子之位,不惜重金向犬戎主借兵,并许以攻破镐京之日,库府金帛任凭搬取。于是,犬戎主发兵一万五千,与申侯联手,把镐京围困三层,水泄不通。

周幽王一面派兵迎战,一面派人去骊山燃起烽火。仍然是火光冲天,鼓响如雷。可是,各路诸侯前次被烽火所戏,怕其中有诈,再遭戏弄,皆不发兵。

犬戎兵攻破城门,见物就夺,见人就杀,见屋就烧,偌大的镐京城化为一片火海。

周幽王见大势已去,与褒姒、伯服同乘小车从后宫门溜出,逃往骊山。犬戎兵半路截杀,周幽王、伯服被杀死在车里,褒姒被犬戎主掳进军营,惨遭蹂躏。

各路诸侯得到犬戎来犯的真实消息,率兵来救时,镐京已经被夷为废墟。

犬戎主仓皇离去时,被遗弃的褒姒走投无路,自缢而亡。

褒姒临死之前,是大哭一场,还是大笑一场,史无记载,后世无从知晓。

宜臼继承王位,是为平王,迁都洛邑,开始了历史上的东周时代。

奸狡诡诈的骊姬

骊姬和申生是什么关系？按名分讲，他们一个是母亲，一个是儿子。但年龄却又差不多。这种情况在古代极为平常，原因就是那时实行一夫多妻制，一个男人可以同时拥有好几个妻子，何况我们要说的这位男人乃是一路诸侯，他便是春秋时代的晋献公。

一

晋献公前后一共娶了七位夫人，有五位生了儿子。其中狐姬生的儿子叫重耳，允姬生的儿子叫夷吾，还有齐姜生的儿子叫申生。晋献公的元配夫人是贾姬，不曾生儿子，而且早卒。在此之前，献公的父亲晋武公老年纳妾，纳的是齐国宗室的女儿。齐国宗室是姜太公的后代，以姜为姓，所以武公的这个少妻便叫齐姜。齐姜嫁到晋国的时候，晋武公已因年老，不能做男女之间的事了，齐姜就和世子诡诸私通，诡诸便是晋献公。

齐姜私下里生了个儿子，不好养在宫中，便托一家姓申的代为抚养，就给这孩子起名叫申生。

后来武公去世，献公做了国君，他便把齐姜册立为夫人，把申生也接了回来。如按年龄算，重耳最长，夷吾次之，申生只是老三。但由于《周礼》定下立嫡的继承原则，齐姜既然做了夫人（即正妃），申生便是嫡子，因而献公也就把申生册立为世子，做将来国君的继承人。

重耳、夷吾和申生三兄弟关系很好。尤其是申生，不但聪明伶俐，而且异常懂事，十分尊重两个哥哥。假如不是献公后来又娶了两个妻子的话，他们一家本来是可以平安无事的。

献公十五年，晋国和骊戎打仗。骊戎被打败了，骊戎主向晋国求和，把

他的两个女儿送给献公做少妻。其中大的一个叫骊姬，骊姬的妹妹叫少姬。两女同时得到献公的喜爱，尤其是骊姬，不但长得十分美貌，而且智谋过人。那时齐姜已病死了，献公便让骊姬后来居上，做了夫人，少姬则封为次妃。

骊姬归晋献公的第二年，生下个男孩，名叫奚齐。再过两年，少姬也养了个儿子，起名卓子。过去，齐姜是正妻，她养的儿子申生是嫡子。如今是骊姬做正夫人了，奚齐又成了嫡子——麻烦就是从这儿开始的。

古代历史中有许多君主晚年宠爱少妻，结果无端地生出许多是非来。本书下面的故事里还有许多类似的事情发生，这是后话。却说献公既然宠爱骊姬，就想把她生的奚齐立为世子，将来继位做国君。有一天，他跟骊姬谈到这件事。从心眼里讲，骊姬早就盼着让儿子做君位的继承人了。但她是一个胸有城府的女人，她知道现在更立世子的时机还不成熟，因为一来立世子要征询大臣的意见，而申生很有人缘，受到大臣们的拥护；二来重耳、夷吾这两公子都在左右，他俩跟申生的关系很好，换一个小弟弟来做世子，他俩也会极力反对。骊姬虽然得到献公宠爱，但在朝中还没培植起自己的势力，所以这件事必须慢慢来。因此当听到献公的话以后，骊姬反而说：

"世子贤德，闻于诸侯，他又没有错处，如果无故被废了，人们一定会认为是臣妾进谗的缘故，那样的话，臣妾又怎样为人呢？"

献公听了点点头，反认为骊姬很识大体，越发喜欢她。却不知骊姬是懂得"欲速则不达"的道理的，她要慢慢地制造条件，到时候水到渠成，不愁奚齐当不上世子。

春秋时期，一些诸侯身边常常养着一些优人，也就是艺人。这些人以乐舞和戏谑来让君主开心。晋宫中有个优人名施，献公叫他优施。那时献公年纪大了，骊姬便和优施私通，把优施当作心腹，立奚齐的事也跟他商量。当时朝中有两位大夫，一个叫作梁五，一个复姓东关，单名也是五，因而人们把他二人并称为"二五"。"二五"颇得献公宠幸，原因是他俩狡猾诡诈，给献公做耳目，侦伺大臣们的机密向献公报告，所以献公异常信任

他们。

优施给骊姬出的第一个主意,就是把"二五"拉拢过来,让他俩在朝中为骊姬出力。有一天,优施到梁五家来拜访。像优施这种人,人称"弄臣",是供君主开心解闷的。他们没有什么地位,但却总在君主身边,既了解君主的情况,有时也能说说话,所以大臣们都不愿得罪他们。梁五见优施来了,急忙热情接待。坐下之后,优施笑嘻嘻地从怀里掏出一个小匣子,放在桌上。梁五便问:

"施君,这是什么?"

"大夫先打开看看。"

梁五把小匣打开一看,里面装的是晶光闪亮的珍珠。梁五拿起一粒仔细端量,见这珠子十分圆润,个头也大,的确是难得的宝物。他把珠子放回匣里,故意问:

"施君拿珠子来,莫非是想托我找个买主吗?"

"哈哈哈!"优施笑起来,把小匣朝梁五面前一推,"这宝珠有钱也没处买去。实话告诉你,这是骊夫人送给你的。"

梁五显出惊愕的样子,问:

"夫人如此厚赐,定是有事要我效劳。"

"不,夫人只是想跟大夫结交。"

"你不说,我是不敢领的。"

"好,"优施朝梁五跟前凑了凑,低声说,"也没什么大事。只是骊夫人得立,奚齐便是嫡子了,申生的世子之位理应让出。但他却毫不知趣,依然盘踞不去。夫人想请大夫出个主意,让申生把世子之位让给奚齐。"

"这个,"梁五捻着胡须说,"倒是应该做的。只是我一人势孤,最好再有个帮手。"

"夫人也想到了。听说大夫是东关大夫的好友,就请大夫出面约他帮忙如何?"说着,从怀里又掏出一个小匣子,递给梁五,"这是送他的礼物。"

"好,"梁五接过小匣,说,"我们现在就去找他。"

梁五和优施一同来到东关五家,三个人密议起来。他们认为,申生、重

耳、夷吾三位公子留在京中,不好行事,应该把他们三人远远调离,慢慢再想办法。第二天早朝,梁五对献公说:

"世子和重耳、夷吾年纪已长,不宜长留都中,应该让他们有立功的机会,对他们也是锻炼,主公以为如何?"

"此话不错。让他们做什么好呢?"献公问。

"臣以为,曲沃乃是我国始封之地(晋原都曲沃,后迁于绛),先君的宗庙还在那里,其实是我国的副都。现在世子既是副君,让副君守副都是最好不过的了。"

"那么重耳和夷吾该去哪里?"

东关五抢着说:"蒲地和秦交界,屈地跟翟接壤,这两地乃是边疆要冲,国家的门户。如让两位公子分别据守,再和绛都、曲沃成掎角之势,国家便固如磐石了。"

献公连连点头,却又问:

"曲沃却也罢了,只是那蒲、屈两处乃荒野之地,怎么据守呢?"

梁五说:

"可以就势建城呀!不建宅便是荒野,建起来就是城邑。"

"一朝而增加两城,不但国土有了保障,同时疆域也开拓啦!"东关五附和说。

献公听信了"二五"的话,便下令让世子申生去守曲沃,派太傅杜原款辅佐他。派公子重耳居蒲,大夫狐毛随行。屈地则让夷吾去了,辅佐他的是吕贻甥。

二

三位公子走了,朝中和宫中安定下来。日子一天天过去,奚齐也慢慢长大。小家伙天真可爱,伶牙俐齿,这一点很像他的妈妈,越发惹得献公喜欢,更立世子的念头也就愈加强烈了。

但是世子申生很得人心,一些正直的大臣也都拥护他。骊姬便也想给

自己的儿子找个靠山。"二五"建议,让骊姬去找荀息。荀息是个非常机智的人,常给献公出主意。也就是在这个时候,荀息还立了一功。原来晋国旁边有两个小国,一个叫虞,一个叫虢(guó)。这两国的国君是同姓,关系很好。

在此之前,晋国的太子仇和弟弟成师相争,分据翼邑和曲沃两地。他们死后各自的后代仍然纷争不已,最后曲沃的一支晋武公——即献公的父亲取得胜利,把翼邑的一支晋侯缗(mín)灭了。在这期间,虢国是站在晋侯缗一边的,便不断侵扰晋的南鄙,又收容了晋侯缗逃亡的诸公子,所以献公要去伐虢。献公向荀息问计。荀息说:

"虞、虢两国唇齿相依,我们去伐虢,虞必定救他。我军以一敌二,形势不利。"

"那就算了不成?"

"不然,可以找到他们的弱点,先把他们分开,然后乘虚而入。攻破其中的一国,另一国也就瓦解了。"

"你有什么办法吗?"

"有,那就是厚赂虞君,让他假道给我们。我军穿过虞国,前去攻虢,这样出其不意,便会迅速攻下。回师的时候,顺便把虞国灭了,还不是易如反掌吗?"

献公采纳了荀息的计策,让荀息带了他最心爱的垂棘之璧和屈地产的宝马献给虞公,向虞国借道。虞公贪心中计,答应晋师借道。献公便拜里克为大将,荀息做副将,率兵攻虢,终于把虢国灭了。虢公逃走。晋军班师的时候,再出其不意灭了虞国,垂棘璧和宝马又回到献公手里。人们把荀息的这一计策也列入"三十六计"之中,叫作"假途灭虢"之计。成语"唇亡齿寒"指的就是虞、虢两国。

却说"二五"向骊姬推荐荀息,要骊姬请求献公,委任荀息做奚齐的太傅。献公答应了,派人把荀息找来。荀息智略过人,业已看出献公有更换世子的打算。他想,自己跟世子申生的关系平常,将来申生继位,自己也难得重用。现在国君要立奚齐,如果做了奚齐的太傅,将来奚齐为君,自己自然

也随之显赫。另一方面,他也看出辅佐奚齐会有难处,但他为人争强好胜,喜欢知难而进;何况这又是国君的委派!于是,他便毫不犹豫地答应下来,同时也做了卓子的师傅。

骊姬给儿子找了个好靠山,下一步该设法把申生除掉了。她认为,只有除掉三位公子,她儿子的江山才能坐得牢靠。要除申生,得先把他周围的羽翼扫掉,其中权势最大的该属掌握军队的里克了。骊姬跟优施商议,怎样对付里克。优施说:

"里克这个人外表强悍,内心实多顾虑,总是小心翼翼。如果想法打动他,晓之以利害,他便会首鼠两端了。只要他不肯袒护申生,就不必管他。"

"可是怎样才能打动他呢,送他珍宝?"

"那可不行,他为人跟'二五'不一样。这样吧,他和我很熟。请夫人为我准备羊酒,我到他家跟他宴饮,趁机用言语打动他。能成功固然很好,不成也不要紧,我是优人,跟他戏谑惯了,他也无法怪罪我。"

骊姬很高兴,让厨下准备。这边优施去找里克,对他说:

"将军一举攻克虞、虢两国,劳苦功高,令人敬佩。施有家藏好酒,平时舍不得用,想明日拿来跟将军同饮,以表钦慕之情,也算是慰问吧!将军可肯赏脸?"

里克平日贪杯,听说有好酒,便不拒绝,还说:

"光赐饮可不行,还愿闻君的妙曲哩!"

"哈哈哈,那是当然,届时定当献丑。"

第二天,优施带了酒肴来到里克府上。里克很高兴,还把夫人孟氏叫出来,一同吃酒听歌。饮酒中间,优施拿出小丑的本领,插科打诨,逗得孟夫人嘻嘻直乐。那酒也的确好,是骊姬从御厨珍藏的名酒中拿出来的,里克喝了一盏又一盏。饮到半酣,孟氏让优施唱歌。优施便站了起来,说:

"这是一首新歌,名叫《暇豫》,将军听了之后,仔细想想,便会知道后味无穷。"

说完,清清嗓子,优施便唱了起来:

暇豫之吾吾兮,
不如鸟乌。
众皆集于菀兮,
尔独于枯。
菀何荣且茂兮,
枯招斧柯?
斧柯行及兮,
奈尔枯何!

优施唱完,里克问他:
"你歌唱得好听,只是有些难懂,'菀'啊'枯'啊,什么意思呢?"
"'菀'是茂盛的意思,譬如一棵大树,根深叶茂,这就是'菀何荣且茂兮'。树大枝繁,便会引来众鸟,岂不是'众皆集于菀兮'吗?如果譬之于人,那就像是有人做了夫人,儿子就是世子,这也就是'菀'。然而树木最怕斧柯,一旦斧柯加身,大树倒了,众鸟又何所栖呢?这就是'枯'。'菀枯'之道,望将军三思。"说完,优施便告辞走了。

优施走后,里克坐在那儿沉思,不言不动。夜间,又皱着眉头在屋里走来走去。孟夫人问他:
"你这是怎么啦?有什么心事吗?"
"夫人听没听懂优施唱的歌里的意思?"
"什么意思?"
"他那是打比方哪!他说,'有人做了夫人,儿子就是世子',指的是夫人齐姜和世子申生。而众鸟则指的是拥护世子的众臣。但他又说,'一旦斧柯加身,大树倒了',则暗示主公将要把世子杀死。而'众鸟又何所栖呢',当然是优施对我说的了。"

孟夫人笑着说:
"他一个优人,哪懂得这些道理!你不要疑神疑鬼!"
"不然,优施跟骊姬的关系非同一般。日前主公又派荀息给奚齐做太

傅。废长立幼看来已成定局。怪不得优施怎么会忽然想起送酒给我,又在席上唱歌,分明是向我提出警告。"

"他警告你什么?"

"自然是要我不要做无所栖的鸟儿啰!"他叹口气说,"唉!我早已看出主公有废立的意思了。前些日子,主公曾无意中透露给我,说'寡人有好几个儿子,不知立谁做世子好'。我当时就愣住了,世子就在曲沃,怎么又不知立谁做世子好了呢?这不是明摆着要废去申生吗?"

"那你怎么办?"孟夫人担心地问。

"我就是为此事作难。帮主公杀申生,我于心不忍;帮申生反抗主公,我又力所不及,再说,还有我们全家的安危也不得不考虑。好,你睡吧,我自有办法。"

第二天下朝的时候,里克从车上摔下来,把腿摔坏了,向献公请了病假。

三

骊姬听说里克伤腿请假,不再上朝,知道是优施的《暇豫》歌起了作用。不上朝就是表示中立呗!

现在,申生的外围扫清了,骊姬便要向申生发起正面进攻了。她对献公说:"主公身边应该有个大些的儿子陪伴,也好照顾。奚齐和卓子究竟岁数太小了,没多大用。"

这两年献公对骊姬一直是言听计从,听骊姬这么说,马上答应,并问:"你说把谁召回来好呢?"

"重耳和夷吾所居的蒲、屈两地是边防重镇,两位公子不便离开,还是把世子请回来吧。"骊姬又补充说,"臣妾母子将来还要靠世子照顾,现在世子回来,臣妾好好待他,将来也好倚靠。"

献公听了,便派人去曲沃把申生召回来。

申生回来之后,先到朝堂拜见父亲。献公告诉他,是骊姬让他回来的,

还吩咐申生去看看庶母。申生奉命来到后宫,向骊姬行礼拜见。骊姬装出欢喜的样子,对申生问长问短。申生为人忠厚,毫不怀疑。坐了一会儿,骊姬让人摆出酒来,要申生陪她饮酒。申生不好推辞,只好坐下跟骊姬同饮。过了一会儿,申生便要告辞,骊姬却说:

"后园中百花盛开,我一直没工夫欣赏。你又在外多年,公务劳累,不得休息。不如这样吧,你明日早些入宫,陪我到后园看花,权作休息,你肯赏我这个脸吗?"

申生惶恐地说:

"夫人怎如此说?明日我来陪夫人就是。"

当天夜里,骊姬向献公哭诉,说申生调戏她。献公知道申生忠厚老实,有些不信。骊姬哭着说:

"臣妾为了我母子的将来,想讨好世子,故而昨天留他饮酒。不料他却借酒使疯,拉着臣妾的手问我,'我父已经老了,母亲将来怎么办呀'?我生气地推开他的手。世子又嬉皮笑脸地说,'当初我祖父年老,将我母亲齐姜留给我父。如今我父也老了,他将把谁遗给我呢?看来就是你了'。他还要来搂抱我,被我用力推开,他才笑嘻嘻地走了。临走说他明天还来,要我陪他去逛后花园哩!"

献公听骊姬说得活灵活现,不由信以为真。当初他跟父妾齐姜私通,生下申生;没想到申生也来引诱父妾了,这是不是报应呢?献公气得一夜也没睡好。第二天,他想亲自调查一下,便对骊姬说:

"申生不是要你陪他逛后花园吗?"

"哼!"骊姬故意哼了一声,"让我陪他逛花园?我怎么那样下贱!"

"不,他叫你去陪他,你就去。我在沉香楼上看着,如果他敢真的调戏你,我就将他杀了。"

骊姬听说后,便装作满怀委屈的样子打扮起来,在头发上涂了不少蜂蜜。过一会儿,申生来了,骊姬便和他一起向后花园走去。

晋宫的后花园面积很大,有假山流水、楼阁亭台,种植了许多奇花异卉。这时正值暮春,许多花都开了,引来一群蜂蝶在花间飞舞。骊姬知道献

公躲在沉香楼上,便向那个方向走去。申生默默地跟随在她身后。

蜂蝶被蜂蜜吸引,纷纷向骊姬飞来,在她的头顶盘旋。这时他们已离沉香楼不远,骊姬还隐约看到献公的人影就在一扇窗后面,便扭头对申生说:

"烦死人了!快把这些讨厌的蜂蝶赶开!"

申生还在奇怪,这些蜂蝶怎么都飞这儿来了?他当然猜不出是蜂蜜引来的,便舒展开长袖在骊姬头顶挥来挥去,驱赶那些飞舞的蜂蝶。而骊姬也故意东躲西闪,摇摇摆摆。献公在楼上远远望着,恰似申生赶着去搂抱骊姬,而骊姬一再地躲闪的样子。

骊姬估计献公已经看到,便对申生说:

"这些蜂蝶真烦人!我不看花了,你自己在这儿看吧!"

申生根本不想看花,他趁机向骊姬告辞,出宫去了。

骊姬回到屋子,赶忙把头上的蜂蜜擦净。这时献公也气哼哼地来了,嘴里嘟哝着说:

"我非杀了这畜生不可?"

骊姬却又说:

"主公现在杀他,怎么对臣民宣布?"

"这个……"献公也有些为难,如果说世子调戏庶母,实在有些不好出口,只好说,"那就先把他撵回曲沃再说。"

申生糊里糊涂地来了,又糊里糊涂地走了,不知父亲为什么把他这样唤来唤去。

又过了几天,献公去翟桓打猎。骊姬和优施商议,派一个宫中的侍臣到曲沃去见太子,告诉他献公夜间梦见齐姜,让世子在曲沃给母亲设祭。曲沃有齐姜的祠堂。申生遵照父亲的旨意,设了三牲在齐姜祠里祭过了,按惯例要把一部分祭品献给父亲,申生派人骑了快马把祭肉送进宫去。骊姬收下了。过了两天,献公打猎回来,听说世子祭奠母亲,送来胙胙(祭祀用的肉),便命取来。他拿起一块肉要吃,却被骊姬拦住,骊姬说:

"食品从外边来,不可轻易食用。"她让人牵来一条狗,把献公手里的

肉扔过去。狗把肉吃了，不一会儿便四腿抽搐，倒在地上。献公大惊。骊姬又让一个宫女吃肉，宫女不肯吃，骊姬逼着她吃下去。那宫女也死了。

骊姬哭着说：

"世子怎么这样残忍啊，竟要毒死他的父亲！看来他恨的是我母子。当初主公要把他废了，立奚齐为世子，是我极力阻拦，想不到他还这样！臣妾不愿连累主公，请把我母子送往别国吧，不然的话留在国中，早晚也是世子俎上的鱼肉！"

献公气得坐在那里，说不出话来。

"要不，我母子自杀算了！"骊姬还在那儿边哭边说，给献公火上加油。

献公下了狠心，吩咐召集众臣，他要诛杀弑君的逆子了。大臣们都到朝堂来了，只有那摔伤腿的里克请假未到。

献公把申生送肉掺毒的事告诉群臣，又把死狗和宫女的尸体搬来，列在阶下，让群臣亲眼看到罪证。大臣们面面相觑，他们不敢相信，但又不敢不信，因为罪证是明摆着的嘛。

东关五这时站出来说：

"世子忤逆不道，臣去把他擒来，交主公发落。"

"好！"献公下令，"就以你为将，梁五为副，率车两百乘，去曲沃杀了那畜生！"

东关五和梁五领旨下殿，调兵车去了。这边群臣也散朝回家。大夫狐偃急急去告诉父亲狐突。狐突是公子重耳的外祖父，已经八十多岁了，退职在家。听说后大吃一惊，说：

"胙肉进宫好几天了，谁不能往里掺毒！肯定是骊姬设的圈套，嫁祸世子。你快快派人去告诉申生，让他离开曲沃，先到外国躲避一阵再说。"

狐偃派人送信去了。这边狐突却又想起，骊姬既然要杀申生，恐怕也不会放掉自己的外孙重耳。他的大儿子狐毛已随重耳在蒲，狐突便派次子狐偃赶忙到蒲地去，要重耳有所准备。

世子申生接到狐突派人送来的信，拿去告诉太傅杜原款。杜原款说：

"胙肉留在宫中六天，宫中有人下毒是没错的了。你可以给主公上疏，讲明理由,群臣中也会有人明白,帮你说话的。"

申生只是叹气摇头。杜原款又说:

"下毒的人定是骊姬,世子不肯上疏,老臣回朝去替世子辩明。"

申生却说:

"父亲老了,他离不开骊姬,否则就寝不安,食不饱。我上疏自辩,又没有证据,所告不实,反而增罪。如果一旦辨明,罪在骊姬,岂不又伤了父亲的心?"

"那就先逃往外国吧。"

"我带着弑父杀君的罪名出逃,谁又肯容纳我呢?"于是他北向而拜,自刎身亡。等到东关五率军赶到,世子已死去多时了。东关五便把杜原款押了回去交差。

献公在殿上问杜原款:

"申生设毒害我,你可知道?"

杜原款昂然回答:

"这是天大的冤枉。原款之所以不肯追随世子于地下,就是为了让主公明白真相。当初,是宫中派人来通知世子设祭的,而胙肉进入宫中已经六日,如果早已下毒,这么长的时间胙肉还不腐烂了吗?"

骊姬在殿后的屏风后面急呼:

"杜原款辅导世子,还不快把他杀了!"

献公命令武士用铜锤将杜原款击死。不过这样一来,群臣们也都个个心中雪亮了。

骊姬果然又讲重耳、夷吾两位公子的坏话,说申生投毒,两位公子是同谋。献公便派人去捉拿两位公子。重耳奔翟,夷吾奔梁,各自逃命去了。

四

四年以后,献公去世。早已立为世子的奚齐那年只有十一岁,即将继位为君。

大臣们把献公盛殓起来,依次哭祭。只有狐突推说年老多病,不肯前来。里克私下里对大夫丕郑父说:

"孺子将立为国君了。眼下诸侯环伺,一个小孩能治理国家吗?再说诸侯常常聚会,我晋国却派个娃娃参加,岂不让各国诸侯齿冷,笑我晋国无人?"

"是呀,主公还有两个儿子重耳和夷吾逃亡在外,任迎一位回来,总比奚齐好得多。"丕郑父接着又说,"此事全在荀息,姑且听听他怎么说。"

两人驱车来到荀府。见到荀息,里克对荀息说:

"主公晏驾,应立嗣君。奚齐虽已册立为世子,但他年纪太小,怎能服众?重耳、夷吾两位公子不但年长,而且均有贤名,为何不立他们中的一人呢?"

"主公遗命,怎能不遵?"荀息回答说。

"再者,"里克接着说,"三位公子的党徒将奚齐母子恨入骨髓,只是碍着主上罢了。如今听到大变的消息,难保没有异谋。两位公子一位在翟国,一位已入秦。倘若他们借了外兵,入侵国境,扬言吊民伐罪,公有什么办法抵御?"

荀息也知形势险恶,但当初既已答应献公,他为人又最讲信用,不肯反悔,只好说:

"我受先君所托,辅佐奚齐,奚齐就是我君。此外的事在所不计。万一力不从心,也就只有一死以谢先君了。"

丕郑父也劝他,但荀息毫不妥协。里、丕二人只好辞去。

里克觉得,他当初听了优施的《暇豫》歌,只顾独善其身,保持中立,结果申生冤死,想起来就感到歉疚。对受了骊姬和优施的算计,也愤愤不平。他跟丕郑父商议,索性将奚齐刺死,那时荀息不立两位公子,又去立谁?

国君的哀悼期较长,除了本国各地的官员要来吊祭外,各国诸侯也要派人来吊。荀息带着奚齐,每日在丧次幕间接待吊客。有一天,又有人来吊。于是角声呜呜,奏起哀乐,荀息陪着奚齐在幕间答礼。吊客退了。荀息年老,不堪劳累,退到侧屋休息。突然,一个穿侍卫服装的汉子闯了进来,

直奔奚齐。在人们的惊呼声中,那汉子的一把短剑已刺入奚齐胸口。奚齐只叫了一声便往后倒下。

优施这时恰好在奚齐身边,他拔出剑来,朝刺客刺去。他演戏学的那点花拳绣腿根本派不上用场。刺客将剑一格,便把优施的剑荡开了,接着顺手一撩,优施的脑袋被削成两半。待到侍卫们惊定之后,纷纷持矛扑上来时,那刺客早隐身幕后,赶过去再看,却已不见了影子。

这边荀息踉踉跄跄赶来,扑倒在奚齐身上,连连呼叫,定睛看时,小世子已停止了呼吸。荀息哭着说:

"我受先君遗命辅佐世子,竟未能保护他,我之罪也!"说着,站起来便向殿柱撞去。

侍卫们连忙将他抱住。这时骊姬也闻讯赶来。她泪流满面,咬着牙对荀息说:

"主公的灵柩尚未安葬,丞相怎么能轻生呢?再说奚齐被害了,卓子还在,全靠丞相辅佐呀!"

荀息听说后,这才擦擦眼泪,出来唤进戎卫将军,把在幕内的十几名侍卫和侍役捉起来审问。众人异口同声,都说以前没见过这个刺客,他又穿着侍卫的服装,不知怎样混进来的。荀息问不出头绪,索性下令将这十几个人都杀了。接着忙忙活活,把奚齐也盛殓起来,放在献公的灵柩旁边。跟着派人通知百官,来殿堂议事。百官一个个都到了,只有里克和丕郑父推说有病,未曾前来。梁五悄悄对荀息说:

"看来,孺子的死一定跟里克、丕郑父有关。里克做过先世子申生的太傅,他们这是替申生报仇呢!"

东关五也说:

"如今出了这等大事,他二人推说有病不肯与议,分明是心虚。不如出兵把他二人擒来。"

"不可,不可,"荀息连连摇手,说,"一来没有实据,二来他二人是晋国老臣,根深蒂固,许多官员出于他们的门下,如果讨他不胜,大势就去了!现在姑且忍耐,不要让他们疑心,然后等丧事完毕,新君正位,再慢慢设法

处置他们。"

百官到得差不多了,荀息以丞相的身份倡议立卓子为世子,等办完献公的丧事后即位。众官都没有异议,这事便定下了。

往回走时,梁五和东关五边走边商量。梁五说:

"荀卿虽然忠心,但他谋略甚少,做事畏首畏尾,迂迟缓慢。依我看,里、丕二人中,里克定是主谋,如果把他除掉,丕郑父就好对付了。"

"怎么除他呢?"

"里克带兵多年,而且他的府第墙高屋坚,养着家兵,派兵硬攻是不妥的。依我看,只有等先君出殡的时候,他来送葬,我在东门埋伏甲兵,突起而攻之,这是一个壮士便能胜任的事。"

"好!"东关五说,"我门下有一位客人,名叫屠岸夷。他力大无比,能背负千斤重物奔走如飞。如答应他事成之后重加赏赐,封他官职,他一定会干的。"

"那就这么定下吧!"梁五说完,二人便分手各自回府了。

东关五回到府中,派人把屠岸夷请来,跟他商量刺杀里克的事,许他事成之后不但可得重赏,还封他为上军将。屠岸夷答应了。

那么奚齐是里克派人刺杀的吗?

是的,"二五"猜得不错,里克就是想把奚齐刺死,迎立重耳回国。不过没想到奚齐死后,荀息又把那刚刚九岁的小卓子捧出来。里克正在想,是不是再接再厉,把小卓子也杀死呢?这时,门上来报,丕郑父造访。里克赶忙把丕郑父迎进屋内。寒暄过后,丕郑父笑着说:

"没想到'螳螂捕蝉,黄雀在后'。你要去刺人,别人却正要刺你哩!"

里克惊愕地问:

"大夫这话从何说起?"

"将军休惊,听我告诉你……"

原来屠岸夷接受了行刺里克的任务,去告诉他的同乡好友大夫骓遄(zhuīchuán),问他:

"你说这事能不能干?"

"哎呀,这可使不得!"雏遄吃了一惊,摇手说,"故世子申生的冤枉,全国谁不知道?真是人人痛心!那都是骊姬害他。如果东关五说奚齐是里、丕两位大夫杀的,应该说是义举。你若是听了东关五的唆使,去刺杀里克,不但全国人会骂你不义,我也不交你这个朋友!"

屠岸夷见雏遄急了,便笑着说:

"我是无知的人,这不是来找你商量了吗?你既然说不该做这事,我找东关五辞掉好了。"

"那也不妥。你不干,东关五还会找别人。你既然已经答应他,那就装着什么事也没发生,更不要让他起疑心。到时你突然反戈一击,打他个措手不及,立下大功。那时你不失富贵,还会名声大震,这有多好!"

"对,对!多谢大夫指教!"屠岸夷高兴地走了。雏遄跟丕郑父较熟,就先去告诉他。丕郑父这才来找里克,告诉他这件事。

俗话说,"兵来将挡",里克和丕郑父自然要作准备了。

到了给献公出殡那天,百官都来送丧。一大早,东关五便带着屠岸夷来到东门,等着刺杀里克。出殡的大队过去了,百官也一个个走过了,却不见里克的影子。不久,梁五跑来告诉东关五,里克又称病不来了。

东关五恨得牙根发痒。屠岸夷说:

"大臣们都来了,只有里克留在城中。大夫给我甲兵三百人,我攻进里克家里去把他杀了。"

东关五同意了,派三百名甲士,交给屠岸夷,自己和梁五急急忙忙地赶往墓地去了。

殡仪进行当中,突然有里克的家丁跑来报告荀息,说里克府被一伙甲兵围住了,请丞相派人去救。荀息大惊,问左右怎么回事。东关五说:

"听说里克想乘隙作乱,是我派甲兵围住他家。这件事如果成功,是丞相的功劳;如果不成,我等负责,与丞相无关就是了。"

荀息草草把殡仪结束,对"二五"说:

"既已如此,两位大夫就率军去讨里克吧,我回朝堂听你们的消息。"

荀息带着卓子匆匆回城,坐在朝堂听信。这边东关五领兵先行,来到

039

里府,见甲兵将府第团团围住。屠岸夷迎了过来,东关五问他:

"还没攻进去吗?"

"里府里有里克的家丁抵抗,一时攻不进去。如今大夫来助,定能成功。"屠岸夷说着已走到东关五跟前,突然伸出双臂,把东关五的脑袋抱住,猛然一拉,就听"咔嗒"一声,东关五的脖颈便折断了。在军士们的惊呼声中,屠岸夷大喊:

"众军听着,公子重耳已领翟兵来到城外,我奉里克将军命令,为故世子申生伸冤报仇,诛杀奸佞,迎立重耳公子为君。愿意来的跟我走,不愿意的各自回家!"

军士们听说要迎立重耳,大多愿从,一时纷纷攘攘,都随屠岸夷朝宫中走去。里府大门这时也已打开,里克仗剑先行,身后是他的家兵。里克赶上屠岸夷,向他道谢。正碰着梁五统兵来到。梁五见屠岸夷倒戈,转身便跑,跑出不远,就被屠岸夷追上。梁五知道逃不脱,只好回过剑来自杀了。

这时丕郑父和雅遫也都率家兵出来,三伙人合到一起,直奔朝堂。沿途的卫士俱都惊散。里克当先踏进大殿,见荀息抱着卓子,坐在殿上。荀息看里克进来,便说:

"孺子何罪?乞留先君的一块肉!"

里克回答说:

"申生又有何罪?那不也是先君的一块肉吗!"回头喝令屠岸夷:"还不下手!"

屠岸夷应声过来,从荀息怀中夺过卓子,双手高高举起,朝殿阶上一扔,顿时小王子化成了肉饼。

荀息怒吼一声,从腰间拔出剑来,朝里克便刺。屠岸夷从后面赶上,夺过剑来一挥,荀息便倒地不动了。

军士杀入后宫。骊姬已经听到消息,匆匆奔往后花园躲避。刚跑到沉香楼前,军士已经入园。骊姬见逃不脱,只好投水自尽。军士还不解恨,把她的尸体打捞上来,又给她补上几刀。

里克认为骊姬的妹妹少姬跟申生冤案无关,便赦了不杀,只把"二五"

和优施的三族俱都诛灭。

后来百官迎回公子夷吾,立为国君,是为惠公。惠公死后,在外流亡了十九年的公子重耳回来做了晋君,他就是春秋"五霸"之一的晋文公。不过这些事不属本文讲述的范围,就此略过不提。

明朝冯梦龙著的《新列国志》里,有一首诗是叹骊姬的,现在就把它借用来作为本文的结尾吧:

譖杀申生意若何?
要将稚子掌山河。
一朝母子遭骈戮,
笑煞当年《暇豫》歌。

翟叔隗死于乱箭

一

夜深了,周襄王还没回寝宫。翟叔隗(wěi)一个人躺在锦帐里,憋了一肚子怨气,久久不能入睡。

这时,一个宫女进来报告说:"回禀王后,大王传谕,他今晚在别处安息……"

"滚!"没等宫女说完,翟叔隗就吼了起来。

宫女赶忙退了出去。

"丢下我不管了,该死的老色鬼!"翟叔隗狠狠地骂了一句,扯过一条锦被蒙在头上。

渐渐地,翟叔隗进入梦境,那是一个少女憧憬甜蜜生活的梦。

翟叔隗是翟国国君的女儿,随父亲征战时看到过几个年少英俊的王子,英姿勃发,骁勇剽悍。翟叔隗坚信不疑,自己未来的丈夫就应该是王子中的一个。她的姐姐就嫁给了晋公子重耳——后来成为统率三军、称霸诸侯的晋文公。每当想到这些,她常常夜不能寐,有时也会从梦中笑醒。

然而,翟叔隗的梦碎了。

周平王东迁洛邑(在今河南省洛阳市洛水北岸)之后,国势日渐衰败,失去了统摄天下的力量,各诸侯国之间,为了争夺土地、城郭、百姓和财富,你攻我打。长江流域的楚国强大起来,与周王朝抗衡,位居中原、与周天子同姓的郑国竟然投靠了楚国。公元前639年,郑国起兵攻打滑国。卫文公请求周天子出面制止这场战争。周襄王写信请北方全民尚武、骑马善射的翟国出兵伐郑,迫使郑国上表请罪,臣服周王朝。

自此,周襄王萌生了长期笼络翟国的想法,恰逢王后刚死,便欲聘翟国国君之女为王后。

颓叔、桃子齐奏："翟国传唱一首歌谣，'前叔隗，后叔隗，如珠如玉生光辉'。是说翟国有两个美女，名字都叫叔隗，一样的国色天姿。前叔隗是咎如国之女，已嫁给晋文公。后叔隗是翟君的亲生女儿，尚未婚配，国王当求得此女为后。"

周襄王闻奏大喜，遂派颓叔、桃子去翟国求婚。

天子毕竟是天子，诸侯总要敬畏三分。翟君欣然允诺，择吉日送翟叔隗进宫。

翟叔隗的心碎了。

她见到的不是梦中的王子，而是一个五十多岁的老头。这老头除了王后之外，还有三位夫人、九位嫔、二十七位世妇、八十一位女御，共计一百二十五个老婆。这老头虽说很喜欢翟叔隗，但还不到专宠的程度，做不到日夜相守。翟叔隗那颗火热的心变冷了。

清晨，周襄王还没有影子。翟叔隗太闷了，走出寝宫，外面也不敞亮，南面高墙，东面高墙，北面高墙，西面还是高墙。高高的宫墙从四面切下来，割断了广阔、自由的天地，围成一个小小的方格子，像养鸟的笼子，像养兽的栅栏。抬头一望，天空也成了方形的。

"唉，闷死人了！"

翟叔隗长叹一声，失望地回到屋里。突然她的眼前一亮，看到侍女正在整理一件窄袖短衫，这是她在家打猎时穿的，进宫后再也没有穿过。她脱去宫装，拿过窄袖短衫，在身上比量一下，然后穿上，左瞧瞧，右看看，还像原先那样合体，甩甩胳膊，踢踢腿，又做了一个拉弓射箭的动作，仿佛又回到了她熟悉的那个自由世界。

于是，一个出宫打猎的念头在翟叔隗的心底萌生了。

二

天高气爽，秋色宜人，正是狩猎的黄金季节。北邙山是狩猎的好场所。

周襄王与翟叔隗坐在高高的土山上。将士们勒马伫立,只等大王一声令下,立刻驰骋猎场,一展身手。

周襄王为了取悦翟叔隗,一心想把这次狩猎搞得更加红火,传令说:"狩猎时间到中午为限。得三十禽者,赏车三乘,得二十禽者,赏车两乘,得十禽者,赏车一乘,十禽以下者,无赏。"

王命既出,王子、王孙、大小将士人人踊跃,个个争光。一时间,整个猎场上人嚷马嘶,击兔射鹿,各逞其技。

日近正午,周襄王传令撤围。各路将士纷纷回来献禽,或十或二十,多少不等,唯有一人独献三十余禽。这个人就是太叔带。

太叔带是周襄王的异母弟。公元前652年,周襄王即位,生母早死,立后母——太叔带的生母为惠太后。公元前649年,太叔带仰仗惠太后的权势篡位,未成,又联合戎、翟进攻周国,兵败后逃到齐国避难。惠太后一直在周襄王面前替太叔带求情,直到公元前640年,周襄王才不得不召太叔带回国,封为甘公。国人皆称之太叔带或甘公带。今日打猎,太叔带有意抖擞精神,夺得了头功。

周襄王如数行赏,将士们各有所得,皆大欢喜。

坐在周襄王身边的翟叔隗见太叔带仪容俊伟,才貌不凡,能骑善射,技艺出众,俨然是自己几曾梦见过的称心王子,遂附耳向周襄王问道:"此人是谁?"

"惠太后之子太叔带。"周襄王回答。

翟叔隗心中一喜,果然是位王子,多么可意的人啊!她立即对周襄王说:"臣妾自幼习射,常随父王打猎。久居宫中,四肢倦怠。臣妾想亲自打一围,壮壮筋骨,请大王恩准。"

周襄王还是喜欢翟叔隗的,这次来北邙山打猎,意在讨取她的欢心。现在,翟叔隗提出要求,怎好拂逆她的心愿呢?于是,周襄王命人重整围场。

翟叔隗脱下外面的宫装,露出窄袖短衫,罩上黄金锁子轻细甲,腰系五彩纯丝绣带,用玄色轻绡裹头,拢住钗环,腰悬箭袋,手执朱弓,好一个北方民族的巾帼英雄!

这番装束,比穿宫装的翟叔隗更添几分风采,看得周襄王啧啧赞叹。

左右护驾的戎车举鞭待发,只等王后一声令下。

翟叔隗对周襄王说:"驾车不如骑马跑得快。臣妾随行的宫女,凡是从翟国来的,个个能骑马,请让她们随行,在大王面前献技。"

"好,备马!"周襄王传令。

数十名宫女应声上马,左右陪护。翟叔隗方欲挥鞭策马,周襄王急忙举手示意,说:"且慢。"又问同姓大臣:"谁善于骑马,保护王后下场打猎?"

太叔带上前一步,奏道:"下臣愿意效劳。"

翟叔隗一见太叔带站出来请命,暗自高兴:老天有眼,为她送来一位可心的人!

宫女组成的马队一字排开,翟叔隗居中,跃马先行。太叔带随后策马赶上,不离左右。

翟叔隗想在太叔带面前逞逞威风,连加几鞭,那马旋风般地跑了出去。太叔带也想在翟叔隗面前施展手段,一提丝缰,跃马向前。转眼之间,掠过一道山岗,宫女们被甩在后头。翟叔隗把马勒住,夸奖太叔带:"久慕王子大才,今日才得一见。"

太叔带在马上欠身施礼,说:"臣下技艺浅薄,难及王后万一。"

翟叔隗以目送情,说:"你明早可到太后宫中请安,届时我有话说。"

这时,宫女的马队赶到,太叔带不便回言,轻轻地点头应诺。

这时,山坡下管围场的人赶来一群麋鹿。太叔带连发两箭,射中两只。翟叔隗只发一箭,也射中一只。众人喝彩,鹿群远远逃去。

翟叔隗向周襄王献上一只鹿,太叔带随后献上两只鹿。

周襄王大悦,命御厨烹调野味,与群臣欢饮,直到日暮方归。

次日,太叔带上朝谢恩,然后去宫中向惠太后请安。其时,翟叔隗早已等候在惠太后身边。

事先,翟叔隗用重金买通了惠太后身边的宫女,惠太后又睁只眼闭只眼,她便无所顾忌,一见太叔带进来,就眉来眼去地暗通机关。两下会意,

托言有事,一起到侧室寻欢作乐。

翟叔隗嘱咐说:"你以后常到宫里来,我们就在这里相会。"

太叔带迟疑地说:"襄王如起疑心呢?"

"你放心,我自有办法。"翟叔隗自信地说。

从此,太叔带不时进宫,偷偷地与翟叔隗相会,有时竟然留宿宫中,通宵达旦。宫人因受了翟叔隗的贿赂,又怕惹事,都守口如瓶,只把一个周襄王蒙在鼓里。

三

"咣当"一声,门锁上了。

翟叔隗被关进冷宫。

冷宫里漆黑一片,四面都是湿冷的墙壁,没有窗子,只有一个巴掌大小的方孔,是送饭用的。一股潮湿发霉的气味熏得她直想呕吐。

她心惊胆战,是与太叔带的事败露了吗?不然,老头子不会这么狠心。她多想知道外面的事情,想知道太叔带的下落。可是,她同外面隔绝了,来送饭的宫女绷着脸,一句话也不同她说。

直到这天,来送饭的是惠太后的贴身宫女,瞧瞧四下无人,才匆忙向她讲了事情的经过。

原来太叔带一天夜里饮酒,令宫女小东吹箫助兴。小东生得俊俏,太叔带借酒劲强拉小东上床,小东不肯,挣脱衣服逃出。太叔带大怒,拔剑追杀。小东路过周襄王别寝,情急之下,叩门呼救。周襄王问她发生了什么事,小东豁出去了,把太叔带和翟叔隗的秽行全都禀告了周襄王。

周襄王大怒,拔出宝剑,直奔宫中要杀太叔带。走了没有几步,周襄王胆怯了:太叔带岂肯束手待毙?他武艺好,如拔剑相还,自己哪是他的对手!不如暂时忍下这口气,待明日查清事实,先把翟叔隗打入冷宫,太叔带自知没趣,出奔他国也就算了。想到这里,周襄王长叹一声,掷剑于地。

第二天,周襄王派人查明了事实。翟叔隗被贬入了冷宫。太叔带果然

出逃。

翟叔隗知道了贬入冷宫的原因,心里反倒平静了,她并不后悔。近两年的日子过得称心!身边有一个太叔带陪伴,驱除了深宫里的凄凉寂寞,使她那颗破碎了的心复原了,使她恢复了青春!不要说贬入冷宫,就是为此而死也心甘情愿。她庆幸太叔带还活着。她希望终有一天,他会回来救她出去。

太叔带连夜逃出王宫,对于要投奔哪里,正拿不定主意。这时,颓叔、桃子从后面赶来,对太叔带说:"当初去翟国请兵的是我二人,去翟国求婚的也是我二人。现在,翟叔隗被贬了,大王怪罪下来,我二人难逃罪责。翟君为救翟叔隗,兴兵问罪,我二人也难逃罪责。只有跟着太叔带投奔翟国,请求翟君出兵,杀进京城,救出翟叔隗,拥立太叔带为王,别无出路了。"

于是,三人一齐投奔翟国。

太叔带留在郊外。颓叔、桃子进城面见翟君,说:"当初,我们二人来翟国,是为太叔带求婚。周襄王听说翟叔隗美貌,自己娶了去,立为王后。有一次,翟叔隗去给太后请安,见到太叔带,说起了这件事的前因后果,被宫中人听见,在周襄王面前进了谗言。周襄王偏听偏信,不念及翟国讨伐郑国的功劳,竟把王后打入冷宫,把太叔带逐出境外,真是个忘亲背德、无义无恩之人!请君兴一旅之师,杀入京城,扶立太叔带为王,救出王后。这也是称霸诸侯的良机。"

翟君听了这番颠倒黑白的话,心中暗自思量。春秋时期,各国诸侯争霸,谁能拥立天子,谁就能号令诸侯。翟君想,拥立太叔带为王,自己的女儿做王后,天子岂不在自己的掌握之中?"挟天子以令诸侯",自己便成了霸主。于是当即传令,迎太叔带进城。

几天之后,翟君发骑兵五千,进攻洛邑。

周襄王的军队抵挡不住翟兵的进攻,弃城而逃,投奔郑国避难。

"咣当"一声,门锁开了。

翟叔隗见是太叔带率人进来,按捺不住欣喜之情,当着众人的面,一头扎进太叔带的怀抱。

思念成疾的惠太后听说太叔带回来了,惊喜过分而死。太叔带遂假传太后遗命,自立为王,以翟叔隗为王后。翟兵撤去。

四

太叔带自立为王之后,他和翟叔隗的奸情、篡夺王位的丑闻弄得满城风雨,朝野议论纷纷。太叔带怕日久生变,想另建王城。于是,迁都于温,大兴土木,建造宫室,以为天下太平,根基稳固,放心地与翟叔隗日夜取乐。他们万万没有想到,另有一个人在他们身上打起了主意。

周襄王逃往郑国避难。晋文公看准了这个天子蒙难的好机会,想仿效齐桓公"尊王攘夷"的做法,称霸诸侯。遂派左将军赵衰带兵到郑国,护送周襄王回洛邑复位。又派右将军郤溱带兵围温。温城将士听说周襄王已经复位,聚众而起,杀死了颓叔、桃子,打开城门迎接晋军。

太叔带见大势已去,急忙带着翟叔隗逃往翟国。守门军士不肯放行,太叔带拔剑砍倒数人。

晋将魏犨(chōu)赶到,大喝:"逆贼休走!"

太叔带求情说:"魏将军肯放我出城,他日定有厚报。"

魏犨说:"去问你哥哥周襄王吧,他肯放你,我就做这个人情。"

太叔带大怒,挺剑来战,没几个回合,被魏犨一刀斩于车下。

翟叔隗身穿窄袖短衫,立于车上,弯弓搭箭,左右开弓,几名晋国军士应声倒下。余下军士纷纷后退,无人敢上前擒拿。

魏犨见此情景,大喊一声:"这样的淫妇,留她何用?放箭!"

晋军将士乱箭攒射。

翟叔隗被乱箭穿心而死,时年不过二十岁。

魏犨带着太叔带和翟叔隗的尸体去向郤溱报捷。

郤溱大惊:"你下手太狠了。应该捉活的,献给大王,经过审判,名正言顺地处斩。"

魏犨说:"周襄王早就有言在先,见到太叔带、翟叔隗不留活口。他是故意避免杀妻杀弟的恶名，才借我们的手杀人。捉活的送去，岂不是自讨没趣？"

翟叔隗当王后不过三年就送了性命，还留下千载骂名。

自刎垓下的虞姬

公元前203年,西楚霸王项羽和汉王刘邦在荥阳结下了"鸿沟之盟"。项羽的大军准备东归了。

一

这一天,项羽纵马围着楚营绕了一圈之后,回转中军大帐。有一位美人袅袅婷婷地迎了过来,这美人名叫虞姬。

说起虞姬来倒有一番长话。她是广陵人氏,父亲虞老先生曾做过官,后来辞了;哥哥虞子期文武全才,只因秦朝无道,天下汹汹,故此甘愿隐居乡野,一家子厮守着过活,倒也自在。这虞姬不但长得可爱,人也十分地乖巧聪慧,把个虞老员外疼爱得跟个宝贝似的。只是虞姬生性不喜针黹女工,从小就缠着哥哥虞子期教她武艺,整日价花拳绣腿、刀枪剑棍,学那马上马下的本事。看看过了二八芳龄,益发出落得楚楚动人,更兼琴棋歌舞样样精通,于是艳名远播,方圆百里,竟是无人不知,无人不晓。不想就传到了一个人的耳朵里,还因此招来了一场横祸。

这广陵地面有一总镇官,姓赵,单名一个"奎"字,乃是秦朝当朝丞相赵高的侄儿。仗着赵高的权势,也弄个官来做做。其实他会做什么?不过借机搜刮点民脂民膏,干些欺男霸女、伤天害理的勾当罢了。他听说虞老员外有这么一个貌似天仙的女儿,直喜得他抓耳挠腮,馋得他口水直流,连着派人去说媒。那虞老先生生性耿直,本来对那个奸相赵高就恨之入骨,如何肯做成这门亲事?当下一口回绝。这可惹怒了这位花花太岁爷,怒气冲冲地点齐了人马,就直奔虞家村而来。来到虞家村,不由分说,抢了虞姬便走。虞老先生上前拉住女儿不放,被赵奎手下一阵毒打,含恨而死。虞

子期见妹妹被抢走,父亲被打死,瞪圆了血红的眼睛,抄起家伙就和赵奎拼命。无奈双拳难敌四手,好汉架不住人多,亏他身手好,才得以从重围中逃了出去。

那赵奎也不追赶,抢了虞姬,大摇大摆地往回走。

赵奎骑在马上,正喜滋滋地想着美事,忽听身后喊声大作,回头看去,却见有支人马赶来,旋即来到切近。赵奎定睛一看,只见为首一人身长八尺挂零,浓眉大眼,虎背熊腰,手提一柄方天画戟,腰佩一口宝剑,好不威风。再一看他身边站着的那个人,正是刚刚逃脱的虞子期。赵奎情知不妙,可他毕竟是一向骄纵惯了的,不把人放在眼里,便骂道:"哪来的毛贼,胆敢挡本镇的大驾?还不快快滚开!"

话音未了,只见那使戟的将军双眉倒立,虎目圆睁,大吼一声,恰似晴天起了一个霹雳一般,摆动着画戟就朝赵奎杀了过来。赵奎哪经过这阵势,被那人一喝,早吓得手也软了,腿也直了,胆也破了,魂也没了,刚想拨马逃走,说时迟那时快,被那人从后赶上,只一戟,便被挑于马下。赵奎手下那些人见势头不对,没命似的逃走了。

虞子期过来扶起了虞姬,安慰了好半天,然后引了妹妹过来拜见那位将军。虞子期对妹妹道:"今日多亏了这位将军,才救得了妹妹,报了杀父之仇。妹妹,快来拜见恩公!"虞姬盈盈下拜,口称:"恩公在上,受小女子一拜!"那位将军也忙不迭地还礼。

原来虞子期刚逃出虞家村口,可巧迎面就来了一支人马,旗上书着一个斗大的"楚"字。一问之下,才知道是项羽和他叔父项梁在吴中起兵,正领着八千江东子弟准备西向攻秦。虞子期便上前相见了,把自家这番遭遇向项羽哭诉了一遍。项羽听罢,气得直跳起来,马上就让虞子期在前边引路,亲自带五百兵士随后急追,没多久,就追上了赵奎。

虞姬听了哥哥这番言语,对项羽真有说不尽的感激。她偷眼看了看项羽,见他比自己也大不了多少,不过是二十几岁的年纪,长得虽然黑了些,但却十分威武。那项羽见虞姬偷偷瞅他,不觉窘得涨红了面皮。别看他在阵上喑恶叱咤,像个凶神恶煞一般,这会儿在女孩面前,竟比那女孩还腼

腆。虞姬见了,一颗芳心也扑扑地跳个不停。

虞氏兄妹安葬了父亲,便投靠了项羽的义军。后来,就由钟离昧作伐,为项羽和虞姬结下了百年之好。从此虞姬跟着项羽东征西讨,形影不离。

再说虞姬迎项羽进得帐中,不待他坐稳,又规劝他道:"大王,臣妾请大王再思再想!怀恋楚地放弃关中,使霸业中途而止,这算不得功成名就。大王应师法古代的帝王,一统天下啊!"

这话项羽听过几遍了,他还是微笑着,不愿作解释。他自命常胜将军,本是想把刘邦吃掉的,可令他气恼的是,刘邦这狗东西,天生一副流氓相,别的本事没有,专会背后捅刀子,从不敢和自己正面放对厮杀。可就这么个无赖,自己偏又赢他不得,打来打去,反是自己吃亏居多。成皋一战,自己损失了多少人马!连大将曹咎和塞王司马欣也兵败自杀于汜水之上。和他讲和也是出于无奈,真是无奈呀!他项羽乃天地间第一等争强好胜的血性男儿,想当年,仗着手中一柄画戟,一柄宝剑,打败了天下多少英雄豪杰!这才西入咸阳,裂土封侯,自立为"西楚霸王"。那时候,看看各路诸侯匍匐在前戢棘不已的样子,直觉得自己比起那秦始皇帝来,也不输了什么。谁知偏生出了个汉王刘邦!别的倒还罢了,凭我项羽,竟打不过你个贼眉鼠目的刘家小三?这口气如何咽得下?若不是兵疲粮绝,哼!

项羽对姬道:"爱妃,别再说下去了,我已决意回家乡了。不过,这是权宜之计,日后爱妃自会明白的。"

二

两个月后。

北风呼啸,四野荒凉,浓重的云从北方的上空直向南方压来。这时,正有一支人马急匆匆地朝东南方向走来。他们衣衫破碎,满身血污,一个个没精打采,疲惫不堪。队伍中间有一位三十岁左右的将军,骑着一匹乌骓马,一脸风尘,但转首顾盼之间仍是双目炯炯如电,令人不敢仰视。在他身边,傍着一位娇小屠弱的女子,也是一身戎装,身上披着一件深红色的披

风。

那将军回首西方,北风呼啸着钻进了他的衣甲,他粗鲁地骂了一句,然后转过身来看着那个穿深红色披风的女子。

"冷吗?"他问。

"不冷,只是有些困。"那女子声音软软的,好似梦中的呓语。

"再挺一会儿,我们到前面便休息。"他柔声说道,眼里满是爱意。

这支狼狈不堪的人马正是项羽的楚兵,骑乌骓马的就是西楚霸王项羽,那位女子就是虞姬。

本来楚汉在荥阳就定下了"鸿沟之盟",当时刘邦还指着上苍拍着胸脯发过誓,说什么"违约者,天厌之!人弃之"!狗屁!还没等这震天价响的誓言落地,他就变了脸。项羽前脚撤走,他后脚就领着大军追来,终于在固陵境内遭遇了。项羽气得暴跳如雷、七窍生烟,大骂刘邦卑鄙无耻。提着方天画戟叫刘邦出阵,要跟他决一死战。刘邦哪敢呢?把个项羽恨得狂呼乱叫,恨不得一拳把大地砸个窟窿,一把把天空扯下来撕个粉碎!可刘邦躲在营中,说什么也不肯再露一下脸。

虽然固陵一战是项羽赢了,但赢得很累,也很窝火。项羽觉得有些力不从心。军中粮草早用光了,又没有棉衣御寒,士兵人人思归,无心再战。最令项羽担心的还不是这些,而是齐王韩信。这韩信用兵如神,要是他听命于刘邦,自己就凶多吉少了。所以固陵之战后,项羽便派了与韩信交好的盱眙(xūyí)人武涉,前去劝说韩信背汉亲楚,并说项羽愿意与他三分天下。

眼下还不见武涉回报,却听传来的消息说,韩信已答应了汉王!又有探马报说:不但东面的韩信已出兵,连北面的彭越、南面的刘贾和黥(qíng)布也都已带兵前来;项羽自己的手下大将周殷也在寿春起兵响应汉王。这些人从四面一齐压过来,自己孤军作战,必败无疑。从来不知道害怕的项羽,现在可真害怕了。他唯一的希望是走快些,不让敌人合围,挨到长江边,或许还有一线生机。

项羽传命大军快速行走。可是士兵们又饿又累又冷,哪里走得快?

三

项羽督着大军紧走慢走,还是没走脱,终于在垓下这个地方被汉军团团包围了。

项羽这时已被逼得没有退路了,他像一头被激怒了的狮子,拍马舞戟,直冲敌阵。楚军将士也紧随其后,呐喊着冲了上来,与汉军杀在了一起。

项羽右手挺戟,左手使剑,远的挑,近的砍,他自己也说不清杀了多少敌兵敌将。杀到后来,马也累了,人也乏了,胳膊也酸了,紧随左右的八千江东子弟也折损了大半。再看看敌军,黑压压密匝匝,望也望不到边,这个才退,那个又上。照这个样子,何时才杀得完杀得退?项羽不禁倒吸了口冷气。

楚军被逼得溃了下来。

这一场厮杀从正午交手,一直杀到了黄昏。

项羽回到中军大帐的时候,虞姬看见他的盔甲上、战袍上到处都是鲜红的血渍,他脸色铁青,一道道血丝把重瞳仁乱织在眼里,显得十分吓人。

虞姬什么也不忍说,默默地给他准备好了酒菜。项羽高大的身躯在桌案前坐下去的时候,就像颓然倾倒了一座山,看上去十分地苍老。

虞姬无言地斟上酒,双手递给了项羽。项羽接过来,一饮而尽。虞姬再斟上,又一饮而尽。他不说话,只是不停地饮酒,饮得很快,一直饮得醉眼蒙眬,便伏在桌案上睡着了。

虞姬没有睡,睡不着。

她从项羽的眼里看见了慌乱和恐惧,这是以前从未有过的。她小心翼翼地将他的身体放平,拭去他脸上的血污。他在梦中喊着:"虞姬!虞姬!"虞姬忍不住伏在他宽大的胸膛上哭了,哭得呜呜咽咽,泪水和项羽胸前的血渍融成了同一种颜色。

四

虞姬不知道自己什么时候睡去的,也不知道自己什么时候醒来的,醒来时,猛然打了个激灵,她听见了外面飘荡着的声音。项羽也醒了。虞姬说:"大王,你听!"

那声音幽幽的,很远,但很大。那是一种舒缓的节奏,像是漂泊天涯的游子在跋涉中唱的那种令人心旌摇曳的忧郁的调子。分不清什么地方在唱,什么人在唱,仿佛整个世界都在唱。那低沉而抑郁的思乡之歌就像决堤的洪水一样从四面八方漫过来,让人听了鼻子直发酸,就想蹲下去抱头痛哭。

项羽惊呆了:"这是楚歌啊!难道我们的疆土都被汉王得去了吗?为什么四面都是楚歌?要不,哪来的这么多楚人?"

项羽起身掀开帐帘,歌声呼的一声就飞了进来。项羽看见大帐前站满了黑压压的一片人,那都是多少年来一直追随他出生入死的将校们。他们见项羽出来,便叫了声:"大王!"然后垂头不语,显得十分颓丧。

项羽更吃惊了,问:"你们怎么了?是我们楚地全为汉王夺去了吗?为什么这么多楚人在唱歌?"

虞子期朝前迈了两步,带着哭音说:"汉王得没得楚地还不知道,不过这已经没什么两样了。反正这歌一唱,我们的士兵就再也鼓不起冲锋陷阵的勇气了,有不少人干脆逃走了,连将校在内;军营的人已所剩无多。大王,趁天黑,我们突围吧!"虞子期说到这儿,声泪俱下。

"大王,突围吧!"众将齐声说。

天上的云已被狂风吹得踪迹皆无,露出湛蓝湛蓝的夜空和一弯下弦月。淡淡的月光泻在将士们的脸上,项羽看到了他们脸上的憔悴和绝望。

项羽无奈地点了点头,有气无力地说:"准备突围吧!"

项羽说这话的时候,有一只娇小而冰凉的手伸过来,握住了他的手。不知何时,虞姬已站在了他的身旁。

五

返回营帐,项羽心乱如麻。

他知道,这围根本突不出去。韩信设下了十面埋伏,分十队兵马,层层设防,步步埋伏,互相策应,牵一发而动全身。好厉害!他白天已亲身领教过了。退一步说,即便没这十面埋伏之阵,敌兵不下百万,而自己的人马伤疲病老划拉到一起,也不过十万之数。白天损失了几万人,晚上又有不少人逃走了,剩下这一点人马,这围怎么突?

可怜的虞姬啊!

项羽在帐中徘徊。帐外,乌骓马在激烈地长嘶。项羽把虞姬揽在怀里,虎目中蕴着泪水。他一生中亲身经历了七十余战,所当者破,所击者服,从没败北;难道今天真的要命绝于此吗?

这是上天的旨意呀!虞姬,我的可怜的人,你叫我该怎么办呢?我该怎么办?

项羽端起一杯冷酒倒进喉咙里,然后扯开嘶哑的嗓子,唱起了慷慨悲壮的歌:

力拔山兮气盖世,
时不利兮骓不逝;
骓不逝兮可奈何?
虞兮虞兮奈若何?

他唱得百感交集,悲凉无比。虞姬泪光晶莹地轻声和着。一曲歌罢,虞姬起身向项羽盈盈拜道:"大王,请让臣妾再为你舞上一曲吧!"

她跳起了舞,一边舞,一边唱着自己编的歌:

汉兵已略地,四方楚歌声。

大王意气尽,贱妾何聊生!

还没等舞完唱完,她已是步法散乱,泪流满面了。

外面众将又到帐门口来催。

马备好了鞍韂(chàn),人穿好了盔甲,一切都已准备就绪。虞子期进来督促道:"大王,上马吧,该走了,是时候了。"

项羽对虞姬道:"爱妃,咱们走吧!"

虞姬的眼泪刷地流了下来,她凄绝地望着项羽说:"是该走了。大王,前途多保重呀!"说着,趁项羽回身的工夫,拔出佩剑自杀了。

项羽抢过去喊道:"虞姬——"

虞姬的血鲜红鲜红的,一下子激射而出,喷洒在项羽斑斓的战袍上。

项羽抱着虞姬放声大哭,哽哽咽咽地喊着:"虞姬,虞姬!咱们回家去!一起走呀,虞姬!"

项羽的哭喊声破碎不堪,凄厉无比,在那方土地的上空久久回响。

从夫人到"人彘"

"咔嚓"一声,随着一声女人的惨叫,一条胳膊被砍下。"咔嚓"一声,又是一声女人的惨叫,又一条胳膊被砍下……

戚姬疼得昏死了过去。

等她醒来的时候,想动,动不了,她的四肢都被砍去,只剩下一个躯干;想喊,喊不出,她的嘴被灌进了哑药,只能干张着;想看,看不见,她的两眼被挖去,只是两个流血的黑洞;想听,听不了,她的耳朵被熏聋了。

皇后吕雉把处置后的戚姬扔在茅厕里,起了个奇怪的名字,叫"人彘(zhì)",让宫里的人都来观看。

戚姬不能站,不能坐,不能喊,不能看,不能听,求生不得,求死不能,只有她的头脑是清醒的,静静地等待死亡的来临,静静地想着无边的往事。

一

汉高祖十年(公元前197年),镇守岱郡的将军陈豨(xī)反叛朝廷,汉高祖刘邦御驾亲征。

临行前,在未央宫举行了盛大的酒宴。

酒到半酣,不满十岁的赵王刘如意跑过来,吃力地拿起刘邦的宝剑,趔趔趄趄地走到众人面前,笨拙地做了一个劈杀动作,逗得人们哈哈大笑。刘邦高兴了,抱起刘如意,使劲地亲着孩子稚嫩的小脸,说:"像我,像我,这才是我的儿子呢,将来一定能继承汉室大业。"

听了这句话,吕后的脸刷地白了。接着,眉宇间现出一股杀气,两道凶狠的目光逼视着戚姬,她便是赵王刘如意的生母。

　　戚姬害怕了，赶忙把刘如意拉回身边，怯生生地低下头，有意避开吕后凶狠的目光。

　　汉高祖刘邦带领将士，带着戚姬和刘如意踏上征途。

　　战车辚辚，马蹄嗒嗒。一路上，戚姬坐在舒适的宫车里心神不宁。她一合上眼睛，吕后两道凶狠的目光便像两把利剑迎面刺来，睁开眼睛，又怕这两把利剑会偷偷地从背后刺进。

　　戚姬翻来覆去地想，怎么也想不明白。自从高祖二年（公元前205年），在山东定陶被刘邦纳为夫人之后，每次出征，刘邦都把她和儿子刘如意带在身边，把吕后和太子刘盈留在长安。为了这件事吕后心怀嫉妒，与刘邦争吵过，但从来没像今天这样面带杀气，目射凶光。吕后与审食其私通，宫内宫外不少人都知道。她是个胆小怕事的人，从来不在皇帝面前搬弄是非，哪里敢说吕后的坏话！啊，她终于想明白了。皇帝说刘如意能继承汉室大业，刘如意若做了太子，刘盈就失去了太子地位，是王位的争夺激起了吕后的腾腾杀气。此事已经引起吕后的忌恨，刘如意若做不了太子，也非被吕后除掉不可，那情景太可怕了。这个软弱的女人出了一身冷汗。看来只有一条路可走，为刘如意争得太子地位。可是，这个小家碧玉的女人，平时只会以温柔顺从讨刘邦的欢心，对于争权夺势一窍不通，怎么办呢？她无可奈何地流下了眼泪。

　　在汉高祖刘邦平息陈豨叛乱期间，吕后又干了两件举国震惊的大事。

　　一是有人到长安密告淮阴侯韩信有谋反之心。吕后没有奏明皇帝刘邦，而是让丞相萧何写信给韩信，诈称皇帝刘邦平息陈豨大胜还朝，群臣、王侯来长安朝贺，骗得韩信来长安，秘密斩韩信于长乐钟室，并捕杀全家。

　　二是刘邦屯兵邯郸时，梁王彭越有病，没能亲自带兵前来助战。刘邦一怒之下，废彭越为平民，发配到四川边荒之地。彭越去四川途经郑县时，恰遇吕后去洛阳，彭越向吕后求情，请求把他发配到他的家乡昌邑，不要把他发配到四川蛮荒边陲。吕后满口答应，彭越高高兴兴地跟随吕后回到洛阳。可是，吕后见到刘邦，不但不替彭越求情，反而劝刘邦杀了彭越。她说："彭越大有能为，把他发配到四川是放虎归山，后患无穷，不如斩草除

根。我已把彭越带回洛阳。"并让她手下的人向刘邦举发彭越再次谋反的罪行。于是刘邦批准,将彭越及其全家问斩,并将彭越的尸体剁成肉酱,分送给其他王侯,以示警告。

戚姬更加惶恐不安了。吕后阴险、狠毒,连久经战场的淮阴侯韩信、梁王彭越都没逃脱她的毒手,刘如意还是一个不懂事的孩子,哪里是吕后的对手!一想到韩信、彭越的惨死,戚姬仿佛看到了刘如意的结局。她为儿子的命运担忧,日夜啼泣。

刘邦问:"陈豨叛乱已经平定,即将奏凯还朝,夫人日夜哭泣,为何事这般不开心呢?"

戚姬长叹一声:"还不是为圣上说的一句话。"

"朕说的一句话?"刘邦不解地问。

"出征之前,在未央宫酒宴上,圣上说赵王如意能继承汉室大业。当时,皇后满脸杀气,用凶狠的目光逼视臣妾,她疑心臣妾有为如意争夺太子之位的野心。像臣妾这样一个软弱的女人,哪敢为儿子争夺太子之位!皇后疑心已起,又心狠手辣,连韩信、彭越都不是她的对手,圣上千秋之后,皇后非置我们母子于死地不可。臣妾是为如意的性命担忧。"戚姬说着,又呜呜地哭了起来。

"刘盈过分仁慈软弱,一点都不像我,我早就想废去他的太子之位。如意像我,决不能让那个不肖之子凌驾于如意之上。回到长安,我就更换太子。"刘邦说着,满脸堆笑地把刘如意抱起来,置于膝上。

"我们母子全仰仗皇上了。"戚姬连忙倒身下拜。

二

刘邦回到长安,开始实行更换太子的计划。

早朝时,刘邦说:"异姓王侯不断反叛,太子刘盈软弱无能,无法执掌朝政。赵王如意的性情像朕一样,能继承汉室大业。朕想更换太子,请各位大臣当朝议定。"

这个更换太子的动议一提出,大臣们纷纷反对,其中以御史大夫周昌最为激烈。

刘邦对周昌说:"周卿对更换太子有何意见?请详细说出来。"

周昌天生口吃,又正在情急之中,一时说不出话来,只大声地喊道:"臣口不能言,但臣期期知其不可。要废掉太子,臣期期不敢接受命令。"

本来是一场杀气腾腾、生死存亡的斗争,由于周昌说话时形态滑稽,刘邦也忍不住哈哈大笑起来,缓和了紧张气氛,大笑之后没有再议事就散朝了。

刘邦回到后宫,戚姬迎上来问:"立如意为太子了吗?"

"没有。"刘邦摇了摇头说,"大臣们都反对,夫人应该向那些执掌朝政的大臣们求求情。"

"臣妾是夫人,位比亲王,平时又不与外人往来,怎好低三下四地向大臣求情呢?"戚姬执拗地不肯放下夫人的架子。

刘邦素知戚姬性情孤高,没再说什么。

与戚姬相反,吕后为保住儿子的太子地位,不惜摧眉折腰,向大臣们求助。

早朝时,吕后一直躲在金銮殿的东厢房里偷听。散朝后,见到御史大夫周昌,她立即跪拜叩谢:"要不是有阁下力争,太子的王位不保,多有重谢。"

皇后给大臣跪拜,这在历史上是极罕见的。

同时,吕后派她的兄弟吕释之去找刘邦最信任的大臣留侯张良,求他出面谏阻刘邦更换太子。

吕释之说:"阁下是高祖帝的智囊,而今高祖要更换太子,阁下以为能高枕而卧,置身事外吗?"

张良拒绝说:"在下不能出面,出面也没用。当初,圣上打天下,处于困顿危急之中,才肯听我的话。而今天下已定,由于感情上的爱憎要更换太子,是骨肉之间的事,外人插不上嘴,纵有一百个张良也无能为力。"

"不管你怎么说,也得帮这个忙,救救吕后母子。你要不肯帮忙,我就

死在你面前。"吕释之摆出一副要与张良同归于尽的架势。

张良被逼无奈,不得不为其出谋划策:"这不是在下去谏阻就能办到的事,在下给你推荐几个人。圣上即位之后,以为天下的人都肯臣服于他。可是,有四个老人,他们对圣上那种傲慢无礼的态度十分厌恶。圣上曾经找过他们,他们逃到深山里,誓死不当圣上的臣下。正因为如此,圣上对他们更加尊重。太子如果不惜重金,亲笔修书,恭请他们做宾客,经常随太子入朝,故意让圣上看见,圣上一定奇怪,会问他们的来历,这对太子是大有帮助的。"

由此吕后及其亲信四处活动,或求情或收买或胁迫,织成了一张无形的大网,束缚了刘邦的手脚,截断了戚姬和赵王刘如意的生路。

三

平息淮南王英布时,刘邦中箭受伤,回到长安,病情加重,更急于更换太子。

张良谏阻,刘邦不听。

叔孙通以死相谏,刘邦才略作让步,同意暂缓一时。

时过不久,在一次酒宴上,刘邦看见太子刘盈身后站着四个须发皆白的老人,年龄都在八十岁以上,仙风道骨,不禁问道:"这四个人是谁?"

侍臣回答:"商山四皓。"

刘邦听了为之一震,接着,对商山四皓说:"我找你们多年,你们逃得无影无踪,现在却来追随我儿子,这是为什么?"

商山四皓回答:"陛下太傲慢,瞧不起人,又好骂人,我辈不愿意受陛下的侮辱,才拒绝跟陛下见面。皇太子忠厚仁孝,礼贤下士,天下人都愿意为他效死,我辈也愿意侍奉皇太子。"

刘邦起身道谢:"朕就拜托四位照顾皇太子了。"

看着商山四皓跟随太子刘盈一同离去的背影,刘邦陷入深深的思索。

回到后宫,刘邦颓丧地对戚姬说:"朕本来决心更换太子,可是有商山四皓辅助他,羽翼已成,很难动摇他的根基了。朕死以后,吕后将会成为你的主人。"

戚姬惊呆了,过了好一会儿,才明白过来,一头扎进刘邦的怀里,号啕大哭。

刘邦抚摩着戚姬的秀发,无言以对。

两个人在悲戚中沉默了许久。刘邦说:"好吧,夫人为朕跳楚国的乡土舞,朕为夫人唱楚国的乡土歌。"歌曰:

鸿雁高飞,一举千里。
羽翼已成,横绝四海。
横绝四海,当可奈何。
虽有弓箭,何处去射。

刘邦的歌声凄怆、悲凉。戚姬边舞边哭,眼泪随着舞袖飘洒。是歌声,也是哭声,一切都被绝望的悲哀淹没了。

十年前,在垓下的楚歌声中,刘邦围困自己的敌人项羽,使他无可奈何地走向死亡,显示出一代帝王开创基业的英雄气概。十年之后,刘邦自己唱着楚歌,眼看自己心爱的人落入虎口,无力营救,处于极度悲苦、沮丧的困扰之中。这是历史的必然,还是历史故意捉弄这位曾经拥有盖世权威的帝王呢?

刘邦苦闷、烦恼着……

一日,符玺御史赵尧问刘邦:"陛下是为赵王担忧吧?"

刘邦点点头。

赵尧说:"我有个主意,如果能派一个受吕后和皇太子敬重又强有力的大臣去做赵王的国相,有这样的国相保护赵王,吕后就不好下手了。"

人在束手无策的时候,哪怕是下下策也愿意采纳。刘邦急忙说:"好主意。你看谁能担此重任呢?"

"御史大夫周昌,为人正直,威望很高,在保护皇太子的事上有功于吕

后,有他保护赵王,万无一失。"

刘邦召见周昌,说明自己的心意。周昌一百个不愿意。刘邦只得恳求说:"我知道这样做降低了你的爵位,但我为赵王的性命担忧,非你不能保护赵王,我万般无奈,只得求你去担任赵王国相。"

周昌实在无法拒绝皇帝的求助,只好跟随赵王刘如意离开长安去邯郸封国。

离开长安就能逃脱吕后的魔掌吗?凭周昌一个人之力就能保住刘如意的性命吗?刘邦心里也不是不明白,但人老志衰,形势逼人,他也只能为戚姬母子最后做这么一点事情了。

四

汉高祖十二年(公元前195年),刘邦病死于长乐宫。太子刘盈即位,是为孝惠帝。吕雉为皇太后。

孝惠帝仁慈软弱,朝政大权落在吕太后手中。吕太后地位一变,马上翻脸,实行残酷的报复。她下令将戚姬囚在冷宫里,剃成光光的秃头,用铁链套住脖子,穿上囚服,天天捣米。

靠山倒了,一下子从贵夫人变成囚徒,痛苦、羞辱、悲哀一起袭上戚姬的心头。黑沉沉的牢房,湿冷冷的四壁,这囚徒生活何时是个尽头?还能不能看到儿子呢?他还小,只有十来岁,知不知道自己的亲娘已经成了人家的阶下囚,但愿他永远别回长安,能在邯郸平平安安地活下去就好。戚姬心有所想,口有所言,一面捣米,一面唱了出来:

儿子是亲王,娘是囚犯。
捣不尽的米,跟死亡相伴。
相隔三千里,谁能把信传。

吕太后听了勃然大怒,咬牙切齿地说:"我要斩草除根,杀了赵王,不留后患。"于是,派人去邯郸征召赵王刘如意来长安。

赵王国相周昌接到皇命,知道是意料中的事情来临了。吕太后对戚姬母子恨之入骨,召刘如意回长安,是想将他们母子一网打尽,永绝后患。去,刘如意必死无疑;不去,尚有活下来的一线希望。周昌以刘如意有病为由,不许钦差面见赵王,三次拒绝征召。

这招不成,又换一招。吕太后下令征召国相周昌来长安。征召亲王,国相可以以保护亲王为由抗拒王命,直接征召国相,周昌无法抗拒,只好来长安。调开周昌,再征召刘如意就没阻拦了。

吕太后一见周昌就破口大骂:"你这个蠢货,知道我与戚姬母子势不两立,为什么不放刘如意来长安?"

周昌说:"高皇帝把刘如意托付给臣,臣只要在一天,就要保护他一天。刘如意是孝惠帝的幼弟,高皇帝的爱子,高皇帝要臣保护刘如意,是避免他们兄弟骨肉相残。如果太后是出于私恨,臣不敢参与,臣只知道奉行高皇帝的遗命。"

吕太后无言以对,强压满腔怒火,没杀周昌,把他扣留在长安。又暗暗派人去邯郸征召刘如意。

刘如意到底是个十来岁的孩子,离开了周昌的保护,寸步难行。再次接到征召入长安的皇命,哪敢抗拒,只好乖乖地前往。

孝惠帝刘盈宅心仁厚,知道吕太后动怒,非杀刘如意不可,顾念手足之情,听说刘如意来长安,先行一步到霸上,把刘如意接进皇宫。那年,孝惠帝刘盈十八岁,还没娶皇后,他就跟刘如意同桌吃饭,同床睡觉,形影不离地监护着。吕太后急得直跳脚,但碍于亲生儿子的阻挠,不便当面下手杀害刘如意,就派亲信爪牙日夜监视孝惠帝和刘如意的一举一动,伺机下毒手。

机会终于找到了。一天,孝惠帝早起外出打猎,刘如意年少贪睡,怎么也叫不醒,孝惠帝以为有身边人看护出不了事,自行出去了。这时,几个彪形大汉窜出来,按住刘如意的手脚,掰开嘴,把毒酒硬灌了下去。从睡梦中醒来的刘如意拼命地挣扎、呼喊、哭泣,一切都无济于事。等孝惠帝打猎回

来,看见刘如意七窍流血,死在床上,知道是有人暗下毒手,问周围人都说不知道,去问吕太后,吕太后也说不知道。

孝惠帝大哭一场。

吕太后除掉了刘如意,已无后顾之忧,对戚姬的迫害更残酷了。她下令砍去戚姬的四肢,挖去双眼,熏聋双耳,灌下哑药,扔在茅厕里,命名为"人彘"。过几天,又让孝惠帝去参观"人彘"。

孝惠帝认不出这个肉轱辘为何物,问:"这是什么?"

"人彘。"侍臣回答。

"人彘是谁?"

"戚夫人。"侍臣小声说。

听说是戚姬被残害成这般模样,孝惠帝放声痛哭,说道:"这是非人的行为,朕是皇太后的儿子,对皇太后没办法,但朕不能治理天下了。"由于过度的伤心和惊吓,孝惠帝一病病了一年多。

戚姬死亡的准确年代史无记载。据推测,一个人被摧残到这般地步,又置于茅厕之中,是很难活过刘邦死后的第二年的。

恚恨而死的栗姬

一

公元前157年,汉景帝刘启在"万岁"声中即位,随之而来的是后宫里皇后宝座的激烈斗争。

刘启的祖母薄太皇太后出身孤寒,娘家没有人在朝中担任要职,为了扶持薄家的势力,她选定了自己的侄孙女薄姬为太子妃。刘启即位,薄姬被立为皇后。但这个包办的婚姻是不幸的,薄皇后不受宠爱,还有一个致命的缺陷——不能生育。虽有祖母薄太皇太后做靠山,坐上了皇后的宝座,但在以嫡亲传位的宗法制度下,无子就是断了国脉,所以她的皇后宝座是不牢固的。

在后宫的美人丛中,栗姬是开得最艳丽、最受刘启宠爱的一朵鲜花,又第一个给刘启生下儿子刘荣。有这张王牌在手,就有了争夺皇后宝座的资本。她跃跃欲试,一心想把薄皇后拉下来,自己坐上皇后的宝座。

深宫冷院,长夜孤灯。薄皇后过惯了这样凄凉、寂寞、孤独的生活,夜里常常一个人呆坐着,很晚才睡下。她不愿意想别的事,越是不愿意想,恼人的心事就越是纠缠不休,"剪不断,理还乱"。坐上皇后的宝座,拥有至高的权威,却不能生太子。无情无义的刘启能让她这个不能生太子的女人永远当皇后吗?迟早要立太子,别人的儿子做了太子,能容得下不是亲生母亲的女人做皇后吗?她不敢想下去。皇宫里的规矩不同平民,是成则皇后败则囚,被废掉的皇后连做人的资格都没有,那是多么可怕的情景啊!想着想着,她又悄悄地流泪了。

守夜的宫女明白薄皇后的心事,看见她又在流泪,出主意说:"栗姬生了个儿子,皇后何不认他为干儿子?皇后的干儿子被立为太子,太子的干

娘做皇后,岂不是两全齐美?"

薄皇后心里一亮,急忙说:"那当然好,就怕栗姬不愿意。"

"认皇后做干娘,儿子当太子,她有什么不愿意的!"守夜的宫女坚持说道。

尽管薄皇后一想到栗姬盛气凌人的样子,心里就有几分发怵,但这个认干儿子的主意对她来说是太有诱惑力了,她决心试一试。

第二天,薄皇后召见栗姬母子。见礼毕,守夜宫女接过刘荣,抱给薄皇后。

薄皇后亲着孩子红红的脸蛋说:"多可爱的孩子,长大了,就管我叫干娘吧。"

栗姬听了,心中暗暗骂道:不要脸的老绝户,竟敢在我儿子身上打主意!等我儿子做了太子,非把你撵下皇后座位不可。但碍于太皇太后的权威,栗姬没敢骂出来,只是说:"多谢皇后的厚爱,可惜,我儿刘荣没有那样的福分,怎敢高攀呢?"说着,从薄皇后手中抱过儿子,连告辞的话都没说,转身出门,气冲冲地扬长而去。

薄皇后惊呆了,她没想到栗姬会这样无礼,又伤心地流下眼泪。

夜里,栗姬在枕头上向汉景帝刘启狠狠地告了薄皇后一状。

"那个绝户皇后算计到我儿子身上来了,想认刘荣做她的干儿子。"栗姬气恨恨地说。

"有这样的事?"刘启淡淡地问了一句。

"怎么没有?那个老绝户厚着脸皮,当着我面提的。我当场就给她个下不来台。"

刘启沉默了,一个人侧过身去,呆呆地想着心事。

过了好一会儿,栗姬听不到回话,就用胳膊把刘启钩过来,恳求说:"刘荣是长子,太子的位置虚空着,立刘荣为太子,只要陛下说一句话就行了。"

"这容易,朕明天就当朝宣告,立刘荣为太子。"皇帝答应了。

"不能生太子,哪有资格当皇后?把那个老绝户也一块废了。"栗姬步步紧逼地说。

"不行。有太皇太后在,我说了不算数。"刘启为难地说。

"那老太婆死了,陛下就能废掉那个绝户皇后了?"栗姬又逼问一句。

"你放心,既然立刘荣为太子,我也迟早立你为皇后。"刘启又答应了。

"真的?"栗姬惊喜地又追问一句。

"你不相信,还要朕对天发誓?"刘启认真地说。

"不、不……"栗姬心里托了底,"臣妾怎敢要陛下对天发誓呢?只要陛下不变心就行了。"说着,栗姬亲昵地在刘启的耳朵上咬了一下。

汉景帝二年(公元前155年)三月,景帝诏告天下,立刘荣为太子。同年四月,太皇太后归天。四年之后,薄皇后被废,贬入冷宫。这一连串的事件,对栗姬来说,是向着皇后的宝座一步步逼近了。

二

螳螂捕蝉,黄雀在后。

在栗姬一步一步逼近皇后宝座的时候,又有人从她的背后杀来。

栗姬最恨的人是馆陶公主刘嫖。

刘嫖是汉景帝刘启的大姐。这位公主老于世故,她明白,公主的身份固然高贵,但在朝中没有实权,如果不能得到皇上的偏爱,公主的名头形同虚设。于是,她看准了刘启对后宫美人喜新厌旧的弱点,专门在后宫的姬妾嫔妃里搜寻姿色出众的引荐给刘启,致使刘启夜夜新婚,大饱艳福,因此对大姐刘嫖也感激涕零,言听计从。

栗姬是一个十分好忌妒的女人,自从儿子当了太子之后,妒火更盛。刘启经常在别的嫔妃那里过夜,栗姬独守空房。她可不像薄皇后那样能忍受孤独寂寞,每当刘启夜不归宫的时候,栗姬就妒火中烧,骂骂咧咧的。先是怨刘启"无情无义",又骂留刘启过夜的嫔妃们"都不得好死",最后把满肚子怒气都发泄在刘嫖身上。时间一长,这些谩骂的话传扬开去,刘启对她疏远了,刘嫖也对她怀恨在心。

刘荣被立为太子之后,刘嫖的心理起了微妙的变化。这位世故的老公主知道,栗姬挤掉薄皇后,雄踞皇后宝座的日子便为期不远了。冤家宜解不宜结,再与栗姬对立下去没好处。经过精心考虑,权衡利害得失,刘嫖决定把自己的女儿陈娇许配给刘荣,不但可以化解栗姬的怨怒,将来刘荣坐上皇帝宝座,她是姑母,又是岳母,权势就大了。有女儿在皇帝身边吹枕头风,她能不跟着飘起来吗?妙计!刘嫖为自己能及时地看风转舵暗自庆幸。

备好一份厚礼,刘嫖请一位将军夫人去向栗姬提亲。这对栗姬来说本是一个化敌为友的良机,拉住刘嫖,有这位老皇姐暗中帮助,登上皇后宝座就万无一失了。可是,栗姬忌妒成性,尖酸刻薄。媒人把结亲的事一提出来,立刻引燃了她胸中的妒火,以为报复的机会到了,把平时背地里骂刘嫖的话都了搬出来:"……什么馆陶公主,她是个老虎婆,东跳西蹿,到处钻狗洞,天天给皇上拉姘头。看她那个德性,她的女儿也不是好货。我的儿子是太子,她的女儿想当太子妃,那是癞蛤蟆想吃天鹅肉。她想巴结我,晚了。那个害人精,她早晚不得好死。"栗姬当着媒人的面把刘嫖骂了个狗血喷头,自以为痛快,殊不知,也为自己树立了一个很难对付的敌手。

刘嫖本以为自己是公主,门当户对,这门亲事不用费劲,一提就成。可是,听了媒人的学说才知道,不但女儿当不上太子妃,自己还被扬了一脸土,当即恼羞成怒。从栗姬的举动中,刘嫖已警觉到自己与栗姬的怨恨不可能化解了,眼见栗姬就要当上皇后,将来还要做皇太后,这怎么得了?到那时栗姬大权在握,恐怕第一个被除掉的就是她这位馆陶公主。

俗话说,先下手为强。刘嫖决定在后宫的姬妾中寻找一个有力的联盟者,在栗姬没有当上皇后之前,先拔掉这颗钉子。

三

刘嫖要找的联盟者是王娡(zhì)。

王娡这个女人来路不太光彩,却有点传奇色彩。

西汉初年,曾经跟随刘邦东西转战的大将臧荼被封为燕王。不久,燕

王臧荼谋反,兵败被杀,家人四处逃散。臧荼的孙女臧儿辗转来到长安附近的槐里,沦为平民,嫁给王仲,生下一男二女。男名王信,女名王娡、王息姁。王仲死后,臧儿再嫁长陵田家,生下两个男孩,长男田蚡,次男田胜。

王娡长大后,嫁给富户金王孙,生了一个女孩。

有一个星象家给臧儿母女相面,一见王娡,惊得目瞪口呆,死盯着王娡的俊脸,过了好一会儿才说:"此女贵不可言,将来一定生天子,身为皇后。"又看妹妹王息姁,也说前程似锦,但和姐姐比,还差一点。臧儿听了,满心高兴,又有点疑惑不解,女儿已经嫁给平民,怎能生太子、当皇后呢?

事有凑巧,适逢汉文帝立刘启为太子,诏告天下,选良家美女进宫服侍太子。臧儿母女的野心膨胀起来,认为这是天赐良机,若能得到太子爷的宠幸,何愁不生天子。于是,王娡抛夫弃女,乔装打扮,与十七八岁的小姑娘一模一样,和妹妹王息姁一起混在美女队里,被献进太子宫。

王娡工于心计,凭着自己迷惑男人的经验、手段,很快得到陪太子过夜的机会。第二天,王娡又把妹妹王息姁带来陪太子过夜。

女人大都善妒,特别是栗姬的忌妒,使刘启吃了不少苦头,憋了一肚子气。见王娡能把自己的妹妹引荐来,一点也不忌妒,与别的女人大相径庭,刘启在感激之余,连声称赞王娡"贤淑"。王娡也因这一举动赢得了刘启的格外恩宠,先生三女,又在汉景帝刘启即位的第二年生了一个儿子,初名刘猪,后改名刘彻。

王娡抛夫弃女,献身刘启,为的就是荣华富贵。入宫以来,深得刘启宠爱,生女生子,特别是生了儿子刘彻之后,她一直在冷眼旁观,密切地注视着栗姬与薄皇后之间的斗争,准备在两败俱伤时坐收渔人之利,乘机把儿子刘彻推上太子宝座,实现身为皇后的美梦。

刘嫖一心想阻止栗姬当皇后,最彻底的办法是废掉太子刘荣。废掉刘荣之后,争夺太子之位的有力对手就是刘彻。若能把自己的女儿阿娇许配给刘彻,与王娡结成秦晋之好,齐心协力,何愁栗姬不垮!刘彻当上太子,女儿就是太子妃,将来的皇后,老娘也跟着位尊而身高。

为此,刘嫖与王娡频频走动。

"皇姐,你近来玩得开心吗?"王娡满脸堆笑地迎接刘嫖。

"哪里有开心的事啊!我想把阿娇许配给刘荣,没想到,栗姬那个贱货不识抬举,竟敢把媒人骂出来。"刘嫖咬牙切齿地说。

王娡说:"皇姐肯与她结亲是高抬了她。可惜,我那刘彻命薄,没福气娶皇姐的女儿做媳妇。"

刘嫖一听,有门道,赶忙说:"刘彻命也不薄啊!"

"怎能说命不薄呢?人家刘荣是太子,刘彻只不过是亲王。"王娡自怨自艾地说。

"你愿意,我就把阿娇嫁给你家刘彻。"刘嫖见时机到了,赶忙挑明了说。

"皇姐,那怎么行呀。刘彻是亲王,娶公主的女儿,不是辱没了皇姐的身份吗?"王娡满心高兴,却假装为难地说。

"分什么亲王、太子呢。天下事有废有立,说不准刘彻还能当上太子呢。"刘嫖悻悻地说。

"皇姐呀,太子是国脉所系,能随意更换吗?"王娡有意激将。

"栗姬那个贱货,自以为儿子当上太子,她马上就能做皇后,将来当皇太后,想得倒美。她忘了,有我这个皇姐在,恐怕她乐得太早了。"刘嫖听王娡一口一个"皇姐",有点飘飘然了。

"皇姐,更换太子是国家大事,你可不能那么办啊!"王娡明阻暗激。

"我也不想那么办,是那个贱货不识抬举,逼得我非这样做不可,怪不得我无情。"刘嫖有恃无恐地说。

于是,两个工于心计的女人联手向栗姬发起了进攻。

四

景帝六年(公元前151年),薄皇后被废,囚入冷宫,皇后位置空着。栗姬以为皇后宝座非她莫属,只希望早一天登上高位,回过头来再整治刘嫖。

刘嫖与王娡联手之后，加紧活动，借给刘启引荐美人的机会，说尽栗姬的坏话。

"陛下，姐姐以后不想再给你引荐美人了。"刘嫖故意吊刘启的胃口。

"为什么不引荐了？"刘启急得抓耳挠腮。

"姐姐怕她们将来都不得好死。"刘嫖故弄玄虚地说。

"哪会有这样的事呢？"刘启不相信。

"我听说栗姬请了巫师，把我引荐给陛下的美人都画下来，要用咒语诅死她们。"刘嫖认真地说。

"不会吧？"刘启摇了摇头。

"谁说不会呢？那个女人又忌妒又狠毒，她曾发誓，等陛下千秋万岁之后，要以皇太后的权力，把皇上宠幸过的美人都处置成人彘，以泄她胸中的怨气。"刘嫖说得有板有眼的。

听到"人彘"二字，刘启心中一凛，但他还是不相信美若天仙的栗姬会是那样一副蛇蝎心肠。

真是阴差阳错。突然，一个奇怪的念头在刘启的心中升起，耳闻是虚，眼见为实，何不亲自试探一下呢？

晚上，栗姬卸去妆，正要睡下。

刘启无精打采地走进来，坐在床边上，长叹一声说："太疲乏了。"

"回来就说疲乏，到别处过夜就有精神了。"栗姬挖苦道。

"唉，老了。"刘启又故意长叹一声。

"还不到四十岁，哪就老了？"栗姬瞥了刘启一眼。

"真的老了。朕百年之后，那些曾服侍过朕的姬妾，还有她们生的孩子，请卿好好照顾他们。"刘启试探地说。

一听到那些曾侍候过刘启的美女，栗姬腾地一下子妒火升高，手颤心摇，脸色铁青，咬得牙根直痒，哪里还能说出话来。

刘启仔细察看栗姬的神情，知道她动了肝火，但还是希望栗姬能亲口承诺下来，哪怕是轻轻地点一下头。

过了许久，栗姬没有答言。

刘启又说:"那时候,卿就是皇太后了,只有卿才能照顾她们。"

"臣妾才不管她们的死活呢!"栗姬愤愤地开口了。

刘启大失所望,看来皇姐所言不虚,这个美若天仙的女人真是一副蛇蝎心肠。还没当上皇后就如此强横,如果自己真的死了,由她执掌后宫,恐怕"人彘"的惨祸不可避免。那时将有多少侍候过自己的美人像戚姬那样,被砍去四肢,挖去双眼,熏聋双耳,喑哑无言,不死不活地摆在后宫里。刘启越想越恐惧,越想越气愤,再也坐不住了,霍然起身,走了出去。

栗姬不知刘启是有意试探她,看到刘启冷漠的面孔,连一句温情的话都没说就走了,以为刘启又是被别的美人邀去寻欢作乐,愤愤然地脱口骂道:"无情无义的老狗!"

也许是栗姬怒气方盛,骂声太大,也许是刘启听力太好,这句骂人的话竟然被刘启听见了。

从此,刘启开始憎恶栗姬,日渐疏远。

刘嫖又把攻势转向另一个方面,不动声色地鼓动刘启立刘彻为太子。

清晨,宫苑刚刚从色迷酒醉中醒来。刘嫖见到刘启,问过安,对刘启说:"怎么样,姐姐昨晚给陛下引荐的美人还柔顺吗?"

"柔顺。"刘启心满意足。

"能比得上王姞柔顺吗?"刘嫖有意地引导说。

"还差点。"刘启笑了。

"是呀,这后宫里的美人,哪有能比得上王姞的,刘彻那小子也聪明。你还记得吧,怀刘彻那天晚上,陛下和王姞同时梦见一位仙女,手捧着一个太阳送给王姞,她就一口吞下去了。"刘嫖转弯抹角地启发刘启。

"记得。"刘启似乎又回忆起那个梦境。

"太阳普照大地,泽及四海,这是吉祥的好兆头。"刘嫖暗示说。

"陛下还记得吧,生刘彻那天晚上,陛下梦见先帝高祖刘邦告诉陛下,这个儿子应该取名叫刘猪。"刘嫖又启发说。

"记得。"刘启又回忆起另一个梦境。

"'刘猪'就是'留住'。高祖打江山不容易,怕后人留不住江山,才送这

个小子来,让他'留住'刘氏的江山,这大有来头啊。"刘嫖又暗示说。

在刘嫖的反复提醒下,刘启越发觉得王娡柔顺可爱,栗姬狠毒可恶;越发觉得刘彻神奇有为,刘荣平庸无能。于是,一个更换太子的念头在刘启的心灵深处萌生了。

王娡唯恐刘启对栗姬留恋往日的温情,不忍下手,时间拖久了会改变主意,就在刘启对栗姬怨恨未消、更换太子的决心刚刚发动的关键时候,偷偷地动手了。她把主管礼仪的大行找来,授意说:"薄皇后被废已经一年了,皇后的位置虚空。你掌管礼仪,应及时奏明皇上,册立栗姬为皇后,我这是为皇上、为太子、为栗姬着想。"

大行一听,心花怒放,这是一个讨好皇上、讨好太子、讨好皇后的良机,又有皇上宠信的美人秘密授意,便赶忙起草了一份奏章,送给刘启。大意是说:子以母贵,母以子贵,刘荣贵为太子,亲娘理应立为皇后。皇后乃一国之母,其位不可虚置,应尽早册立栗姬为皇后。

刘启看了大行的奏章,以为是栗姬暗中主使的,拍案大怒:"后宫的事情,你们也敢插手!"当即下令逮捕大行,就地处斩。一气之下,还当朝宣布,废去太子刘荣,改封为临江王。

王娡的这一招真绝,不露声色地抛出大行这块石头,激怒了刘启,折射过来,给了栗姬致命的一击。

儿子刘荣丢了太子之位,做皇后的美梦破灭了,栗姬禁不住这样沉重的打击,病倒在床上。刘启也不去看她。寂寞冷落,凄凉病苦,与打进冷宫没有什么两样。

第二年,刘荣因过自杀。汉景帝刘启册立刘彻为太子,王娡为皇后。

"无情无义的老狗,你真狠心啊!"已经奄奄一息的栗姬听到这些消息,大叫一声,恚(huì)恨而死。

被栗姬挤下台、囚禁在冷宫的薄皇后看到了栗姬的可悲下场。三年之后,薄皇后才在囚禁中死去。

悬梁自尽的卫子夫

汉武帝刘彻坐在龙椅上,旁边的侍臣手里捧着一本名册。

一个宫女走进来,跪下,三呼"万岁"。刘彻撩起眼皮看一眼,一挥手,宫女退下。

又一个宫女进来……

西汉王朝到了汉武帝时代,后宫的编制已扩大到十一级,从最高一级"皇后"到最低一级"少使",共有一万多人。公元前138年,刘彻心血来潮,要释放一批宫女出宫。凡请求出宫的宫女,都得经刘彻亲自过目,允准了才可以放行。这些进来的宫女都是在宫中不受宠、自愿请求出宫的,只要刘彻看过,一挥手,侍臣在名册上抹掉姓氏,就算革除宫籍,可以走出宫门,另寻夫婿,过一般平民的生活。

最后,一个宫女小心翼翼地走进来,没着宫装,朴实厚重,端庄大方,跪下来,口呼"吾皇万岁、万岁、万万岁",两眼潸然泪下,泣不成声。

刘彻抬眼一看,不禁"呃"了一声,心中在说:原来是她。

一

武帝建元二年(公元前139年)三月的一天,风和日丽,刘彻去长安北郊的渭水河畔主持"修禊"大典。回皇宫途中,顺路到大姐平阳公主的府上赴宴。

皇上驾临,无上荣幸。平阳公主大献殷勤,酒席宴上,把平时精心训练的歌女召来,登场献艺。一队退下,又一队登场,围绕着刘彻,歌女们像走马灯似的转来转去。其中一个歌女神采流动,光艳夺人,令十九岁的刘彻心迷神往,如醉如痴。

"陛下,你看那个歌女长相如何？"平阳公主指着那个歌女,小声地问刘彻。

"叫什么名字？哪里人氏？"刘彻的两眼仍然在随着那个歌女打转。

"卫子夫,是我府上一个女奴的女儿。"平阳公主介绍说。

"好一个美人！"刘彻说着,起身向尚衣轩走去。

平阳公主心领神会,急忙走到卫子夫跟前,附耳小声说了几句,又向尚衣轩指了一指。

卫子夫羞红了脸,顺从地走进尚衣轩。

酒宴结束,刘彻以重金赏赐平阳公主,起驾回宫。

平阳公主按照刘彻的旨意,用彩车送卫子夫进宫。临行时,她亲昵地拍着卫子夫的肩膀说:"有了这一次,你进宫一定受宠,保重身体,将来尊贵了,莫忘了我们。"

"奴婢哪里敢忘公主的大恩大德。"卫子夫还像做仆人时那样毕恭毕敬地说。

事情发展不像平阳公主说的那样顺利。卫子夫一进宫就碰了个大钉子。

皇后陈娇是窦太皇太后的外孙女,馆陶公主刘嫖的女儿,家世显赫。而且,在废去刘荣、册立刘彻为太子的事件中,刘嫖是立下功劳的,皇太后王娡才投桃报李,娶陈娇为太子妃。刘彻即位后,陈娇理所当然地被立为皇后。陈娇当上皇后,主宰后宫,高踞人上,有恃无恐,专横跋扈。连刘彻也慑于祖母、姑母的压力,不得不让陈娇几分,采取逃避战术,敬而远之。

陈娇听说刘彻带了一个美女进宫,立刻妒火中烧,气势汹汹地找上门去。

"陛下在外面跟女人鬼混,还把这个贱货带进宫来,她是谁？"

"她是平阳公主家的女奴。"刘彻没敢说出卫子夫的名字。

卫子夫听到"女奴"二字,感到很难堪,但没有说什么。

"好啊！宫里美女成千上万,还玩不够,连下贱的女奴都当成宝贝,臣妾找太皇太后去。"陈娇听说是女奴,更加火冒三丈。

"别急嘛,皇后,听朕说给你听。"刘彻急忙拉住陈娇,"朕带她进宫是做女奴,不是做姬妾。"刘彻怕把事情闹大了,陈娇当真把太皇太后找来或者告诉到皇太后那里,会对自己很不利,只好退让了,用谎话搪塞。

"既然是带来做女奴,以后就不许陛下接近她。"陈娇说着,把刘彻拉走了。

看到陈娇强横无理的样子,卫子夫有点同情刘彻,对他说的谎话并不计较。

对一个封建帝王来说,抛弃一个女人,就像脱掉脚上的一双旧鞋子一样,算不上什么,因为新的唾手可得。刘彻害怕陈娇再和他吵闹,这次离开后,再没有去看卫子夫。

卫子夫住在后宫的一间偏僻的宫室里,连宫中最低一级"少使"的头衔都没有,不许穿宫装,一个人冷清寂寞地打发日子。一年过去了,没有再见到刘彻,她不怨恨谁,但有点绝望,以为自己永远不能得宠了。听到要释放一批宫女出宫的消息,卫子夫想,与其这样在宫里忍受凄凉冷落,还不如出宫去,回平阳公主那里继续当歌女,将来找一个良家夫婿,过平民的生活。今天在告别皇宫时又见到刘彻,卫子夫想到进宫时平阳公主的期望,如今却事与愿违,自己没有得宠,也没尊贵起来,还得回到老主人那里去讨生活,心头一酸,流下泪来,连三呼"万岁"都泣不成声了。

二

刘彻离开龙椅,俯身扶起卫子夫,说道:"留下吧,以后朕决不会薄待你。"

卫子夫止住眼泪,点点头:"谢陛下。"

也许是这次见面引起刘彻的美好回忆,令他更加眷恋卫子夫的温情;也许是出于对陈娇不许他接近卫子夫的报复,被禁止的东西往往带上神秘的诱惑力。不管什么原因,被冷落了一年多的卫子夫从此时来运转,终于得宠了。刘彻背着陈娇与卫子夫频频往来,打得火热。

不久,卫子夫怀孕了。

陈娇听到这个消息暴跳如雷,又一次找上门去大吵大闹。

"好啊,陛下敢骗我,都怀上孩子了,还说是做女奴?"陈娇扯破嗓子喊道。

"没有骗你,朕带她来根本就不是做女奴。那天是怕你生气,才那样说的。"刘彻解释说。

"皇后息怒,请不要怪陛下,都是我不好。"卫子夫小心翼翼地说。

"陛下是要那个女奴,还是要臣妾这个皇后?当场说明白!"陈娇索命似的逼着刘彻表态。

"卿是皇后,可是卿不能生育,子嗣为国脉所系,朕不能没有儿子。"刘彻毫不退让,向前跨了一步,把卫子夫挡在身后。

刘彻的这句话触到了陈娇的痛处,她更加忌恨卫子夫了。

"你想要儿子?等着吧,那个女奴和她的小崽子一个也别想活。"陈娇恶狠狠地一跺脚走了。

此后,刘彻不再登陈娇的门,白天与卫子夫一起饮宴,晚上在卫子夫的寝宫过夜,日夜厮守在一起。早朝不得不离开时,也一定安排侍卫严加保护,防范陈娇前来生事。

卫子夫温柔敦厚,以她仁慈的愿望,还是想同陈娇和好,于是规劝刘彻说:"陛下去看看陈皇后吧,别闹得太僵了。"

"对卿得严加保护,朕不能离开。"刘彻说。

"为什么?"卫子夫不解地问。

"陈娇有太皇太后做靠山,什么事都干得出,我担心她会加害于卿。"刘彻认真地说。

"不会吧,那天她说的是气话,哪里会真的害臣妾呢。"卫子夫不太相信。

"卿太仁厚了。陈娇忌妒成性,自己不能生育,看见别人生儿子,她会发疯的,会不顾一切地想法除掉,卿要多加小心。"刘彻嘱咐说。

刘彻的估计没有错,陈娇跟她母亲刘嫖确实想除掉卫子夫。由于刘彻

与卫子夫形影不离,防范甚严,才没有得手。但是杀人之念一起,便一发不可收拾。她们无法杀害卫子夫,便转而想杀掉卫子夫的一个亲人,给刘彻、卫子夫一点颜色看看。她们选中了卫子夫的同母异父弟弟卫青作为攻击对象。

卫子夫的母亲是平阳公主的女奴,丈夫死后,与一个叫郑季的男子私通,生下一个男孩叫卫青。卫青小时候牧羊,长大后在平阳公主家当骑奴,后来做了建章宫最低一级的小官。

一天,陈娇和母亲刘嫖派人逮住卫青,想立即处决,没想到卫青的好友公孙敖带人赶到,救下卫青,并把此事禀报进宫中。

刘彻闻报,雷霆震怒。他知道陈娇这样做的目的在于打击卫子夫,事情已经发展到无法回避的地步,必须针锋相对地反击过去,凡是你极力反对的,我就坚决干下去。于是,他召见卫青,破格擢升为建章宫监兼侍中。传令后宫,封卫子夫为"夫人",其爵位只比皇后低一级。

从此,刘彻与陈娇在感情上已完全破裂,对卫子夫一往情深。卫子夫生了三女一男,三女分别是卫长公主、阳石公主、诸邑公主,一男则是刘据。武帝元朔元年(公元前128年),刘彻立卫子夫为皇后,立七岁的刘据为皇太子。

与此同时,刘彻对卫子夫的亲人也一一擢升,提拔他们担任重要官职。卫子夫的大哥卫长君为掌管宫廷警卫的"侍中"。卫子夫的弟弟卫青为统领全军的"大将军"。

卫子夫的姐姐卫君孺嫁给公孙贺。公孙贺为掌管交通的"太仆",后来被提升为宰相。

卫子夫的妹妹卫少君最初与平阳公主的家奴霍仲孺私通,生下一子名叫霍去病,为骠骑将军。后来卫少君嫁给陈掌,陈掌被提升为掌管太子宫的"詹事"。

在封建专制制度下,"一人得道,鸡犬升天",这是司空见惯的事。但像卫子夫这样从一个女奴很快地晋升为皇后,崛起一个庞大、显赫的卫氏家族,在那个时代,也算得上是"暴发户"。当时民间有一首歌谣说:

生男不必太欢喜,
生女不必心悲煞。
试看卫子夫,
一家霸天下。

三

汉武帝刘彻好大喜功,对外讨伐征战,对内严刑峻法,提拔了不少苛刻严酷的人担任要职,制造了许多冤假错案,像张汤、杜周、江充等人,都是历史上有名的酷吏。他们每清查一个案子,严刑逼供,大肆株连,杀人数百,以此邀功晋爵。刘彻在位的五十多年里,朝廷上下已经形成了一股酷吏势力,盘根错节。

皇太子刘据"仁恕温谨",在刘彻外出"巡幸"期间主持朝政,对那些酷吏们判决的死刑案件,一发现冤狱,立即给以平反,由此得到平民百姓的称颂。但从另一方面看,他的举措确实触动了酷吏的利益,断送了他们邀功请赏、升官晋爵的前程。这些大臣们怨声载道,纷纷把矛头指向卫子夫母子。

"皇儿,你平反的那些案子都属实吗?"卫子夫惶恐不安地问。

"都属实,无一点虚假。"刘据如实禀报。

"怎么有那么多大臣反对呢?"卫子夫进一步查问。

"他们制造那么多冤案,杀戮无辜的百姓,太残酷了,不平反于心不忍。平反了,制造冤案的人怎会高兴呢?"刘据回答说。

"我已经老了,难得见皇上一面,不能替你在皇上面前说话了。遇到大事大案,留待皇上回来决定,要小心谨慎,不可自作主张。"卫子夫语重心长地嘱咐道。

"请母后放心,我每次作的决定,皇上回来都表示满意。"刘据说的是实情。

"大臣们危言耸听,谗言诽谤,不能不多加小心。"卫子夫还是放心不下。

刘彻察觉到卫子夫母子惶惶不安,便对大将军卫青说:"汉室江山初创,四夷侵凌大汉,我不得不兴兵讨伐,劳苦民众,后世人就不用像我这样操劳了。皇太子敦厚好静,一定能守住天下,不用我担忧。要想找一个文德守成的君主,没有比皇太子更合适的人了。我听说皇后、皇太子有点惶恐不安,如果真是这样,请你把我的心意告诉他们。"

卫青叩拜,感谢皇上恩德,并向卫子夫母子如实转达了皇上的心意。

卫子夫母子听了,感激涕零,叩首遥拜,感激皇恩,惶恐之心稍安。

武帝元封五年(公元前106年),大将军卫青病逝,卫氏家族失去了一根有力的支柱。酷吏们弹冠相庆,对卫子夫母子的攻击更加剧了。他们唆使小黄门苏文、常融、王弼等人秘密监视刘据,查找过失,甚至不惜捏造事实,向刘彻秘密报告,挑拨离间,中伤皇太子刘据。

有一次,刘据发现太子宫里的宫女增加到两百人,感到奇怪,去问皇后。

卫子夫说:"前几天,你进宫来看我,出去的时间晚了点,黄门苏文向皇上告密,说你在宫里同宫女嬉戏。皇上听了,以为你喜欢女色,下令把太子宫的宫女增加到两百人,没有怪罪你。"卫子夫忧心忡忡地说。

"卑鄙!他们找不到我的过失,就凭空捏造。幸亏皇上英明。"刘据提心吊胆地说。

"去向皇上禀明事实真相,把那几个小黄门除掉。"卫子夫气愤地说。

"除掉他们几个人也于事无补,以后只要多加小心,不做错事,皇上英明,向来不信奸邪,没有什么可怕的。"太子刘据宽慰母亲说。

"也好,今后凡事小心谨慎。"卫子夫嘱咐儿子,也是在嘱咐自己。

又有一次,刘彻有点小病,躺在床上,吩咐小黄门常融去召唤太子刘据。常融先一步回来,对刘彻说:"皇太子听说你病了,满脸高兴。"刘彻气愤地"哼"了一声。过了一会儿,刘据来了。刘彻看到太子刘据脸上有泪痕,觉得常融的话不对,一再追问,方查明真相。刘彻勃然大怒,立即把常融处决了。

卫子夫母子与酷吏派是两种截然不同的为政思想，尖锐对立，不是你死就是我亡。而刘彻是一手提拔重用酷吏，一手设法保护太子，有如扬汤止沸，终于导致了骨肉相残的悲剧。

四

武帝征和二年（公元前91年），卫子夫的姐姐卫君孺的儿子公孙敬声在"太仆"的岗位上贪污军饷一千九百万钱（约折合黄金五百公斤），被酷吏派揭发出来，按当时的法律，其罪当斩。卫君孺的丈夫公孙贺位居宰相，为了救儿子，向刘彻请求，愿意以捕捉朝廷钦犯阳陵大侠朱安世来替儿子赎罪，刘彻应允了。朱安世被捕后，发誓说："公孙贺，你想用我的性命去救你的儿子，我要叫你满门灭绝。"于是，朱安世在狱中上疏，揭发公孙敬声与阳石公主私通，在皇上经常往来的甘泉宫路上埋藏木偶，用恶语诅咒皇上。刘彻看了这些罪状，气得七窍生烟，立刻下令逮捕公孙贺，将此案交由廷尉杜周查办。

杜周是汉武帝时代有名的酷吏，酷刑逼供，诱骗兼施，将每一条"莫须有"的罪名都问得一一"属实"，案情蔓延，四下株连，卫家亲属几乎被牵连进去一半。结果是卫子夫与刘彻的亲生女儿阳石公主、诸邑公主被逼自杀，卫青的儿子卫伉被斩首，公孙贺、公孙敬声死在狱中，家族的男女老少全部问斩。

漫漫长夜，孤灯昏暗。卫子夫在悄悄地流泪，两个女儿不明不白地死了，儿子刘据能否保住皇太子的地位，她不敢想。回顾自己从一个女奴到皇后，在那段时间里，刘彻给她的太多了，多得让人忌妒，令人眼红。那样的时候过去了，不会再有了。她不怨恨刘彻，谁教自己老了呢！

这一年，刘彻六十七岁，已经到了年老多病的年龄。公孙贺事件之后，刘彻一直在甘泉宫养病。酷吏派势力担心刘彻一病不起，万一晏驾，皇太子即位，他们将难逃惩罚。特别是绣衣使者江充，曾几次向皇太子寻衅，结

下仇隙，更担心自己老命不保，于是一直寻找机会，欲置皇太子于死地。

机会终于来了。

当时，长安城里巫蛊盛行，一些方士用旁门左道为人祛灾去邪，骗取钱财。江充借此机会向刘彻进谗言，说皇上龙体欠安，是因为巫蛊作祟。老病怕死的刘彻闻言大怒，令江充为特使，查办巫蛊。江充下令全城戒严，雇用"胡巫"檀何等人四出搜寻，随便将一些木偶埋在人家的门口，泼上一些狗血一类的污物，就给人家扣上巫蛊的罪名，全家拘捕，用铁钳烧红了，炮烙全身，逼出口供之后，就地问斩。不出几天，自京师、三辅到郡国，坐巫蛊案被处死者即达数万人之多。

刘彻对江充查办巫蛊的"战果"表示满意。江充更加有恃无恐，一心想把卫子夫母子牵连进去，借巫蛊巨案，斩尽杀绝。

一天，刘彻午睡时做了一个恶梦，梦见有人拿棒子打他，惊醒后，感到身上不舒服，善忘。

江充乘机奏道："据察看，皇宫中有巫蛊之气，这股巫气不除，皇上的病就不能痊愈。"刘彻听了江充的鬼话，信以为真，遂命令江充带人进宫查办巫蛊。

有了这个机会，江充岂能放过卫子夫母子？先派人偷偷地在太子宫和皇后屋里栽下赃，然后带领檀何、苏文等人进宫搜查。果然从皇后和太子的屋里掘出许多木偶，更可怕的是从太子的书房里搜出一封咒诅皇上的书信。江充等人扬言，要把这些赃物、罪证送上去，请皇上亲自处治。

皇太子刘据害怕了，去请教少傅石德。石德说："公孙宰相、两位公主及卫氏家族的一些人都因巫蛊一案被杀。江充又用此法诬陷你们母子，他们挖出了木偶，殿下是有口难辩。不如逮捕江充，追查出栽赃陷害的真相，就好办了。皇上在甘泉宫养病，不能问事，奸党们才胆大妄为。如果殿下当断不断，恐怕要步秦扶苏之后尘，太子之位不保了。"

听了石德的话，刘据迟疑地说："江充是奉皇上之命搜查后宫的，我作为太子，怎能违抗父命逮捕江充呢？不如面见皇上，说明真相，也许能躲过这场灾祸。"

但当时江充逼迫甚紧,皇太子刘据想不出别的办法,只好命令太子宫卫士逮捕江充及随行之人,并将此事禀告给皇后。

江充一伙人中只有小黄门苏文漏网,他跑到甘泉宫向刘彻报告,说皇太子叛乱。刘彻惊疑不定,说:"皇太子一定是因为从皇宫里掘出木偶,迁怒江充,才有此举,等我召他来问明白再说。"派去召太子的人是苏文一伙的,他根本没去召太子,一天之后,谎报说:"皇太子确实起兵叛乱,不肯来见皇上,还要杀我,我只好逃回来报信。"

经过江充、苏文一伙人再三地离间、挑拨、中伤,刘彻终于上当了,传令宰相刘屈氂(máo)调三辅军队,攻打太子宫。经五天五夜厮杀,皇太子刘据兵败,逃出长安。

刘彻派宗正刘长、执金吾刘敢到后宫收缴卫子夫的皇后玉玺。

卫子夫顺从地交出皇后玉玺。

她不明自己的结局为什么这样悲惨,当了三十八年皇后,没有与别人争权争位过。陈娇陷害过她,当了皇后之后,也没有挟权报复。自己人老珠黄,不受宠了,没有忌妒别的美人受宠,只想平平稳稳地度过晚年。可是,这并不过分的要求也不能如愿。儿子逃出长安,也是九死一生,此生难得相见。与其屈辱地活着,还不如一死了之。她越想越伤心,大哭一场,解下腰带,悬梁自尽了。

同年,皇太子刘据在河南自杀。

刘彻一怒之下,夷灭卫氏家族,太子刘据的姬妾宫女、支持他的官员一律全族问斩。在这场宫廷变乱中,有无数人丧生,长安城里尸横满街,"血流入沟中"。

第二年,平民令狐茂冒生命危险上疏,为太子刘据申冤,看管刘邦陵墓的高寝郎车千秋也上疏为太子刘据申冤。刘彻在平息怒气之后,查清了事实,皇太子刘据确实是被江充逼反的。一怒之下,下令杀了江充全家,把檀何、苏文活活烧死,把指挥大军攻打太子宫的宰相刘屈氂处以腰斩。

▎无辜被杀的赵钩弋

盛夏的晚上,明月当空,微风习习,凉爽宜人。

长安城里的老老少少忙完了一天生计,三三五五地坐在自家门前纳凉、赏月。

突然,狂风骤起,卷起漫天尘土,遮星蔽月。人们惊慌地跑进屋里,赶紧关门闭户。

听着屋外暴虐的狂风,老人们不住地摇头叹息:"唉,不祥啊——"

持续一夜的狂风平息了,百姓们相安无事。

清晨,一个不幸的消息从宫中传出:最受恩宠的赵钩弋夫人昨夜被汉武帝刘彻"赐死"在掖庭狱中,年仅二十五岁。

宫内宫外议论纷纷,都在猜测赵钩弋被"赐死"的原因。

一

汉武帝太始二年(公元前95年)秋。

一列长长的队伍在华北大地上缓缓行进着。十匹快马在前面开路,黄罗伞盖下是汉武帝刘彻的御车,跟在后面的是宫车、御膳车、御厨车、载货车、侍卫队……这支皇帝"巡幸"的队伍浩浩荡荡,蜿蜒数里,见头不见尾。

中午,这支队伍行至河间郡地界,在一个小山冈前停下来休息。

侍臣领着一个道人打扮的老者来见刘彻。

"陛下,有一位望气仙人求见。"侍臣禀报道,并小心翼翼地揭开御车的黄幔,露出刘彻的半张脸。

望气老者赶忙跪下,口呼"万岁",战战兢兢地说:"山野之人善识山川走向,观望风水灵气。"

"此地有何灵气呀?"刘彻拉着长声问。

"依山野之人观看,山冈后面有一股祥瑞之气升起,主有奇女出世。"

"哦,怎知是奇女呀?"望气老者的话引起了刘彻的兴致,他好奇地问道。

"其气清明飘逸,主有奇女;其气凝重威直,主有奇男。前面升起的是清明飘逸之气。"望气老者侃侃而对。

"到前面看看去。"刘彻吩咐道。

少顷,侍臣回来说:"据臣等搜查,山冈那边只有一户人家,住着一个老妇人,带着一个女儿。此女容颜秀美,半身瘫痪,右手紧握,不能伸开。"

"原来是一个残疾之人,哪有什么奇女?"刘彻失望了。

望气老者赶忙说:"奇就奇在右手紧握,如能令其右手伸开,必有奇迹出现。"

"那有何难。"刘彻对侍臣说,"你们去把她的手掰开,看看手中有何奇物。"

侍臣们应声而去。

大约过了一顿饭的时间,侍臣回来禀报说:"此女确实有些奇处,纤纤素手,力大无比,臣等没掰开,又唤力士去掰,还是没有掰开,仍不知手中有何奇物。"

望气老者说:"力非力,奇则奇。龙见凤,凤展翼。只有皇驾亲临,才能看见奇迹。"

这些含含糊糊、谁也弄不明白的话,反倒激起了刘彻的好奇心。于是,长长的队伍翻过山冈,在一座茅屋前停下。

侍臣带着一个老妇人来见刘彻。

"民女赵君姁(xǔ)叩见陛下。"老妇人急忙跪拜。

刘彻不屑一顾,一挥手,径直走进茅屋。

迎面的木板床上,躺着一个十七八岁的少女,容颜俊美,光彩照人,身上搭着一条粗布被子,仍可看出体态苗条的身形,微曲的右臂伸出被外,右手紧紧握成拳头。她看见刘彻进来,并未起身,侧目打量着刘彻。

"小女半身瘫痪,行动不便,不能起来拜见陛下,求陛下开恩。"老妇人赵君姁恳求说。

"好一个美人!只可惜……"刘彻长叹一声,无限惋惜,对身边的力士说,"你去把她的手掰开,小心,别伤着她。"

力士掰了一会儿,害怕伤了少女的手指,不敢用力,直急得满头大汗,那少女紧握的右手依然如故。

"陛下神力,亲试一下如何?"望气老者怂恿说。

刘彻走过去,坐在床边,左手托起少女的拳头,右手用力一掰,奇迹出现了。少女紧握的拳头伸开了,掌心里赫然是一枚玲珑透剔的白色玉钩。

刘彻"哦"了一声,拿起玉钩,翻来覆去地瞧个不停。

望气老者急忙跪倒:"天降祥瑞,国泰民安。陛下洪福齐天,长寿万年!"

大臣们也一齐跟着跪倒,一遍又一遍地高呼:"陛下洪福齐天,长寿万年!"

在欢呼声中,少女的右臂和右半身也活动自如,同健康人一样,起身下床,飘飘然来到刘彻跟前,倒身下拜:"吾皇万岁、万岁、万万岁!民女自幼半身瘫痪,右手拳曲不能伸展。幸得皇上神力,掰开曲指,祛除一身病痛,民女愿终生侍奉皇上,以谢皇恩。"

六十三岁的刘彻从未见过这样的奇事,一时心花怒放,急忙放下手中的玉钩,扶起少女,问道:"你手中的玉钩从何而来?"

"不知道。民女六岁时,梦见一个白发老人拉起我的右臂,从肩一直抚摩到手,在手上使劲掐了一下,我觉得右半身奇痒无比,就不听使唤了,怕得哭了起来。白发老人说,'莫怕,吉人自有天相,你不会终身残废的'。醒来之后,我果真是半身瘫痪,右手不能伸开,我也不知道手里还握着一枚玉钩。"

"你叫什么名字?"

"民女姓赵,父亲因触犯王法,被处以宫刑,充当皇宫守卫'中黄门'。自幼丧母,跟随姑妈赵君姁长大,终年卧病在床,不与外人相见,没有名

字。"

"你右手握拳,就叫赵拳儿吧。"

"谢陛下赐名。"赵拳儿拜谢。

"你的拳是我掰开的,我带你回宫,封你做拳夫人。"

"谢皇上恩典。"赵拳儿再拜。

二

赵拳儿只有十七八岁,正是天真无邪、活泼好动的年龄。有她天天在跟前嬉戏玩闹,六十三岁的刘彻也觉得年轻了许多,因而对赵拳儿宠爱异常。

春天到了,深宫里的生活还是那样死气沉沉,没有一点春天的气息,赵拳儿有点想念乡间的红花绿草了。在她的一再鼓动、怂恿下,刘彻终于同意带她去游春。

出了长安城南门,渐渐地屋舍稀少,呈现出一派田园风光。

宫车刚一停下,赵拳儿就从车上跳下来,像一只出笼的小鸟,飞也似的钻进桃花林。

刘彻缓缓地走进林中,却看不到赵拳儿的踪影,正在四下张望的时候,银铃似的笑声从背后的树上传来。

"哈哈……陛下,臣妾在这儿呢!"

刘彻刚转身,一抬头,一枝桃花从树上飞落下来。

"陛下,献你一枝桃花。"

刘彻伸手去接,慢了一点,花枝落在地上。他哈腰去捡,赵拳儿在树上使劲一摇晃,桃花纷纷飘落下来,弄得刘彻头上身上都沾满了落花。赵拳儿也从树上跳下来,一边掸去刘彻身上的落花,一边说:"陛下,这就叫拈花惹草,哈哈……"

刘彻听了,眉头紧蹙,随后也跟着哈哈大笑起来。

赵拳儿带着几个贴身宫女又跑开去了。

春天的太阳暖洋洋的,使人慵懒。刘彻年高体弱,跟着赵拳儿嬉闹一阵,感到疲乏,便在一棵树下,靠在锦椅上闭目养神。突然,背后挨了一拳,睁眼一看,不见人影。刚一闭目,又挨了一拳。

"是谁这般无礼?"

随着刘彻的这声怒喝,侍卫们紧张起来,手按刀柄,四下搜寻。

赵拳儿害怕了,从树后面扭扭捏捏地出来,走到刘彻跟前,嘟着小嘴,说:"是臣妾,陛下给臣妾起名叫赵拳儿,我觉得好玩,就用拳头捶陛下两下,臣妾给陛下赔罪了。"说着,盈盈下拜。

刘彻见赵拳儿战战兢兢的样子,心疼了,转怒为喜,把赵拳儿揽在怀里,又亲又闹。

"哈哈……哈哈……"

老夫少妻的狂欢嬉闹声一阵阵飞过林梢。

红日偏西,到起驾回宫的时候了。

赵拳儿还没玩够,趴在草地上不肯起来。

"陛下,再玩一会儿吧,这个地方比皇宫里好。"赵拳儿恳求说。

"卿喜欢这个地方?"刘彻笑着问。

"喜欢!能在这儿过夜就好了。"赵拳儿认真地说。

"那就在这儿修一座宫殿,让你常住在这儿。"

"那太美了,陛下也陪臣妾住在这儿。"赵拳儿从草地上爬起来,跑到刘彻身边,又问,"当真吗?"

"当真!"

"谢陛下。"赵拳儿倒身下拜。

刘彻伸手去拉,赵拳儿就势投入刘彻的怀抱,闭上眼睛说:"那宫殿一定很漂亮……"

"这座宫殿叫什么名字呢?"刘彻高兴地问。

"宫殿是给臣妾修的,就叫拳儿宫吧。"

"不好,太俗了。朕得给卿重新起个名字。"刘彻说着,从怀里取出那枚玉钩。

"陛下想叫臣妾赵钩儿吗？"赵拳儿天真地问。

"哈哈……"刘彻为赵拳儿的天真放声大笑，"叫赵钩弋吧。弋是系在箭上的长绳，是卿的玉钩钩住了朕的心，手里攥住这根长绳子，把朕与卿连在一起，永不分开。"

"好，永不分开。那么，这座宫殿就该叫钩弋宫了。"赵拳儿沉浸在受宠的幸福之中。

刘彻笑着点点头，把赵拳儿抱得更紧了。

半年之后，这片桃花林被高墙围起来，林中盖起一座巍峨的宫殿，大门正中的匾额上赫然写着"钩弋宫"三个大字。住在这里的赵拳儿也改名为赵钩弋，人称"钩弋夫人"。

武帝太始三年（公元前94年），赵钩弋生了一个儿子。

刘彻老年得子，喜不自胜，闻讯赶到钩弋宫，看到儿子的小脸，乐得直喊："像我！像我！"并给儿子起名叫刘弗陵。

宫女刚把孩子抱进内室，侍臣就带着望气老者晋见。

"恭喜皇上。山野之人望见钩弋宫上空有凝重威直之气升腾，皇上一定喜得皇子。"望气老者得意地偷眼察看刘彻的神情。

"是，又添了一个小皇子。"刘彻满面带笑。

"什么时辰？"

"昨夜人定之时。"

望气老者瞑目半晌，突然睁开眼睛，说："钩弋夫人怀胎十四个月方生皇子，大吉，贵不可言。"

"哦，怀胎十四个月？"刘彻被望气老者一语提醒，高兴地说，"昔年尧母怀胎十四个月生唐尧帝，而今钩弋又是怀胎十四个月生子，妙哉，妙哉！"

刘彻一乐之下，赏望气老者黄金十两。

从此，钩弋宫的正门上又多了一块匾额："尧母门"。

三

　　外面骄阳似火，甘泉宫里也比往日闷热。

　　七十三岁的刘彻重病缠身，躺在床上，闭着眼睛。赵钩弋坐在床边喂药。

　　刘彻喝下最后一匙药，睁开眼睛，感激地看着赵钩弋，说："这几天有你日夜服侍，我的病好多了。"

　　"陛下洪福齐天，愿陛下长寿。"赵钩弋把药碗递给宫女，急忙跪拜说。

　　"来甘泉宫避暑之前，我决定了一件大事，去了一块心病。"刘彻拉着赵钩弋的手说。

　　"什么大事？"

　　"我决定立弗陵为皇太子。"

　　"弗陵？"赵钩弋感到惊愕。

　　刘弗陵是汉武帝刘彻的第六个儿子，赵钩弋所生，才七岁。

　　"他能行吗？"赵钩弋疑惑地问。

　　"能行，弗陵生有奇兆。你怀胎十四个月生下弗陵，他降生时钩弋宫上空有瑞气缭绕，望气老者说'贵不可言'。刚刚七岁，就长得体形壮大，说话声音洪亮，聪慧过人。在朕的六个儿子当中，只有弗陵像我，能开创汉室基业。"说到刘弗陵，刘彻不由得喜笑颜开。

　　"他还太小。"赵钩弋语气中带着忧虑。

　　"朕还能多活几年，弗陵就长大了。朕若早死，就由大将军霍光、车骑将军金日䃅(dī)、左将军上官杰三人辅佐弗陵，皇位可保，万无一失。"刘彻深思熟虑地说。

　　"愿陛下长寿！"

　　"卿也躺下来歇息吧。"刘彻又闭目养神了。

　　赵钩弋躺在刘彻身边，说不出自己的心情是忧是喜，两眼呆呆地看着帷幔上的龙凤花纹。自从进宫以来，看到多少人为争夺太子王位流血，暴尸街头。原皇太子刘据遭巫蛊冤案,逃到外地自杀,皇后卫子夫悬梁自尽,受株连而死的人不下十万。燕王刘旦有觊觎太子王位之心,进京上疏的使者被砍头示众。贰师大将军李广利和宰相刘屈氂合谋拥立昌邑王刘髆(b6)为太子,事情败露,李、刘两家几百口人被杀,只有李广利一人逃奔匈奴。现在,要立刘弗陵为皇太子,会不会再发生争斗、杀戮、流血,谁能预料呢?渐渐地,她眼前的龙凤花纹幻化成皇帝的宝座,上面坐着一个七八岁的孩子,奶声奶气地发号施令,下面跪着一大群须发皆白的大臣,老声老气地口呼"万岁"。孩子向她走过来,恭恭敬敬地叫了一声"皇太后",大臣们拥过来,跪倒,老声老气地喊"参见皇太后"。她感到无比地荣耀,抱起那个孩子,使劲地在小脸蛋上亲了一下,甜甜地笑了。

汉武帝刘彻被赵钩弋梦中发出的笑声惊醒,坐起来,看看睡在身边的赵钩弋。她嘴角上带着甜甜的笑意,花容月貌,成熟丰满的体态,比刚进宫时更加楚楚动人。"唉,我老了。她这么年轻,要当上皇太后了。"一声长叹,心也突然紧缩,一种年龄上的妒忌油然而生,暗自思忖:我已经七十三岁了,还能活几年呢,弗陵继位之后,她就是皇太后,实际上,在很长的时间里都是这个女人执掌宫廷大权。一想到这里,眼前的赵钩弋突然变成了老奸巨滑的吕雉,封立一大批异姓王,大权落在外戚手里,汉室江山改换了姓氏。又想到那次春游时赵钩弋说的"拈花惹草"的话,这么年轻的女人当上皇太后,无人管束,寡居独处,哪里能耐得住深宫寂寞,岂有不与人私通之理?眼前的赵钩弋又突然变成了面目可憎的娼妇。刘彻在心里冷笑一声,真是上苍有眼,让我在世的时候看清了这个孽根,在立弗陵为太子之前,我先杀掉她,以绝后患。

从睡梦中醒来的赵钩弋生怕惊扰了刘彻的酣梦,悄悄地下床,走出帷帐,坐在梳妆镜前梳理头发,插好钗环。走到窗前,看看红日西沉,到了刘彻起床的时间了,又悄悄地走到帷帐前。一直等到刘彻翻了一个身,知道他睡醒了,才掀开帷幔,满面含笑地喊道:"陛下,外面凉爽了,我陪你出去散散心。"

刘彻没吭声。

"陛下,到起床的时候了,我侍候你梳洗。"

刘彻又翻了一个身,还是不吭声。

赵钩弋还在天真烂漫的年龄,心中不存芥蒂,看到刘彻明明是醒了,只翻身,不答言,不起来,以为是故意和她逗趣。

"再不起来,看臣妾捶你。"赵钩弋笑着,在刘彻的肩上轻轻地捶了一下。

"来人,把这犯上作乱的贱人拿下!"刘彻猛然坐起,怒喝道。

赵钩弋急忙跪倒,哀求道:"陛下息怒,我给陛下赔罪,饶过我这一次吧。"

刘彻连看都不看,冲过去,拍着桌子喊:"快点动手,给我拿下!"

被这样反常的举动弄得莫名其妙的侍卫如梦方醒,急忙架起赵钩弋往外走。

出门口时,赵钩弋挣扎着回过头来,流着泪问:"陛下,我到底犯了什么罪呀?"

"快走,我不想让你活!"刘彻铁青着脸说。

赵钩弋一路悲泣,被送进掖庭狱中。她怎么也弄不明白,一向最宠爱她的刘彻会在顷刻之间翻脸无情。

当晚,一道密旨送到狱中,赵钩弋立即被"赐死"。

对赵钩弋的死,宫内宫外议论纷纷。

刘彻问侍卫:"外面的人对这件事说些什么?"

侍卫回答:"人们都不明白,为什么立儿子为皇太子,却先杀了他的母亲?"

刘彻说:"愚人之见。自古以来,国家之所以大乱,都是由于君王年幼而他的母亲年轻。年轻的女人当了皇太后,寡居一室,骄横淫乱,没人能够禁止。你们没听说高祖死后吕太后的所作所为吗?"

这番解释实在太妙了!妙就妙在杀人凶手自己直言不讳地供认了杀人动机。

赵钩弋死后的第二年,即武帝后元二年(公元前87年),刘彻立刘弗陵为皇太子。立皇太子的第二天,刘彻病死在五柞宫。大将军霍光、车骑将军金日䃅、左将军上官桀三位辅政大臣保着刘弗陵登上皇帝宝座,是为汉昭帝。

刘弗陵即位后,追封赵钩弋为皇太后,并发兵两万人为其母修筑"云陵"。但身为一代帝王的刘弗陵却无法为其母昭雪冤案,悲哉!

被毒死在产房里的许平君

公元前71年。

长安,长定宫中。

"皇后娘娘,请用药。"一个女医模样的人对床上躺着的人说道。

几个宫女小心翼翼地把床上的人轻轻扶起来。她的脸色苍白,几乎一点血色也没有,显得很憔悴。女医模样的人捧着盛药的玉盏递过去,双手微微地在颤抖。皇后皱着眉强饮了大半盏便不再吃,靠着被子坐着喘粗气。女医模样的人劝道:"娘娘再用些。"皇后摇摇头,不想吃。众人不敢离开,都静静地盯着皇后的脸看。只见一会儿工夫,皇后的额头上便冒出些汗来。皇后双眉紧锁,很难受的样子。皇后说:"我的头怎么疼得这么厉害?"

那个女医模样的人神色有些紧张,手抖得更厉害,话也说不利落了:"许、许是吃、吃药的反应吧,一、一会儿就会好的。"

又过了一会儿,皇后疼得更厉害了,她两眼盯着女医模样的人问:"淳于衍,你说,是不是药里有毒?"

淳于衍慌忙跪下,结结巴巴地说:"没、没有,这、这药是她和奴婢尝过的。"她指着身旁的一位宫女说。

这时皇后疼得已经受不了,双手抱着头在床上直滚,口里喊着:"啊!头,我的头,疼死我了!疼死我了!"

众人慌了手脚,没头苍蝇似的乱忙一气。等把御医找来时,皇后已是目光散乱,奄奄一息了。皇后没挺到晚上就死了。

这位年纪轻轻的皇后是怎么死的呢?

宣帝刘询做梦也没有想到他十七八岁的时候会这么走运:先是娶了

如花似玉的许平君做老婆,对他这位落难王孙来说,这已是红鸾高照,交了桃花运了;接着许氏夫人的肚子又不负所望,第二年就给他生了个大胖小子,这又差点没把他乐得背过气去;谁知这还没完,儿子生下刚几个月,他又一个跟头翻上了皇帝的宝座。当许氏夫人盈盈下拜向他表示祝贺的时候,他竟忘了端一端皇帝的架子,猴似的跳过去,一把把许平君拉进怀里,欣喜万状地说:"夫人,自从娶了你我才时来运转,我要好好报答你,我要让你做皇后!懂吗?皇后!"

许平君偎在他怀里不说话,只是害羞似的笑着,一脸幸福,一脸甜蜜。

那一年她十六岁,刘询十八岁。

可立皇后的事并不像刘询想象的那么简单。他可以封许平君为位居上卿的婕妤,但却没权立她做皇后。别说他还是个嘴上没毛的大孩子,就是七老八十也没用,权力的魔杖并没握在他的手里,他说了不算。他是大将军霍光和太皇太后捧上皇帝这个座位的,在立皇后的事上,他不可能不抬头瞧瞧他们的脸色。麻烦就是这么瞧出来的。那天,他头一回以一个准皇帝的身份从尚冠里进未央宫去拜见太皇太后,太皇太后就问他成没成亲,娶的是谁家的女儿。他回答说是许广汉的女儿。太皇太后听了后十分惊讶,说:"许广汉?是不是暴室啬夫许广汉?受过腐刑的那个?唔,他的女儿呀!"太皇太后说这话时满脸鄙夷之色,这使得刘询于一团喜气中平添了几许苦涩,心里很不是滋味。

太皇太后没说不让许平君做皇后,但也没说让。大将军霍光呢?更是什么也没说。但刘询已觉出来了,那气氛不大对。风言风语中他听出了弦外之音。刘询的岳父许广汉原是昌邑王府的一个郎官,随武帝驾去甘泉宫时犯了从驾而盗的死罪,武帝格外开恩,免其一死。但死罪虽免,活罪难逃,许广汉被下于蚕室受了腐刑,从此做了一名宦官的头儿:掖庭丞。哪知他时运不济,又接连几次获罪,混来混去只混到暴室啬夫(宫廷特别监狱管理员)这个份上。这身份让人想一想都恶心,怎么能让他的女儿做皇后呢?还有一层众人心照不宣的原因,那就是大将军霍光有个女儿,正是十五六岁的年纪,又跟太皇太后有亲,立她做皇后才十分地般配。众人都闭

了嘴，想听听皇帝怎么说。

　　这个不大不小的麻烦使皇帝刘询十分苦恼，见了许平君也是一副无精打采的模样。惹得许婕妤凭空急出了一身的香汗，伸出纤纤玉手去摸他的额头，问他是不是有些不舒服。他支支吾吾地说没有。许婕妤的手从他额头轻轻滑过的时候，使他想起了许多甜蜜的时光，在许婕妤的身上和脸上看出了许多的妩媚和贤惠，他永远永远也忘不了。

　　他和许平君是患难中的结发夫妻。

　　许广汉把女儿许配给刘询的时候，许广汉的老妻直气得拍着床大骂许广汉是印堂发暗、霉气缠身、永不发迹的倒霉蛋、糊涂虫，把花骨朵一样的女儿嫁给这么个现世宝，简直是放着现成的阳关大道不走，偏偏去跳火坑！她说她给女儿算过命，女儿面相贵不可言。"这回完了，全让你这个老东西给毁了！"老妻骂得唾沫星子四溅，许广汉却连正眼瞧都不瞧她一眼，自顾忙忙碌碌走里走外地张罗婚事，以致后来岳母跟女婿别扭了很久。不过，刘询和许平君在一起时的确很幸福。在这之前刘询还没真正接触过女人，他的地位比许广汉强不了多少，他的祖、父两辈都是因为起兵造反不成而被武帝给杀了的，一起被杀的还有他的曾祖母卫子夫。武帝是他的曾祖父。刘询出生三个月就成了囚犯，是在监狱中吃女囚犯的奶长大的，有几次都差点送了命。

　　许平君不嫌弃他，疼爱他胜过疼爱自己，他们携手并肩在令人眩晕般的甜蜜幸福中走向了成熟的人生。许平君的文静、稳重、细心、贤惠和那充满激情的持久不衰的爱，还有她那天仙般迷人的美丽，曾经使刘询暗淡的人生洒满金色的阳光。这一切他无论如何也忘不了。

　　许平君扶他坐下，瞧他那苦恼的样子很是心疼，问："怎么了，陛下？"

　　刘询摇摇头，努力笑一笑道："没什么，都是些杂事，没什么。"他不想把心中的苦恼说出来让她难过，也让他自己难堪。

　　许平君一边服侍他宽衣休息，一边说："瞧陛下这个样子，时间久了，还不憋闷出病来！"然后也叹了口气，幽幽地说道："从前，那是多快活的日子啊！"

刘询辗转反侧，久久不能入睡，这是他入皇宫后第一个不眠之夜。

第二天，皇帝下了一道诏书，诏求微时故剑。皇帝在诏书中说，此剑既非吴国之干将、莫邪，亦非越国之湛卢、鱼肠，乃朕微时所佩之平常一剑耳。多年来一直随朕行止，一朝失却，颇为惆怅。今虽宝剑罗列于前，然心思故剑，日久弥深。如有得之者，朕定当重加赏赐。

大臣们听了这道诏旨，一个个面面相觑，如坠五里雾中。心想这皇帝是不是脑子有毛病？还是智力不健全？登基伊始，有多少国家大事等着料理！就说后宫吧，谁为皇后还没定下来，怎么反倒寻起一把屁钱不值的破剑来了？真是咄咄怪事！

这些乱七八糟的想头自不便说出来，于是一个个便做出深思状去苦想，互相之间用言语试探着，交换着心中的疑虑和惊奇。一位大臣颇有所悟地说："依鄙人愚见，只怕这寻剑诏另有深意。试想陛下何等圣明，正是大展宏图之时，岂能为物所累？"

他这么一说，众人无不暗暗点头，思路也活泛起来，想起了册立皇后的事来。皇帝在诏书中反反复复申说的不就是"微"、"故"二字吗？连"微时故剑"都这么感念不已，何况微时的"故妻"？这分明是不忘旧的意思了，想来新人总是不如旧人，这皇后的位子非得请许婕妤来坐不可！

一通百通，众人豁然开朗，于是便纷纷上疏，请立许婕妤为皇后。皇帝自是一百个愿意。霍大将军也不好说什么。太皇太后这些日子见这位姓许的孙媳妇对自己恭敬有加，五日一朝参，亲捧玉案供食，也早把原来的那些不快冲淡了，见众臣上疏请立许氏，也就乐得顺水推舟做个人情。许平君就这么名正言顺地坐到了皇后的宝座上。

许平君平步青云做了皇后，心里自然喜欢，但最最高兴的还是许平君的母亲，许广汉的老妻。老太太喜不自胜，两片嘴唇笑得合不拢，见了许广汉就说："我说咱女儿贵不可言吧，怎么样？如今应验了不是？"许广汉也笑，笑着笑着就冷不丁揭一把她当年的老底："当初你不是还寻死觅活，说什么也不肯把女儿嫁给皇上，今儿个怎么又说起这个了？"他老妻故作恼羞成怒地骂他："胡说八道！"其实她心里仍不信自己当年说的会错，躺在

被窝里兴奋得睡不着时就想：是不是我女儿相贵命旺,才把那小子一身的霉气给冲跑了呢?

许平君和她的老爹、老娘乐得飘飘欲仙的时候,有一个人正气恨得咬牙切齿。

这个人就是霍大将军的老婆霍显。

霍显是那种喜欢往上爬的聪明女人。她像一条贪得无厌的母狼在偷偷窥视着,等待着扑向猎物的最佳时机。

这一等就是两年多。

到了宣帝本始三年(公元前71年)的春天,机会终于让她给等来了。

正月的长安还迟迟不肯从冬眠中苏醒,一阵阵凛冽的北风刮在人脸上如刀割火燎般地生疼。一辆青帷马拉小车停在了大将军霍光的府门前。

从车上下来一位中年女子。

她努力做出些袅袅婷婷的样子走上石阶,对看门人笑了笑,算是招呼。看门人也不阻拦,看样子是个霍府的熟客。然后她便进了霍府。

有人转报给霍显的时候,霍显心里正烦乱得很。她苦熬苦盼着许平君早点滚蛋下台：或者是让皇帝一脚踢了,或者是得暴疾死去,再不就天外飞来一块巨石把她砸成肉酱,反正是从皇后的位子上滚下来,好让自己的小女儿风风光光地去做皇后。可是两年了,许平君还活得结结实实,你说霍显的心里能好受吗? 一想起来胸口就犯堵,连个年节都没过好,哪还有心情见客!便挥一挥手表示不见,连嘴都懒得张一张。传话的婢女站在门口没有马上就走,嗫嚅道："夫人,求见的是淳于衍,你看——"

"哦,是她呀,"霍显的心里一动,便道,"那就让她进来吧。"

这淳于衍本是宫中女医,与霍显最为相得,经常出入于霍府。霍显也常向她打探宫中的消息。淳于衍更是曲意奉承,十分卖力地巴结这位有权有势的大将军夫人。淳于衍的丈夫是掖庭护卫,早就想换个好点的差使,他知道自己的女人跟霍显谈得拢,便叫她入宫前先来霍府辞行。"你去拜谒霍夫人,借机求她个人情,让我去做安池监,好歹也强似这看门狗一样的差使。"淳于衍临出门时他这么一再叮嘱她。

淳于衍进来拜见过霍显,一口一个"夫人",说了些没要紧的话,然后便告诉霍显,说她是奉旨入宫伺候皇后,这是特意前来向夫人辞行的。

霍显听到"皇后"二字马上来了精神,便问:"皇后?哪个皇后?皇后怎么了?"

淳于衍笑道:"夫人真是贵人多忘事,皇后还能有几个?就是许皇后呗!说是许皇后有了身孕,身子不适,这才召我们几个略懂些医药的女人进宫服侍。"

"这么说是皇后有病了?病得重不重?"霍显喜形于色地问。只是淳于衍心里有事,对霍显的表情不感兴趣,淡淡地回道:"详细的倒不知了,大概不会太重吧。"

这话让霍显颇感失望,但不管怎么说,这个日日夜夜搅得她不安宁的小贱人总算是病了,这就足够她乐上几天的了。一高兴,脸色也好看了,话也多了,人也显得特别热情。淳于衍心里觉得奇怪,但也猜不透,就没在意。倒觉得这是求她帮忙的好机会,就赶紧把丈夫嘱托的话说了出来,并笑着说:"这芝麻粒大的小事在夫人眼里根本不算什么,再大的事还不是夫人一句话!可对我们这些小民百姓,那是一辈子也感激不完的大恩大德呀!往后夫人若有用得着的地方,火里火里去,水里水里去,没说的!"

淳于衍的这番话倒撩起了霍显一个十分大胆的念头。她示意左右的人全退下去,然后朝淳于衍身边靠了靠,热情而亲切地叫着淳于衍的表字,说:"少夫啊,你能来求我,那是看得起我,不外道,是不是?我们是多少年的交情了,还有什么说的,包在我身上就是了!"

淳于衍听了也觉得热乎,鼻子竟有些酸。说起来她们的交情也真的不算浅,那还是霍显做霍光前妻贴身丫环的时候她们就认识了,今天听她这么一句动情的话也不算过分。不过淳于衍毕竟是走南闯北见过些世面的女人,她总觉得霍显的话里有话,就哼哈答应着,等着霍显往下说。

果然霍显又说:"不过呢,我也有点小事想求少夫帮忙,不知你肯不肯赏脸?"

淳于衍心里咯噔一下,便说:"夫人真爱说笑,像我们这样的怎担待得

101

起这个'求'字?"

霍显压低了声音,神秘兮兮地说:"少夫,你不是外人,我也不瞒你。我们小女儿成君你是见过的,花一般的人,大将军疼她疼得没法没法的,想让她享那泼天的富贵,这事可就得拜托你了。"

"夫人究竟要怎样?"

霍显说:"你不是要进宫侍奉许皇后吗?你可以偷偷给她吃的药里放上毒,把她除了,那皇后的位子还不是由小女来坐?这事要是成了,享不完的荣华富贵也有你的份,怎么样?"

淳于衍大吃一惊,差点没吓晕过去。要知道这要谋害的可是皇后啊!可是霍显已把这秘密泄给自己了,不干,霍显还能饶得了她?霍显这个女人她是太了解了,心狠手辣,要不她也熬不到这个份上。干吧?也是脑袋别在腰带上的玩命把戏。权衡利弊,淳于衍觉得还是顾眼前的命要紧,便面露难色地说:"这恐怕不大好办。都是众人参酌着一起下药,每次进药也有人先尝,怎么下得了手?还有……"

霍显打断她的话,道:"那就看少夫用不用心思了,人多眼杂,做点手脚那还不容易!"

糟糕,这回算是黏到身上了。淳于衍的心里一片冰凉,她愁眉苦脸地说:"这可是灭九族的勾当啊!"

霍显安慰她道:"少夫你放心好了。俗话说,妇人产子九死一生。神不知鬼不觉地把她除了,谁能怀疑到你身上?就是有个风吹草动,还有大将军呢,你怕个啥?连皇帝都是大将军立的,这等没形没影的事,谁敢放半个屁?怕只怕少夫不肯帮这个忙。"

淳于衍心里骂道:说什么肯不肯,不肯,今儿个连这院子都迈不出去!无可奈何,只好答应了。

做了皇后的许平君确实觉得很幸福。她是个温柔婉顺的女孩,向来对人一团和气,当了皇后也从不盛气凌人,别说宫女们说她好,就连那些与她争风吃醋的妃嫔们也不得不折服她性情的宽厚与大度,上官太皇太后

也渐渐有些喜欢上她了。皇帝虽然被宫中那些打扮得花枝招展、油头粉面的俏女人给迷得魂不守舍,但对她的情分还在,时不时地过来嘘寒问暖,重温旧梦。许平君还能指望什么呢?难道还要皇帝把那些如花似玉的美人抛在一边,像个平头百姓一样和自己厮守着不成?人哪,该知足了!许平君是个知足的人。

不幸的是,一只罪恶的手正悄悄地伸向她。

正月里许平君生了个女儿,心里好生喜欢。北风还在呼呼地吹,天上还飘着星星点点的雪花,可她却觉得春天就要到了,春天已经到了。只是她身体不好,产前就一直病恹恹的,生育时又气血两亏,折腾个半死,直到听见女儿稚嫩的哭声才甜丝丝地缓过点劲来。春暖花开的时候就可以抱着女儿去看苑中的花了,她总在这么想。

这天晚上,因女儿啼哭不止许平君有些劳神,天快亮时才昏沉沉地迷糊了一会儿。第二天早晨醒来,许平君就觉得头晕目眩,四肢无力,于是便叫御医来看。御医们七嘴八舌争个没完没了,这个说是血亏该补血,那个说是气损应补气,另一个又说是心思烦乱得先安神。好不容易才定下方剂,命人取药捣药,煎了端上来。淳于衍是特别召进宫来看护皇后的,这弄药的事自然少不了她。等负责尝药的人尝过药之后,她便装作搅拌药,偷偷把事先合好的附子投入药盏里,然后捧给皇后喝。这附子乃是剧毒之物,孕妇最忌的,何况又是在体弱多病的产后。果然一剂药下去,许皇后就呜呼哀哉了。

皇后死得有点蹊跷,人们心里便生出些猜疑来。但猜疑归猜疑,谁也没拿到什么把柄,自然揭不穿这阴谋。又有霍光以一个大将军的身份斡旋其中,别人更插嘴不得。一桩人命案就这么无声无息地过去了。

皇帝悲痛欲绝,可他哪里知道许平君在九泉之下的冤屈呢?

▌被废赐死的许皇后

成帝刘骜的许皇后在长定宫痛苦地等待着。

月亮缺了又圆,圆了又缺。花儿开了又落,落了又开。春天匆匆地来,又匆匆地去,她几乎不记得在这枯寂的宫中等了多久了,只记得门前那棵衰败的垂柳,枝叶绿了又黄,黄了又绿,仿佛已有十来回的光景。那么说,就是十年?掐指算算:从鸿嘉三年(公元前18年)被废居昭台宫,不久又迁居长定宫,到现在这绥和元年(公元前8年),不是十年又是什么?

唉,十年啊!苦苦等待的漫长的十年!

她本来等待得已经麻木了,她的好运就像树梢上的小鸟一样离开她,飞走了,可偏偏就在这个时候,有一个人闯进了她落寞的幽居生涯,使她的心里又升起了无数美丽而无望的希望来。

这个人是淳于长。

淳于长是许皇后的姐姐许嬤(mǐ)的丈夫。许嬤原是有丈夫的,后来死了。许嬤耐不住寂寞,先是与淳于长私通,觉得不痛快,后来干脆抛下侯爵夫人的名头不要,心安理得地嫁给了淳于长做小老婆。许皇后一向瞧不起自己这位风骚而浅薄的姐姐。不过那天许嬤来长定宫看望她的时候,她还是很热情地欢迎了她。许嬤一进来就像条饶舌的母狗一样狂吠不已,唾沫星子直溅到许皇后的脸上。许皇后很大度地宽恕了这一切。没毛的凤凰不如鸡,还说什么呢?

许嬤故作娇羞状,笑着告诉许皇后她跟淳于长的美满姻缘:"我跟淳于长……嘻嘻……淳于长跟我……嘻嘻,我们是一家子了。"

许皇后望着她姐姐一脸绯红的幸福,不解地问:"哪个淳于长?"

"哟哟,啧啧,你看我这大妹子当皇后当的,怎么连淳于长是谁都不知道了?"许嬤说这话时,那股得意劲仿佛是做了皇后,"就是王太后亲姐姐

的亲儿子,皇帝的表兄弟,现做卫尉和侍中的定陵侯淳于长呀!怎么忘了?"许嬷薄薄的嘴唇爆豆子似的滚出一长串头衔来。

怎么能忘呢?那个油头粉面的淳于长,那个和皇帝陛下关系莫逆的淳于长,当年连赵飞燕当皇后都要走他的门子的那个人,怎么能不知道呢?许皇后像看个陌生人似的上上下下地打量着许嬷,惊奇这个一向不被自己瞧得起的女人究竟使了什么魔法,竟钓上了这么一条大鱼?同时也暗暗想,何不让姐姐求求淳于长,让他在皇帝面前美言几句,让自己重新投入皇帝的怀抱?可一想到求这个姐姐,许皇后就觉得脸上火辣辣的。踌躇多时,觉得还是求吧,皇后都丢了,这脸面又值几钱银子!

许嬷不等她妹妹羞羞答答说完,就一拍大腿道:"嗨,这有什么难的!你就是不提,我也是要说的,你就等着瞧好吧!"

许皇后喜极而泣,说:"姐姐如能玉成此事,我先给姐姐跪下了。"

"别,别,这可使不得!"许嬷假惺惺地拉起妹妹,心里早已乐开了花。她拉着皇后的手说:"妹妹,你看你外道了不是?咱们姐俩谁跟谁呀!包在我身上就是了!"她略停了停,又故作为难地说:"有句话我本不该提,就是,唉,就是,求人少不了应酬,你姐我一个寡妇家家的,哪有个余钱?劳烦淳于长去办事,总不能再让人家替咱搭人情,你说是不,妹子?"

"那是自然,那是自然。"许皇后讨好似的说,"用多少钱,只管来取就是了。"

从此许皇后就有了苦涩的希望。许嬷每次来总是带来些令她振奋的消息:长哥说了,这事包在他身上。长哥说了,他已经跟他姨妈王太后说了,没问题!长哥说了,他能让你当"左皇后"。长哥说了,他已经奏过皇帝了。长哥说了……许嬷神采飞扬地带着淳于长的美丽消息而来,又神采飞扬地带着许皇后叮当响的银子而去,来来去去犹如一阵轻风。许皇后狠狠地抓了一把又一把,除了空虚的兴奋从手指间散落下来,别的什么也没有。

许皇后急不可耐了,对她姐姐说:"我不指望做什么'左皇后',只要能做婕妤,我就心满意足了!"婕妤比昭仪低一级,比皇后低两级。

许孊正色厉声斥责道:"那怎么能行?长哥说了,他一定要让你做皇后!"

一天又一天,皇后的梦始终没有圆,而许皇后的银子却落潮似的见少了。许孊还是照常来,但来了就是跟她要银子。许皇后一问起说情的事,她就支支吾吾顾左右而言他,后来渐渐开始放肆,说出些嘲讽的话来。而淳于长写给她的信函也日见无礼,说她这般焦急是耐不住孤衾的寂寞,说她想当皇后是不知天高地厚。嘲笑完了再说上些热情得让人感动的话来安慰她,就好比拿一把锋利的刀子把她的脸皮一点一点地剥下来,拿给众人看够了然后再给她贴到脸上一样。许皇后真想解下腰间的丝绦,在院中那棵柳树上吊死算了。可她没那个勇气,又抵不住生的诱惑,在屈辱的泪水中等待着淳于长为她带来好运,等待着皇帝突然间的心回意转,等待着遥遥无期的奇迹出现。

秋天苍老不堪地走了,冬天又步履蹒跚地到来。许皇后早晨醒来时,看见了窗外纷纷扬扬的雪,雪片又大又白,晶莹剔透。这让她痴迷地想起了许久许久以前那个罩着红纱的冬天……

那个冬天,雪花也是这样地飘,但白皑皑的世界里多了一些红红的喜色。她披着红彩,踏着欢快的脚步进了太子宫。天气虽然冷,可她的额头还是汗津津的,又是紧张又是幸福。太子刘骜(就是后来的汉成帝)拉着她的手升阶入座的时候,她的心里就像揣着一面小鼓。她不敢抬头,但她感觉到太子在痴痴地看着她。她仿佛腾云驾雾一般把自己交给这个幸福的时刻,顺从地听凭人们的摆布。她在那个洁白玲珑的冬天成了太子妃。后来太子曾悄悄地对她说:"那天,你真好看!"

她掩口而笑,反问道:"那殿下呢?"

太子嘿嘿地笑。

其实她能想象出太子的样子。他们的婚姻是先帝(汉元帝刘奭)定的,先帝的亲生母亲就是她的姑妈许平君。许平君死得早,先帝即位后伤悼不已,就想出这么个主意来补救:选自己母亲的娘家侄女来做自己的儿媳,

还特意令中常侍和黄门来护送。后来听说中常侍和黄门们回去向皇帝禀报,说太子乐得眉开眼笑,说他们小两口真是天生的一对、地造的一双。先帝高兴得哈哈大笑,举着酒杯对众人说道:"来呀,来呀,你们快为朕祝贺,干呀!"

众人举杯齐呼"万岁",欢声如雷,经久不息。

那个雪花飘飘的冬天啊,多么令人难忘!

许皇后双手推开门,雪花伴着北风一起扑进来,吹到身上,刮到脸上,一片冰凉。冰凉的风雪使她从往事中醒来。

她还在想着那个如梦似幻的冬天,可那个冬天早已像雪花一样甜甜蜜蜜地消失了,不见了。她记得后来她为太子生了个男孩,男孩夭折了。不久先帝也死了,太子做了皇帝,她就当了皇后。她又为皇帝生了个女儿,不幸又夭折了。她多次从梦中哭醒,醒时还呼唤着死去的儿女。难道她的幸福和希望都随着那个冬天的消逝而消逝了吗?

做一个没有儿子的皇后就好像站在火山口上观风景,看似轻松潇洒,却不知什么时候会葬身火海。果然在河平元年(公元前28年)夏天,一些人就借日食为由,上疏说上天示警,咎在后宫。皇帝便诏命减省椒房、掖庭用度。许皇后见了诏书,心里别提有多么窝火多么委屈。她明白,那几两银子的用度算得了什么!可这是皇后的尊严和权力呀!她绝不容许到手的东西就这么白白地溜走!于是奋笔上疏,慷慨自陈。书曰:

> 妾伏自念,入椒房以来,遗赐外家未尝逾故事,每辄决上,可复问也。今诚时世异制,长短相补,不出汉制而已,纤微之间,未必可同。若竟宁(汉元帝年号,公元前33年)前与黄龙(汉宣帝年号,公元前49年)前,岂相放哉?家吏不晓,今一受诏如此,且使妾摇手不得……设妾欲作某屏风张于某所,曰故事无有,或不能得,则必绳妾以诏书矣。此二事诚不可行,唯陛下省察……又故事以特牛祠大父母,戴侯、敬侯(皆许皇后祖父)皆得蒙恩以太牢

祠,今当率如故事,唯陛下哀之!

皇帝读了许皇后的疏文后,竟毫不怜悯皇后的苦情,反而把大臣们所言"灾异咎验皆在后宫"的奏章一股脑扔给皇后看,还写了回信以大义责备皇后说:

吏拘于法,亦安足过?盖矫枉者过直,古今同之。且财币之省,特牛之祠,其于皇后,所以扶助德美,为华宠也。咎根不除,灾变相袭,祖宗且不血食,何戴侯也!传不云乎!"以约失之者鲜。"审皇后欲从其奢与?……孝文皇帝,朕之师也。皇太后,皇后成法也。假使太后在彼时不如职,今见亲厚,又恶可以逾乎!皇后其刻心秉德,毋违先后之制度,力谊勉行,称顺妇道,减省群事,谦约为右,其孝东宫,毋厌朔望,推诚永究,爰何不臧!

许皇后接到诏书,心里沉甸甸地不好受。说什么"咎根不除,灾变相袭",难道这"咎根"、"灾变"就真的在她这里吗?减了用度,还说这是"扶助德美",是"华宠"。唉,有这么扶助和宠幸的吗?还说:"皇后真个要纵情享受了吗?"我的天哟!

于是许皇后便不再言语,默默地接受了这省减用度的华宠。

雪越下越大,远处是白茫茫的一片,什么也看不见了。那棵柳树在风中疲惫不堪地摇着头,晃着身子,仿佛要摆脱这雪的纠缠;又好像一个饱经沧桑的老人,垂头丧气、无可奈何地在风雪之中踯躅。

许皇后望着满天的风雪想:皇帝大概就是那个时候疏远自己的吧。

许皇后的厄运其实是在赵飞燕姐妹入宫后才真正开始的。

容华绝代的赵飞燕和她的妹妹赵合德像一阵扑鼻的香风一样吹进宫来,吹得好色如命的皇帝骨软筋麻、晕晕糊糊,吹得宫中红粉佳人敛眉低首、拱手称臣。那阵仗,那气势,能把整个地球都淹没了。

但吹到皇后这儿却遇到了阻力。赵飞燕姐妹入宫后第一次拜见皇后,许皇后就没给她们好脸子,头不抬眼不睁的,鼻孔里连哼也不哼一下。直到那姐俩跪得膝盖发麻、腰背酸疼、脖颈僵直,这才凤恩浩荡、不很情愿地说:"免了吧!"

后来许皇后就对班婕妤说:"姓赵的这两个贱货是什么东西!狗屎!妖里妖气的,不就是脸庞俏点、眼睛浪点、皮肤白点吗?一个下贱得再也不能下贱的奴婢,也敢这般作张作势、乔模乔样地勾引皇上!哼,总有一天叫她们犯在我的手里!"

许皇后这话说得实在有点冒傻气。在这美女如过江之鲫的后宫之中,不就是要弄个脸蛋和年轻吗?娇美的容貌就像一块具有巨大吸力的磁铁,它在什么地方,就能把权力的魔杖吸向什么地方。这是后宫中每一位如花美眷必须心领神会的人生真谛,谁漠视了它,谁就等于拿自己的脑袋开玩笑,活腻了。

许皇后现在就正拿自己的脑袋开玩笑。许皇后实在算不得年轻了。俗话说:"人过三十天过午。"就她这年龄,在宫中人看来,别说"过午",恐怕早已是暗淡无光地栽向西山去了。可她还在那儿吹胡子瞪眼、不知死活地"拿大",犯傻不是?

果然没过多久,仇恨满怀、妒火万丈的赵氏姊妹就开始反扑,以报当初那一箭之仇。她们说皇后、班婕妤还有皇后的姐姐许谒等人挟媚道祝诅后宫,而且祝诅之中还咒骂了皇帝。这还了得?皇帝马上下旨严办,于是抓的抓,拿的拿,关的关,押的押。班婕妤是个聪明人,当拷问她时她说:"臣妾听说'死生有命,富贵在天'。走正道、修正业还不定能不能蒙福呢,何况歪着心思走邪道?假如鬼神有灵验,他绝不会受理这不臣的祝诅。要是没灵验,说了又有什么用?所以我绝不会干这种傻事!"皇帝听了赞不绝口,不但免了她的罪,还另赏黄金百斤。

许皇后没这口才,更没这心计,只会怒发冲簪,暴跳如雷。但她暴跳如雷不如皇帝暴跳如雷,皇帝一暴跳如雷,她就既不"暴",也不"跳",更不"如雷"矣。皇帝拿着从皇后的姐姐处搜来的小木偶人,递到许皇后眼皮底

下说:"你说你没有,这是什么?你说,这是什么?"

许皇后见了很惊讶:"怎么?她真这么干了?我还以为她说着玩呢。"她是说她的姐姐许谒。

一句话说走了嘴就露了馅,她自己还没觉察,听话的人可早留了心:噢,真有这么档子事,那还有啥说的!于是皇后的老姐许谒和那些神通广大、法力无边的女巫们一起被砍了头,许皇后被废居上林苑中的昭台宫,外戚贵族一个个都被打发回了山阳老家。

许皇后下了台,赵皇后接着登了场。这宫中的悲喜剧虽然还没演完,可主角已经换了人。许皇后的戏已经演到可怜又可悲的尾声了。

许皇后渐渐地记起来:她被废的那天也是个雪花飘飘的日子,那是在鸿嘉三年(公元前18年)的冬之月。她在雪花飘飘的日子里喜气洋洋地做了太子妃,又在雪花飘飘的日子里从皇后的宝座上跌下来,从此一蹶不振,再也没有翻身。她疑惑不定地想:眼前这雪是好兆头呢,还是坏兆头?

前些日子淳于长曾来信说,陛下可怜许氏家族人丁凋零、祠庙荒芜,已诏命允准从前被遣归故郡的许皇后娘家侄儿平恩侯许旦重返京城了。许皇后着实欢喜了好一阵子,这就是说自己已有重见天日的希望了?老天有眼哪!

可是许多天又过去了,怎么还是死气沉沉的没有一丝消息?

许皇后从早晨醒来后就一直心神不宁,坐一会儿站一会儿,推开门又关上门。她取来披风和斗笠,正想去庭院里看一看雪,望一望柳,或者是什么也不看也不望也不想,闭着眼睛瞎走一通。可就在这时来了人。

来的是廷尉孔光。

当孔光持着节符,把皇帝赏赐的一包物事放在许皇后面前的一刹那,她什么都明白了。披风和斗笠从她的手中脱落下来,像雪片一样落到地上。泪水绝望地涌出来,哗哗直流,仿佛某个夏季里的一场热雨。

十年了,难道冥冥之中就是为了这个时刻而等待吗?为什么?

为什么?

110

孔光在宣读圣旨。孔光的嗓音有些沙哑,但读得抑扬顿挫、一丝不苟。圣旨中说:皇后许氏被废居长定宫中,本应闭门思过,反与定陵侯淳于长相交通,书函往来,戏侮莫禁。此已于妇德有亏,更欲谋立左皇后,罪不可赦……

许皇后一句也没有听进去。她在木雕泥塑般地呆立半晌之后,突然像发了疯一样地喊:

"不!不!我不想死!我不想死!我不想死呀,陛下——"

这疯狂的嘶喊就像一把利刃一样,把孔光的声音切得破碎不堪,连不成片,但孔光还是坚定不移地读了下去,直到读完。

许皇后确实没有活够,她宁愿做个卑贱的宫人,也不想结束自己的生命。可这生命已不属她所有,廷尉的手下已经十分热心地过来帮忙了。他们就像拎一只小鸡一样抓着她的胳膊,揪着她的头发,撬开她的牙关,把毒药灌下去,然后便像扔一只死猫烂狗一样把她扔到了地上。

许皇后死在一个大雪飞扬的冬天。那个冬天玲珑剔透,白得让人伤心。

妖艳狠毒的赵氏姊妹

汉成帝刘骜的皇后赵飞燕是个出了名的美人。

不过平心而论,在美女如云的后宫史中,赵飞燕绝对算不上空前绝后的花中第一魁首,至少"环肥燕瘦"中那位和她并驾齐驱、同享"美"誉的唐明皇的贵妃杨玉环就不见得比她逊色;而另一位汉昭仪赵合德却是千真万确地要比她美艳。赵合德是她的亲妹妹。

这姊妹俩从哪里来?她们是怎么当上皇后和昭仪的?这是个让人惊愕、让人叹羡、让人伤心、让人同情、更让人深思的故事。

史书上说:"孝成赵皇后(飞燕),本长安宫人……"

汉成帝鸿嘉三年(公元前18年)。长安,阳阿公主府第。

府上仿佛遇上什么特大喜事似的,弦管悠扬,轻歌曼舞,一片春风荡漾。香气缭绕中,奴婢们擎着山珍海味络绎不绝地送上席间来。席上坐着阳阿公主,还有一位男子。那男的三十多岁,鼻直口方,大眼宽额,身着便服,神态举止间颇有些富贵气象。

阳阿公主亲奉玉盏,对那男子说:"陛下,请!"

那男子也举杯微笑:"公主,请!"

这男子正是当今天子汉成帝刘骜。刘骜十八九岁上登基坐殿,一晃便是十多年过去了。刚开始的时候还觉得很新鲜,兴致勃勃地、撸胳膊挽袖子地要大干一场。可时间一长就觉得烦了,天天要听那些道貌岸然的朝臣们煞有介事地唠叨个没完,天天要看那些花枝招展的后宫女人故作风情地在他眼前飘来荡去,烦死了!于是他就常常带几个小黄门,换上便服,人不知鬼不觉地溜出宫去,自由自在地找乐子去。

阳阿公主早就想巴结皇帝,只是没有机会。现在皇帝自己找上门来,

真是喜从天降。不过现在看来,什么都不用了。皇帝在那儿色迷迷地盯着舞池,早已痴了,呆了,魂出窍了。阳阿公主一看,心里这个乐呀,就像三伏天里喝了杯冰镇酒,寒冬腊月洗了个热水澡,别提有多舒坦了。原来皇帝看上跳舞的那个小妞了,眼睛像两把冒着火星的钩子一样钩着那个女子不放。

这女子就是本故事的主角,叫赵宜主,因为身轻似燕,所以人称赵飞燕。她还有个妹妹叫赵合德。两人都是迷人的年纪,像两朵含苞待放的鲜花,娇艳无比。老家令赵临那天带着姊妹俩来见公主的时候,阳阿公主一眼就看出这是两个天上少有、地上难寻的美人胚子,更兼唇红齿白,莺声燕语,惹人怜爱。阳阿公主不住地啧啧赞叹,说就像那画上描下来的,想不到赵临你这老东西竟有这么两个美得惊人的宝贝女儿,真不知是哪辈子修来的福气。赵临忙说哪里哪里,都是公主夸奖。心里却有些惶惶不安,仿佛一个做贼的不巧被人撞破了秘密。这对双胞胎姊妹哪是他的什么"宝贝女儿"!那是在一个传奇般的日子里,不知从什么地方飞来了这么两只可人的小鸟,降落在赵临家的隔壁,孤孤单单,无依无靠。赵临见她们可怜,就不时地照拂体恤。两姊妹十分乖巧,磕头如捣蒜似的认了赵临做干爹,还找来一些绸缎,亲手描花刺绣献给干爹,以表干女儿一片孝心。赵临的老脸乐得皱纹倍增。可是一问起她们的家世,姐妹俩便摇头,一摇便摇出一脸的迷惘和困惑来。

"你们真的不知?那个姓冯的小舍人是你们什么人?怎么他姓冯你们却姓赵?噢,你们不是小冯舍人的女儿,是赵曼中尉的女儿。多可怜的孩子呀!"

赵临无限同情,两姊妹也不觉珠泪潸然。但是赵临还是弄不懂她们为什么不和父亲在一起,而要依附一个毫无关系的陌生人。甚至在小冯舍人死后,她们宁愿流落长安,也不肯回到父亲的家中。

这其中的奥秘别说赵临猜不透,就是赵氏姊妹自己也未必晓得。其实那位毫无瓜葛的冯万金冯小舍人正是她们的亲生父亲,她们的母亲便是江都亲王刘建的女儿姑苏郡主。姑苏郡主嫁给江都中尉赵曼,这本来是个

十分甜蜜的好姻缘,谁知赵曼有病,干那事根本不行,惹得郡主心头怅恨好不烦闷,恨自己的父母不长眼,把自己推进了火坑,恨赵曼担了个男人的虚名,却是绣花枕头银样镴枪头中看不中用,恨自己命苦有如黄连,这一辈子算是陪着这行尸走肉白来人世走一遭。恨够了也骂够了,一睁眼,却在丈夫的饭桌上意外地见到了一位撩人的小生。一打听才知道姓冯,名万金,是江都王协律舍人冯大力的公子。冯大力是位乐器大师,这冯万金也不含糊,手指头在弦上随便拨弄两下就有说不尽的韵致。况且又有个俊俏脸蛋,竟使那位视女色如粪土的赵曼动了心,连吃饭的时候如果没有冯万金陪着也觉得毫无滋味。这么一个可人,郡主哪有不爱的道理!冯万金也是风月场中的过来人,自然是心领神会,四目相撞就撞出些无法言说的意思来。然后就是一个疯狂火爆的传奇故事,再后来姑苏郡主的肚皮就大起来。姑苏郡主心如明镜,就装神弄鬼说自己大病缠身病入膏肓,性命难保,然后借口养病回了娘家江都王府。直到双胞胎姊妹出世,这场旷日持久的"大病"才告结束。这双女儿是不便引回来见赵曼的了,那就只好送给冯万金,让他也知道自己是怎样不遗余力地报答了他的一场雨露恩。冯万金也不敢公开承认这是自己的骨肉,便让她们还是姓赵,大的取名宜主,小的取名合德,宝贝似的养在府上,惹得阖府上下无不妒火中烧侧目而视。所以冯万金前脚咽气,她们后脚就被挤出家门,一路上迎风冒雪流浪到长安,然后才认了赵临这个干爹。阳阿公主哪知道还有这么个浪漫故事,还以为是赵临这个憨人的杰作呢!让赵临尴尬了一场。

阳阿公主收下这两姊妹做歌舞女,没料到今天会派上这样大的用场,对自己的远见卓识得意不已。再看皇帝,还是那样痴迷地望着。阳阿公主微笑不语,心里早已将如意算盘打得噼里啪啦直响。

皇帝那副馋嘴猫的样子满大厅里人都瞧得一清二楚,就他自己瞧不见。众人就掩着嘴偷偷地笑。赵飞燕自己也见到了,一张粉脸便飞上了两片羞红的云,于是更加卖弄风情。只见她步履轻盈,乍疑乍惊,仿佛高唐神女初出云岫;舞袖飘飘,如进似退,好似嫦娥降自广寒;纤腰一搦,如风摆细柳,忽颦忽笑,顿觉满屋生娇。别说碰上刘骜这么个嗜色如命的主,就是

个石头人,这会儿也早已雪狮子向火酥了半边了。曲终人散的时候,皇帝还没从那痴呆的情境里醒转,连阳阿公主的问话都没听见。

阳阿公主笑问道:"陛下可满意?"她不明说指什么。

皇帝笑着说:"满意,满意。"过了片刻又问:"这女子是——"

"她是天女下凡,是专为陛下生的。"

"那就——"

"臣妾遵旨!"

"哈哈哈——"

当天晚上阳阿公主就亲自出马,把赵飞燕送进宫中。

史书上说:"上(汉成帝刘骜)见飞燕而悦之,召入宫……"

赵飞燕有个姑表妹姓樊,在宫中做女官。见赵飞燕入宫,直吓得花容失色有如死人,暗暗埋怨,说飞燕啊飞燕,你这个野丫头是不是疯了?自己有心病自己难道不知?要让皇上查出来,你就有十个脑袋也不够砍的!瞧你还这般得意,只怕一会儿连哭也哭不及呢!

原来赵飞燕住在陋巷的时候曾和邻里一个射鸟的小伙子相好,恋得如胶似漆拆解不开,赵飞燕也早已不是处女之身了。这要被皇帝察觉……真不敢再想下去。

皇帝在宫中等待得抓耳挠腮,恨不得立即成其好事,所以赵飞燕一入宫,马上就被召幸。可是不管皇帝怎样心急如火,赵飞燕就是不起身应战,只是紧抱着身子缩成一团,恐惧战栗泪流满面,就像一只受了惊吓的小鸟,楚楚动人。皇帝越看越爱,哪忍心使强,怀抱美人干咽了一宿唾沫。

别的妃嫔听了都纷纷为皇帝打抱不平,说:"这个野舞女有什么好?值得陛下这般轻怜轻惜?"心里其实希望皇帝把她驱出宫去,或者干脆一刀杀了,免得和自己争宠。

皇帝对这些浅薄之见嗤之以鼻,斥道:"你们这些胁肩谄笑的粗俗之辈懂得什么!把你们加到一块也比不上她的一个脚趾头。"然后又像陶醉了一样,如梦似幻地说:"她可真美啊!看上去很丰满,抱在怀里又柔得不得了,好像连骨头都没有。既羞涩又恐惧,虽然热烈,但又很有分寸,真是

个知情达理的美人啊！"

一连三天皇帝都没得到多少实惠，可皇帝不羞不恼，反而加倍怜惜，这足以证明那句"得不到的东西才是最珍贵的"俗语。第四天皇帝终于如愿以偿，马上传旨，封赵飞燕为婕妤。

圣旨传出，赵飞燕的樊表妹才将一颗悬着的心放回到肚子里，心里却纳闷：这个小妮子是用什么法子骗过皇帝的呢？

樊女官这时早已把原来的恐惧和担忧抛到九霄云外去了，便仗着胆兴冲冲地跑到皇帝跟前大献殷勤，说："陛下，飞燕还有个双胞胎的妹妹叫合德，长得和飞燕一样漂亮。"

"可当真？"皇帝眉开眼笑，顿时来了精神。

"当真当真，臣妾若有妄奏，情愿受罚。"

皇帝心花怒放，立即派舍人吕延福拿着自己的手书，抬着百宝凤辇去接赵合德进宫。皇帝先到云光殿去等着。

一会儿工夫，步辇抬到殿前。樊女官上前揭开辇帘，从辇上扶下赵合德来。只见她黑黑的头发就像乌云卷起，黛眉细长，一张樱桃小口恰到好处地涂了朱红，嫩脸含春，肌肤像雪一样洁白细腻，轻移莲步，款扭柳腰，袅袅婷婷地走上殿来。

众人这时都被她美丽的容貌给惊呆了，伸着脖子啧啧赞叹不已。皇帝更不必说了，早已是魂不附体，想入非非了。

一屋子人中只有一个没被这天姿国色所征服，这个人就是宫中教习沉香博士淖方成淖夫人。淖夫人当时正站在皇帝的身后，见了赵合德那妖妖艳艳的模样气就不打一处来，朝地下"呸"地吐了一口唾沫，小声咒骂道："这小妖精是祸水啊，汉家的火德非叫她给灭了不可！"她这话本该说得平淡如水而又意味绵长，就像某个空旷静寂的神殿中传出来的声音一样，那样她就可以以一个伟大的预言家的身份而被载入神的史册。可惜她动了怒，这除了证明她妒火中烧之外，还容易叫惊羡赵合德美色的人们认为，她对于"美"是个十足的"门外婆"。

当天夜里皇帝就临幸了赵合德。在经过一场近似疯狂的甜蜜鏖战之

后，皇帝觉得飘飘欲仙。他把头埋在赵合德那洁白如雪起伏不平的酥胸上，流下了幸福的热泪。他对身旁的樊女官说："这是温柔乡啊！我这一辈子就打算终老在这温柔乡了，绝不学武皇帝费心劳神去求什么仙人所居的白云乡了！"皇帝的样子真叫人感动。樊女官也陪着皇帝一起流泪，她匍匐在地口呼"万岁"，说恭贺陛下，陛下这才是真正地得道成仙啊！

从此皇帝就隐居在赵合德的温柔乡里了。

史书上说："（飞燕与女弟）俱为婕妤，贵倾后宫。许皇后、班婕妤皆失宠。于是赵飞燕谮告许皇后、班婕妤挟媚道祝诅后宫，詈及主上。许皇后废处昭台宫……"

永始元年（公元前16年）皇帝想立赵飞燕为皇后。皇帝对母后说："孩儿想立飞燕为后。"

皇太后过了好大一会儿，才冷冷地问道："哪个飞燕呀？"

皇帝吃惊地看着皇太后，赵飞燕隔三岔五总要来向太后请安，怎么会不知？

"就是阳阿公主家跳舞的那个赵飞燕。"

"哦，我还以为是哪个高贵体面人家的女孩，原来是个舞女呀。"

皇帝从母后的话中听出了不屑和轻蔑，这才明白母后何以明知故问，那是嫌弃赵飞燕出身微贱，根本不同意立她为后。

皇帝很苦恼。

皇帝就动用了说客。这个说客复姓淳于，单名一个长字，他是太后姐姐的儿子，现为侍中，最得太后宠爱。皇帝便请他出面。淳于长也很卖力地奔波于未央宫和长乐宫之间，这一年多的时间里也不知靴底磨平了几双，嘴唇磨破了几层，总算不负皇帝重托，说得皇太后心思活了口风松了，看来事情已有了些眉目。皇帝高兴，赵飞燕姊妹更高兴，于是便有许多勾魂摄魄的娇态做出来，惹得皇帝心跳加快呼吸急促血压上涌，便指天发誓拍着胸口打保票，说："皇天在上，朕定要立爱卿为后！"

就在这个杜鹃声声、细雨如烟的季节，皇帝先封赵氏姊妹的父亲赵临为成阳侯。

这也是皇帝的一番苦心,你们不是嫌赵氏出身微贱吗?这回成了侯爵的女儿,看你们还有什么可说的!

大臣们都是在官场上混了半辈子的人了,这关节还能猜不透,就都无言。可巧有一个刚从下面迁升上来的谏议大夫叫刘辅的,不知好歹,慷慨激昂地上了一疏,内容大致为:

"皇上您为了情欲,宠爱出身卑贱的赵飞燕,想立她为后,这是上违天意、下逆民心的行为,必会造成伦理纲常上的混乱。俚语说,腐木不可以为柱,人婢不可以为主。您若不顾上苍的旨意,必会给国家带来灾难。这个道理外面的人都知道,朝廷却不管不顾。我身为朝臣十分伤心,只有冒死上表忠心。"

皇帝见到奏疏,气得面色铁青直想骂娘,立即命人将刘辅这个不知天高地厚的家伙抓来,关进了宫廷中的秘密监狱:掖庭秘狱。多亏了众人求情,这才免了他的死罪,罚他去做"鬼薪",也就是给宗庙抱柴火去了。

这一下,再也没人敢多嘴了。

就在这一年的6月,赵飞燕被立为皇后,妹妹赵合德也晋升为昭仪。

史书上说:"皇后既立,宠少衰,而其女弟绝幸,为昭仪……"

赵飞燕当上皇后以后的确欢天喜地了那么一阵子,可没过多久就有些忧愁袭上了心头。

头一件就是皇帝对自己的热情不如从前了。皇帝整日整夜都泡在妹妹赵合德那里,还特意给她在昭阳宫中修建了一处寝宫:中庭是一片艳丽的红色,殿上的楹柱刷着珍贵的漆,门限是用稀有的铜做的,上面镀着一层黄灿灿的金子。殿前的台阶是用洁白的玉石砌成的,殿内墙壁的横木带上悬挂着一盏又一盏制作精美的灯,另外还镶嵌着蓝田产的美玉和熠熠生辉的夜明珠,再用翠鸟羽装饰起来,别提有多富丽堂皇了。和她那儿一比,自己住的这远条馆太寒酸了。皇帝和赵合德白天黑夜地寻欢作乐,单单把她一个皇后闪在一旁不理不问的,心里怎能不烦?

不过这事虽然让赵飞燕有些不快,但也算不了什么,反正是自己的亲妹妹,自家的水流自家的田,一奶同胞,你的就是我的,还分什么彼此。最让赵飞燕头疼的是她怎么努力也没生出个芝麻粒大的孩子来。

儿子,儿子,赵飞燕是多么渴望生个儿子啊!有了儿子,才能保住她的权力和荣华富贵。

为了能有个儿子,赵飞燕算是豁出去了。皇帝不来亲近也没关系。于是她就暗中打听,凡是生儿子多的男人,管他是侍郎还是宫奴,一律登籍造册,然后轮番召幸,让他们逐个前来效力。那些后生小子们对皇后的美貌一直垂涎三尺,早就想一亲芳泽,所以皇后一呼,自然是招之即来。

可是赵飞燕的肚子还是不见有丝毫动静。

赵飞燕的肚子不见有动静,皇帝那里却听到了些风言风语,于是就留了心。有一次赵飞燕和一位姓陈的宿卫之子同赴巫山之会,正在颠鸾倒凤的时候,皇帝突然驾到。走是走不脱的了,赵飞燕手疾眼快,就像塞一团烂棉花一样把那个姓陈的小子胡乱塞进衣厨里,然后撩着凌乱的云鬓腼着红扑扑的脸庞去迎拜皇帝。皇帝见皇后这个模样,便有些疑心,伸着鼻子像猎狗一样在屋中嗅了一圈也没嗅出什么来。正准备转身离去,忽然听见一声轻咳,仿佛是男人的声音。皇帝就问:"是什么声音?"赵飞燕吓得面无人色,说:"没、没、没什么,是、是我,咳嗽,咳!咳!我受了点风寒。"

皇帝看看,也确实没什么,就走了。回去跟赵合德如此这般说了一回,还说有很多人都这么说,看来是真的了。赵合德暗暗叫苦,心里直埋怨姐姐做事太不思量,这可不是闹着玩的。口上却在替姐姐抱屈,说陛下你也知道我姐姐性子刚直,免不了要得罪人,那些人就背地里乱嚼舌头根子栽赃诬陷我们姊妹,陛下啊,如果你也信这没根没影的话,我们老赵家可就要断了根绝了种了!呜呜呜……赵合德说到伤心处不觉泪如雨下,凄凄楚楚得让人可怜。皇帝便不忍心再追问下去,权当自己做了一场梦。

赵飞燕思子心切,便去请教承光司剂上官妩。上官妩觉得赵飞燕浑身上下散发着扑鼻的芳香,便问:"不知娘娘每日里都用了些什么香?"

赵飞燕说:"其实也没什么香,除了洗浴时用些五蕴七香汤之类的东西之外,再就是用过一种雄麝息肌丸。"

上官妩点头道:"这就是了,怪不得这样。"

赵飞燕问:"怎么回事?"

上官妩说:"毛病就出在娘娘所用的息肌丸上,这东西虽然能保养肌肤使人年轻,但却最妨子嗣,孕妇尤为禁忌。"

赵飞燕见上官妩说得严重,差一点急得哭出声来,便问:"可有解救的法子?"

上官妩不住摇头,说:"难哪!试一试看吧,只恐奴婢无能。"

于是上官妩就教赵飞燕用一种美花煎汤洗浴,三天一次,万不可缺。赵飞燕自然严格遵守。从此远条馆就开始浮动在袭人的花香里,惹得那些狂蜂乱蝶一个个神魂颠倒,天天在远条馆的上空徘徊。

可她仍然没有儿子。

赵飞燕夜夜叹息。

元延元年(公元前12年)是罪恶的一年。

赵飞燕姊妹自己没生儿子的能耐,却加倍地妒忌和仇视别人有这能耐,凡是和皇帝上过床的、怀了孕的、生了子的,甚至是肚子大的,就想方设法把她给弄死。几年下来,后宫之中真的连一个皇子都没剩下。

两姊妹很高兴。

皇帝没儿子,心里烦闷,脸上就多是阴云天气。每当这个时候,两姊妹便像小鸟依人般投入他怀中,似娇似嗔地说道:"陛下有什么可愁的,不就是儿子吗?她们能生,难道我们便不会?"

皇帝一想,也对,这么两个天仙似的美人要是生出儿子来,那还不聪明得连孔圣人都要执弟子礼?于是脸上便有些放晴,笑着对两姊妹说:"好,好,生吧生吧,给朕生他十个八个的!"

赵合德在一旁故作忧愁状,说:"只怕陛下用不了多久就对我们姊妹厌烦了!"

皇帝说:"那怎么可能?朕绝不相负!"然后指着赵合德的酥胸说:"若负爱卿,就教朕死在这温柔乡里好了。"说完哈哈大笑。

皇帝虽然信誓旦旦,可有时也难免馋嘴猫似的打点野食。这一年正

月,不知怎么就心血来潮看上了赵飞燕宫中的曹宫女,趁赵飞燕不在,便将她悄悄地召来。

曹宫女还以为自己这一辈子都不会发迹呢,谁承想喜从天降,乐得她连拍巴掌带蹦高,不知怎么着才好。

她高兴,可她的对食却撅了嘴巴。"对食"就是假相好的。那时候宫门一入深似海,做了宫女,别说陪皇帝上床了,就是想出宫为民找个老公过日子也比登天还难哪!万般无奈,只好互为夫妻,你若是男的,我便是女的;你若是女的,我便是那男的。虽然都是一样的涂脂抹粉,一样的莺声燕语环佩叮咚,搂抱在一起也解不得饥消不得渴,但总算有了个慰藉,这个名堂就叫"对食"。

曹宫女的"对食"是宫女道房。道房见曹宫女如此亢奋,对自己却又不理不睬,不知她是中了哪门子邪,就问:"这是怎么了你?"

曹宫女吃吃地笑,然后神秘兮兮地凑到道房耳边说:"告诉你吧,皇帝召幸我了!"

道房又是吃惊又是羡慕,还有那么点酸溜溜的滋味,就对曹宫女说:"真有你的!好本事,了不起!给你贺喜了!"

曹宫女当然很得意。几个月后她就开始恶心呕吐,懒懒的没有精神,肚子也很不安分地膨胀起来。曹宫女先是大惊,然后是狂喜,觉得这是个好兆头。过了些日子,曹宫女的母亲曹晓入宫来看女儿,见女儿肚腹隆起成山丘状,还以为是哪个混账小子占了女儿便宜,就问女儿这是怎么了。曹宫女就无限甜蜜地把那个浪漫的故事复述了一遍,笑着告诉母亲说:"皇上召幸我了!"

曹晓也为女儿高兴,可她毕竟是个老宫女了,知道这其中的厉害,便拉着女儿千叮咛万嘱咐了一回,这才叹息着去了。

这一年的10月,曹宫女在掖庭牛官令舍产下了一个白胖的儿子。母子平安,大家都为她高兴,曹宫女也为自己生了个这么好的儿子而激动得热泪盈眶。正在一团高兴的时候,却见掖庭狱丞籍武捧着诏书走了进来。

众人一下子惊得说不出话来。

籍武也是一副无可奈何的样子，十分不忍地对曹宫女说："中黄门田客命老奴前来迎取曹宫女、新生儿和这里的六个侍婢去掖庭狱暴室，不准问这孩子是男是女或是谁的，只管拿来。老奴圣命在身，由不得自己，只好得罪了。"

曹宫女觉得好像掉进了冰窟中，心彻底凉了。她哭着乞求籍武说："籍大人，求求你好好照看我的孩儿吧，可怜他刚刚出世就遭了大难。籍大人，你可知道这孩儿是怎样一个孩儿吗？"

籍武心慌意乱，吭哧了半天也不知该说些什么，只是默默地把她们带走了。

过了三天，田客又拿着皇帝的诏书来问籍武那孩子死了没死。籍武就在奏牍背上写道："孩子见在，还没死。"田客拿着奏牍回复皇帝，不一会儿就跑出来说："皇上和昭仪都发了脾气，问为什么还不杀了那孩子？"

籍武长叹一声，泪流满面，跪地叩头道："我知道不杀这孩子，是死；杀了，也是死。求你回奏陛下，陛下还没有继嗣，贵也好贱也好，这可是陛下的亲骨肉啊！乞请陛下三思！"

田客又一次去复奏皇帝，不一会儿又走马灯似的回转来，拿出诏书对籍武说："皇上说了，让你今晚漏上五刻带孩子去东交掖门交给王舜。"

籍武问田客："陛下听了籍武的奏疏，脸上有什么反应？"

田客说："没说什么，就是两眼发直。"

籍武和田客二人欷歔感叹了一番，见无可挽回，只得照办，把孩子交给了中黄门王舜。听说王舜对这小孩也很照顾，还为他找了个乳母；后来又听说是宫长李南奉旨取了去；再后来就什么也听不到了。这个出生二十几天的男孩就这么无声无息地没了。

籍武好不伤心。可田客又奉旨来到了掖庭狱，手里还捧着个小绿匣子。他对籍武说："把这小匣子里的东西交给曹宫女，陛下要你亲自看着她喝了。"

籍武知道曹宫女这回也活不成了，打开匣子，取出两枚药和一张小纸条。曹宫女接过纸条来一看，见是皇帝御笔亲书，上面写道：

"伟能,努力饮此药,不可复入。"

曹宫女放声大哭,没想到一夜雨露之恩竟招来杀身之祸!一死不足惜,可她忘不了孩子。她颠三倒四地哭着问籍武:"我的孩子!我的孩子在哪儿?我那孩子额头上有壮发,长得就跟他爷爷孝元皇帝一模一样。我那孩儿现在在哪里?我知道赵家姊妹放不过我们母子,恐怕孩儿也早已遭了毒手了。天哪!怎么样让长信宫太后知道点消息,救我那可怜的孩儿一命呀!"

曹宫女就这么哭着喊着踏上了黄泉路。

元延二年(公元前11年),又一个罪孽深重的年月。

中黄门靳严奉旨陪着乳医去给刚生产不久的许美人看病,还送去了皇帝给的三丸珍贵的保养身体的药。等他回到饰室准备向皇帝复命的时候,却听见里面在大吵大闹。他不敢进去,便站在门口等着,里面的吵闹声像一阵阵爆竹炸响,直撞出门来。

"好啊,原来一直在骗我!我一问从哪儿来,就说从皇后那儿来。既是从皇后那儿来,许美人的孩子又是从哪儿来的?说吧,是不是又想立许美人为皇后了?"这是昭仪的声音,却没听见皇帝说什么。接着便听见昭仪捶胸顿足号啕大哭,皇帝在小声地劝。可是越劝哭声越高,闹得也越凶。只听里面"扑通"一声好像是从坐床上掉到了地上,然后又是砰砰的撞击声。皇帝声音慌乱地劝着:"别撞了,别撞了,要是撞出个好歹来可怎么好?"原来是昭仪在用头撞柱子。只听昭仪泼妇似的又哭又闹,说:"我没法活了!现在就安置了我吧,我要回家了!呜呜呜——快把这些破饭端开,我什么也不吃,干脆饿死好了!呜呜呜——"

就听皇帝说:"唉,你看你这是怎么了?许美人生子,朕好心好意来告诉你,你就气成这样,真是好没道理。好吧,你不吃,朕也不吃!"

靳严在门外觉得挺逗的,就想笑,可又不敢,就强忍着。心想要是皇帝真不吃饭,让太后和大臣们知道了,那可有好戏看了。

昭仪还在里面嘤嘤啜泣,过了许久,才抽抽噎噎地说:"我不吃东西是

123

为了我命苦,陛下为什么不吃?"声音比先前弱了许多。皇帝没做声。昭仪又恨恨地说:"陛下常说,'绝不负爱卿!绝不负爱卿'!这回怎么着?许美人有了儿子了,这不是负约是什么?"说罢又哭。

皇帝嗫嚅道:"朕是说过不负爱卿,不让天下任何人位在赵氏之上,许美人不过是生了个儿子,又不是立她为后,你就急赤白脸的,犯得上吗?"

昭仪抢白道:"还说不是立她为后,这不是明摆着的事吗?"说着又大放悲声。

皇帝劝道:"好了好了,别哭了,依你就是了。"于是就朝门外喊:"来人!"靳严挺了挺身子,走到帘外应了一声。皇帝就把御用的盛书绿囊交给靳严,说道:"你把这书信交给许美人,她会有东西给你的,你就带到饰室来。"

靳严接了圣旨,也不敢问,就去见许美人。许美人果然把一个苇编的箱子交给靳严。靳严接过箱子带了回书往回走,也不知道箱子里是什么东西,走着走着,就听里面哇的一声有哭声传出来,原来是许美人生的儿子!靳严抱着箱子回来,把箱子放在饰室帘南就退了出去。过了一会儿其他人也一一退出,里面就只剩下皇帝和昭仪,门关得严严实实。又过了一会儿,皇帝推开门叫侍婢们进去,就听皇帝吩咐说:"这箱子里面有个死婴,把它交给掖庭狱丞籍武,找个僻静地方埋了,别让人知道。"

靳严惊得目瞪口呆。这孩子明明是皇帝的亲生儿子,皇帝又没儿子,怎么就狠心……靳严摇头叹息,顿觉忽忽若失。

史书上说:"(绥和二年三月)丙戌,帝崩于未央宫……"

皇帝太爱赵氏姊妹了,爱得轰轰烈烈如醉如痴,他两次亲手杀死自己的亲生儿子便是这"爱"的最好见证。

皇帝这一爱不要紧,身子骨可有点吃不消了。没有办法,只好吃药顶着。那时候炼丹的方士多的是,丹药自然也多的是。这药都由昭仪保存着,每次给皇帝吃一丸,就够乐一晚上的了。昭仪和皇帝都对方士感激不已。

后来有那么一天,昭仪吃了点酒,酒意微醺,微醺的美人朱颜酡,脸似桃花娇艳可人,皇帝就动了情。昭仪一次就给皇帝吃了七丸,两个人就携

手进了九龙帐。

当鸟儿唧唧喳喳地飞向树间花丛的时候,头重脚轻的皇帝也正准备起身。可惜他起不了了。他拿过衣裤想要穿上,手不听使唤,一点力气也没有,衣服掉在了地上。他想捡起来,刚一动弹便觉得天旋地转,哐当一声摔倒在地上。

皇帝死了,皇帝真的死在了"温柔乡"里。

皇帝一死,皇太后和王莽便开始向昭仪问罪,让她到掖庭令那里详细交待皇帝夜间发病的情况。昭仪闻听大痛,一痛即绝,再哭再绝,拍打着坐床号哭道:"想我赵合德是何等样一个人!皇帝在我怀中也乖得像个婴儿,真个是贵宠荣耀天下无比!怎么能低眉敛首到一个小小的掖庭令那里去争辩什么帷幔中男女间的事情!"然后又拍着胸脯哭喊:"陛下呀,你到哪里去了?为什么撇下我不管哪!"

昭仪赵合德哭一会儿喊一会儿,哭得泪干了,喊得声哑了,就找来毒药喝了下去。

妹妹赵合德死了,姐姐赵飞燕还活着。本来姐姐也在劫难逃,只因新立的小皇帝是她极力向死皇帝保荐的,这才没有死;不但没死,还被晋封为皇太后。可活着的比死了的也强不了多少,整天在一片声讨的怒吼声中以泪洗面,这日子过着也没多大意思。赵飞燕就这么又活了几年。到了元寿二年(公元前1年)六月,新立的皇帝也死了,又立了新皇帝。赵飞燕没了靠山,陈年旧事重提,弱不禁风的赵飞燕已无力招架,一个回合也不用便败下阵来,被贬了又贬,贬成了那个世界上无法再贬的最低一级:庶人,让她去为两个死皇帝守陵园。

那一天是在仲秋八月,天空朗朗的,空气爽爽的。长安城街头巷尾的小儿在稚声稚气地唱着那首"燕燕尾涎涎"的童谣。那声音传出很远很远,也很好听。赵飞燕觉得自己好像真的看见了那个尾巴鲜艳的燕子,飞呀飞呀,后来就消逝了。

赵飞燕自杀了。

利欲熏心的董皇后

一

6月的一个早晨。一夜都未曾睡安稳的董太皇太后天不亮就起了床,她觉得头晕目眩眼跳耳热心烦意乱。她不知是该坐着还是站着,或者干脆躺下;她也不知道她这会儿做点什么好。她唯一的指望就是骠骑将军董重了。她的儿子——灵帝刘宏死了,她的心腹上军校尉蹇硕被杀了,她现在只有侄儿董重了。昨天她就派人去跟董重联系,商量采取最后的行动。她还一再嘱咐派去的人说:"告诉骠骑将军,再不动手就晚了!"派去的人一走她就开始等,等了整整一夜。

"骠骑将军有消息吗?"她焦急地问。她已经问过许多次了。

"回太皇太后,还没有。"一个宫女应道,说着递过茶来。

董太皇太后接过茶来刚想喝,就听见外面一阵响声。她霍地站起身来,问:"是回来了吗?"还没等左右出去看,门咣当一声已经被人推开了。门一开,就呼地一下拥进了许多人。

不是她派出去的人,也不是侄儿董重的人,进来的是中常侍赵忠和郭胜。

"你们要干什么?这永乐宫也是你们乱闯的吗?"董太皇太后已经隐约感到发生了什么,她说这话时声音在微微发颤。

赵忠向前走了几步,阴阳怪气地说:"老奴来恭贺太皇太后回家呀!怎么,太皇太后连河间老家都忘了吗?"

"胡说八道!"董太皇太后那张皱纹纵横的老脸气得都走了形,"我是太皇太后,你们这班奴才竟敢这样张狂,难道就忘了祖宗的家法了吗?"

赵忠对她的发怒不惊不惧,仍是说自己的:"可惜你已经不是太皇太

后了,我的解渎亭侯夫人。皇帝已经把你给废了。"赵忠晃着手中的诏书说道。

董太皇太后气得直跳起来,把茶碗也撞翻在地上,摔成了碎片。她跳着脚喊:"反了!反了!姓何的那个贱婢,还有何进这个屠夫!我要让骠骑将军把你们碎尸万段!"

赵忠不冷不热地说:"我劝你还是别指望骠骑将军了,何大将军早晨领兵一去,他老人家就一时想不开服毒自尽了。"

"什么?你说什么?"董太皇太后看着赵忠一脸得意的样子,她的心全凉了。完了,一点希望也没有了,她两眼发直,身子软软的,颓然倒在坐床上,什么也说不出来。

赵忠走到董太皇太后的跟前,说:"我们奉圣旨送你回家,走吧!"

家?家在哪儿?董太皇太后心里一片茫然。二十年了,她除了这里,哪儿还有家?她想起了河间,想起了二十年前她从河间来洛阳时的情景……弹指之间,这一切都过去了。她现在已经老了,头发斑白了,难道还要这般两手空空地回到那个来的地方去吗?即使回去,姓何的就能让她安安静静地享受这生命中最后的屈辱和寂寞吗?

她知道,她已经走到了生命的尽头。

董太皇太后缓缓地坐起来,似乎平静了许多。她叫左右给她取来一个小匣子,从里面拿出一包物事来。众人都动也不动地看着她。她的手有些抖,她把那包物事倒进酒杯里,然后再注满酒,酒一下变成了碧绿碧绿的颜色。她举起酒杯,声音苍凉地说:"姓何的,你赢了!我等着你!"然后一饮而尽。

董太皇太后服毒自杀了。

这一年是汉灵帝中平六年(公元189年)。

二

二十年前(公元169年)的春天,一队豪华的仪仗正行进在前往京城的

路上。沿途官员无论大小都纷纷迎送,车马随从不断增加,像滚雪球似的越滚越大,还没到洛阳,就差不多已经成了一支庞大的军队了。它在乐鼓声中浩浩荡荡地向南行进着。

那些百姓们站在田间地头远远地望着,一边望,一边指指点点地议论。

"瞧!那轿子多好看,那旗子多鲜亮!"

"嘿!快看那些人穿的吧,披红挂绿的,多齐整多喜兴!八成是哪位公主出嫁吧?"

"这你可说错了,让我看准是哪位王爷凯旋回京,没看那后面有那么多兵吗?"

……

这支盛大的队伍正是当今皇帝派来迎接他母亲董氏进京的。当今皇帝不是死去那个皇帝的儿子,董氏也不是死去那个皇帝的老婆。皇帝撒手归西,撇下偌大的一个江山,却偏偏没留下一个儿子。急得满朝文武昏头昏脑地去想,想来想去就鬼使神差地想到了解渎亭侯刘宏的头上。刘宏的曾祖父刘开是河间王,这名头还算说得过去。可到了刘宏的祖父刘淑手里,王位就换成了个三等侯爵:解渎亭侯,提起来真让人有些泄气。谁知道传到他这辈竟时来运转,一下就蹿到天上,莫名其妙地当了皇帝。幸亏那年刘宏才十二岁,若是大些还不乐晕了吗?

不过刘宏这皇帝当得委实够憋气的,宫里是窦太后说了算,朝中是太后的父亲窦武说了算,他是宫里宫外全说了不算。这倒也没什么,反正他还小,还品味不出这算与不算之间有什么大的区别。最使他不开心的是不能见娘亲。为了这事,他几乎恨起太后和她的父亲来,尽管当初没他们首肯他这皇帝肯定当不成。

谁也没有料到就在刘宏当皇帝的那年9月,十几个疯狗一样的宦官在宫中一发难,八面威风的窦氏家族就再也威风不起来了:大将军窦武自杀而死,窦太后则被宦官们软禁于南宫。其他朝廷官员受到诛连的自太傅陈蕃以下多得数都数不过来,像天上的星星一样。机会来了,整天吵着要见

128

娘亲的小皇帝刘宏终于可以理直气壮地接他娘亲来京城了。

坐在轿子中的董氏直觉得飘飘欲仙,这真是天外飞来的"横福",想躲都躲不掉。儿子当初当了皇帝,她乐得几天几夜睡不着觉,可她自己却不能跟儿子去京城风光风光,只是被羞羞答答地封了一个"慎园贵人",心里又有些不是滋味。窦太后二十岁刚冒头,看来太后这个位子自己这辈子算是没指望了。

正在董氏失望的时候,机会来了。

这正是早春二月的天气,花儿虽然还没开,路边的青草却已冒出了娇绿的嫩芽,一眼望去碧绿如茵。慎园贵人的心里就像这充满着勃勃生机的春光一样,在悄悄织着美丽的梦。她在美丽的梦境中踏进了洛阳城,又在如梦如幻的境界里被尊为孝仁皇后(他已故的丈夫刘苌被追尊为孝仁皇)。她以太后的身份居住在永乐宫里,宫人们也因此称她为"太后"。董太后激动得流下了幸福的热泪。她原本打算做个侯爵夫人,孤儿寡母守在一处,平平安安地了此一生就知足了,却不料现在又是皇后又是太后的,她成了这个世界上最最幸运而又幸福的人!她感谢上苍,感谢命运对她格外厚重的赏赐。

不过当她稍稍平静下来的时候,她又渐渐觉得这一切没什么值得大惊小怪的。她是皇帝的亲生母亲,儿子都当上了皇帝,做母亲的当太后不正是名正言顺合情合理吗?这还用得着感激这个感激那个的吗?要感激也得感激自己,谁叫自己这么有福气生了个露脸的儿子呢?

董太后这么一想,也就觉得一切都是那么稀松平常,于是就将原来卑微的笑逐渐收起,自觉不自觉地放出些自得和傲慢来。所以那天儿子和媳妇皇后何氏来拜见她的时候,她连屁股也不抬一抬,半天才懒洋洋地说了一句:"起来吧。"董太后觉得自己是个人物了。

三

董太后对银子有一种与生俱来的亲切感,没有银子她睡觉都不安稳,

有了银子吃饭才觉香甜可口。当侯爵夫人的那些日子，她整天为银子发愁。这回好了，儿子是皇帝，自己是皇太后，痛痛快快地捞点吧。董太后就把儿子叫到跟前，说："儿啊，你现在是皇帝了，不比从前了，处处用钱，花销很大。虽然天下的财物都是你的，可没在你手里，花着就不放心不畅快。到府库去取用吧，取少了没意思；取多了呢，唉，那些饶舌的家伙又要说三道四。我说儿啊，你还是想法弄点银子咱们自己存着，那该多好啊！"

一席话说得小皇帝如梦初醒，拍着脑门直骂自己是天下头号大傻瓜！怎么这么重要的事都给忘了呢？这几年皇帝真算是白当了！

皇帝欢天喜地地去找张让和赵忠商量。张让和赵忠是两个宦官的头儿，现在是中常侍。这两个男不男女不女的家伙不知施了什么魔法，哄得小皇帝俯首帖耳，叫他往东他绝不往西，就是对他亲爹亲娘也没这般孝顺听话。

这二人一听皇帝想弄钱，立刻乐了。张让说："陛下想弄俩钱花花，那还不容易！现在各地监狱里关押的囚犯很多，陛下何不发个诏令，让囚犯家人带银子来赎？陛下既得了钱财，又使天下百姓感念陛下的宽厚仁德，真是磕头挠脚背一举两得的买卖。陛下以为如何？"

以为如何？这样聪明的主意还有什么可说的！皇帝乐得又是蹦高又是拍手，说："太好了！就这么办！"

于是一纸诏书下去，果然那些金银珠宝就像江水一样滚滚而来。小皇帝乐得手舞足蹈，董太后乐得起码年轻了十岁。母子俩还从没见过这么多的钱呢！

不过这法子只能用上一次两次。有钱的囚犯赎出得差不多了，那些穷得叮当响的囚犯你再怎么鼓励他宽待他，他没钱还是没钱，就是把他们扔到锅里熬上几天几夜也熬不出多少油水来。董太后就开始愁眉苦脸，小皇帝就开始心烦意乱。后来还是张让从自己的受贿中得到启发。他对皇帝说："陛下手中有权，那些人手中有钱。陛下何不出让几个官衔跟他们有钱人交换交换？"

皇帝有些拿不定主意，就回去跟娘亲商量。董太后顿时眉开眼笑，一

拍大腿叫道:"太好了!这才是无本万利的买卖!"

皇帝吭哧道:"这不成卖官了吗?那些贤良方正之人岂不是选拔不到了吗?"

"咳!什么卖官买官的,说得多难听!"董太后说,"这不过是让他们掏俩钱罢了,哪就说到卖官上了!他们做了官,吃着皇家的拿着皇家的,就该白吃白拿?我们就该白掏腰包?就是不收钱,你看那些做官为宦的又有几个是贤的良的了?还不是一样。"

皇帝觉得母亲的话千真万确,当时就茅塞顿开拍手称赞。然后娘两个就开始商量这官怎么个卖法。商量来商量去,最后总算拟定了个具体条款,自关内侯到虎贲中郎将、羽林将军之类都有个等次,二千石的官要钱两千万,四百石的官要钱四百万,以此类推。要是品德优异该入选的,则少要,要一半或者三分之一,这也是皇帝爱才的一片苦心。然后在西园修建府库,专门来存放这些钱财。

自从皇帝发布了这道诏令之后,全国上下无不人心思动,不管是心灵的、嘴笨的、偷鸡摸狗的、杀人放火的,也不管是嘴斜眼歪的、缺胳膊断腿的,还是一个大字不识的,都想弄个官当当。反正是当了官就有了钱,有了钱还可以当更大的官。一时之间前来花钱买官的人络绎不绝,短短几天工夫,西园库中的钱财就已堆积如山。董太后觉得还不够劲,又嘱咐左右把什么公啦卿啦之类也再卖些。这买卖做得真够红火的。

皇帝恨不能亲自拿着账簿去做这买卖。但他是皇帝,自然有诸多不便。于是就听从张让和赵忠的建议在后宫做成市井的模样,让那些宦官和宫女们打扮一新,或提篮推车,或开设店铺,高声吆喝。皇帝自己则穿上商人的服装,像个跑买卖的阔老板似的跟他们搅和在一起,一会儿脸红脖子粗地跟那些人讨价还价,一会儿又涎着脸皮跟那些穿得花花绿绿的宫女们调情,一会儿上那些"酒肆"中掏银子买酒喝得酩酊大醉,一会儿又手拉缰绳亲自驾着四个毛驴拉的小车在"市井"中纵横驰骋左顾右盼地兜风。日子过得别提有多舒坦多开心了。

四

可惜好景不长,先是一把天火把西园库钱烧了个一干二净,痛得董太后和皇帝肝肠寸断,差一点没跳进火里和那些钱共存亡。后来皇帝又身染沉疴,百药无效,到了中平六年(公元189年)的夏天终于一命呜呼。真是一步不顺步步不顺,从此揭开了董太后背运倒霉的历史。

皇帝死后留下两个儿子,大些的是皇后何氏所生,怕养不活,从小就送到道士史子眇家,因此人称"史侯",真名叫刘辩;小点的是美人王氏所生,名叫刘协,一出生,母亲王美人就叫何皇后给毒死了。皇帝怕儿子也遭不测,就送到母亲董太后处喂养,人称"董侯"。皇帝恨透了何皇后,对大儿子刘辩也看着不顺眼,再加上母亲董太后比他还讨厌何皇后母子,又夸刘协聪明,皇帝就想立刘协为太子。可这事还没等定下来,皇帝就一伸腿,死了。董太后就和蹇硕商量,想把何皇后的哥哥何进骗进宫来杀了,夺了兵权,那时再稳稳当当地立刘协当皇帝。

这主意打得不错,可惜不机密,让何进逃脱了。何进没杀着,后来蹇硕却送了命。这一下何家人权大气粗,连客气话都没说一声,就立刻让刘辩登基坐殿当了皇帝;刘辩的母亲何皇后理所当然地晋了一级成了太后,临朝听政;大将军何进参录尚书事。刘协只被封了个勃海王。董太后就更不用说了,什么也没捞着,靠边站了,只是得到个太皇太后的新头衔。

董太皇太后气得鼻子都歪了,脑袋都大了。心想你姓何的不就是个杀猪的女儿吗?又有什么大不了的了!你是太后,我还是太后的婆婆呢!朝政有你说的,难道就没我说的了?

董太皇太后越想越不平,恨不得立刻就和何氏拼了这条老命。

董太皇太后还以为自己的侄儿骠骑将军董重是坚不可摧的铜墙铁壁呢,就气势汹汹地去找何皇后摊牌:不能光你姓何的说了算,我这太皇太后也该有一份。

何太后早就不把这个土里土气又贪心又吝啬的婆婆放在眼里,就不冷不热不咸不淡地说："这些事有我们小辈操心就行了，你还是享你的清福去吧。"

董太皇太后不买账，心里的火直往外冒，她说："少来这套吧，我该干什么，还轮不到你来教！"

何太后立刻反唇相讥："你干什么我管不着，可你也别想来这儿指手画脚的，就凭你，也配！"

董太皇太后再也按捺不住心头怒火，指着何太后的鼻子骂道："你个贱婢！有什么可张狂的！仗着你哥哥何进吗？我告诉你，我只要一句话过去，让骠骑将军砍下何进的脑袋比踩死个蚂蚁还容易！不信你就试试！"

何太后也不示弱，两个人唇枪舌剑你来我往地展开一场激战。

何太后马上找来哥哥商量。何进又与三公联名假装上了一道奏章给皇帝，说孝仁太皇太后董氏使中常侍交通州郡，沽财较利，中饱私囊；而且按照祖宗的规矩，蕃后不得留京师，请迁宫本国。皇帝自然允准。于是何进领兵包围骠骑将军府，免了董重的官。董重唯一的能耐就是自杀，这倒省了何进动手了。董重一死，就轮到董太皇太后了。董太皇太后无路可走，就学她哥哥的样子，也自杀了。

一场皇后以至太皇太后的美梦就这样结束了。

抢来又赐死的甄后

东汉末年,天下大乱。

"公子,曹大将军有令,任何人不得擅入袁府。"

"我进去也不行吗?"

那卫士觉得这话很有来头,但又认不出这位戎装的年轻公子是谁。

"这位是曹大将军的长子曹丕曹公子。"曹丕的随从武士用很强硬的口气对卫士说道。那卫士无言地低下头,让曹丕进去。

曹丕自从今天早晨随汉军攻进邺城(在今河北省临漳县附近),大开杀戒,见到袁军就挥刀。现在已经杀到了袁家的老巢,他怎肯罢休?他正想让人们,特别是自己的父亲看一看,他曹丕决非等闲之辈。四年多以前官渡之战的时候,曹丕只有十四岁,没有条件参战。现在,他已经长成一个伟丈夫,他不能错过这样一个立功的好机会。他那今年十四的弟弟曹植现在也还不能参战,这正是他表现自己的好机会。因为别看曹植比他小四岁,却能言善辩,在父亲面前占尽了风流。比吟诵诗文,比才思敏捷,他曹丕已经没有什么希望,就只有凭战功与弟弟一争高下了。他带着自己的几个随从从大门冲进去,呐喊着,见人就杀。其实,那大多是些并无抵抗能力的老弱妇孺。曹丕乘兴一直杀到内宅。这里空空的,几个屋子都找不到人。

他冲到了最里间。这里同样一片狼藉。一尊装水的花瓷缸已经被打碎,只有缸底还残留着一些水。新的旧的衣服扔得满地都是。他发现墙角有一堆麦草在奇怪地微微抖动,他用那滴血的战刀挑一下那麦草,却露出两张黧黑的面孔。他举起刀,大吼一声,向那两个人砍去。那两人中的一个被他这喊声吓得抬起头,用惊惧的目光看了曹丕一眼,露出黑白分明的眼仁,然后又下意识地用双手抱住头,准备受死。

曹丕的胳膊却像被人碰到了哪一个穴位,一下子就软了下来。

那短暂的一瞥让他大吃一惊:他还从来没有见到过这样动人的眼睛。刀入鞘了。

他伸出手,一把掀开那女人披散着的头发,发现那女人脏兮兮的脸上涂着一层锅灰。他想,这里一定有什么蹊跷,不然为什么要伪装?他顺手从地下捡起一件衣服,在那水缸的残水中蘸湿,扔给那个伪装的女人,说:

"把脸擦干净。"

那女人没有去擦脸,她停止了颤抖,沉着地说:"妾愿受死。"

曹丕见这女人宁肯死也不愿擦脸,就从地上捡起湿衣服,用一只手扯着她的头发,又对那老妇人说道:"捧住她的脸!"那老夫人果然用双手捧起那位披头散发的女子的脸。曹丕用那湿衣在她的脸上擦了几下。这一擦不要紧,露出来的那张半干不净的脸让曹丕吃惊不小——

虽然那脸上仍有污垢,可光彩却足以照人,白皙细嫩当中渗透着红润,并且这显然是张不施脂粉的脸。那一双大眼睛像是两汪清泉,亮晶晶地闪出一种勾人心魄的光芒。那笔直而又匀称的鼻子、那浓重而又纤细的弯眉、那秀气而又柔和的面庞都在告诉曹丕:他在一把泥沙当中发现了一粒闪闪发光的黄金。

扯着头发的手不忍心再用力了,曹丕轻轻地把秀发给她理顺。"请小姐出来吧。"他的声音也变得亲切。

那美丽的女子却一动不动,不肯从草堆中出来。她身边的那个老妇人却看出了些门道,在求生欲望的驱使下,哀求道:"请公子饶命,我们就出来。"

"出来吧,我不会杀你们的。"

老妇人果然站立起来,并伸手拉那丽人。那丽人先是不肯起,又耐不过老妇人强拉,只好站立起来。这一站不要紧,曹丕立即想起宋玉《登徒子好色赋》中的那精彩的一句:"增之一分则太长,减之一分则太短。"尽管衣服很肥大,但腰身处空空的,说明那腰肢非常地纤细。这个女子不用说略施粉黛,只要把脸洗干净,把头梳理好,就不是一句"楚楚动人"可以形容的。

"要你们活命很容易,只需要这位小姐做我的夫人。"曹丕到底说出了这句话。最近,父母一直在给他物色一位夫人。虽说有"男子二十而娶"的古训,但在这乱纷纷的年代里,谁还在乎那老掉牙的陈年规矩?也正是因为他们全家都在这戎马生涯之中过着无法安定的日子,所以他的婚事也就耽误下来。今天遇到这样一位千载难逢的绝色美女,如何能够让他错过?在这种情况下,他也顾不得什么羞耻,直截了当地提出了自己的要求。

只听扑通一声,那女子跪下恳求道:"公子,这万万不可以!"

"这可使不得。"那老妇人也说。

"有何不可?难道我曹大将军的公子看上了你,不是你的造化?"

"妾已有夫婿。"

"她是袁绍二公子袁熙的夫人。"那老夫人也帮着说。

"你是何人?"曹丕指着老妇人问道。

"老身是袁绍妻刘氏。"

曹丕细看一下那老妇人,也就是将近五十岁的样子,就对她说:

"这么说,你就是她的婆婆了?那好,我就告诉你们,袁熙已经不可能活着见到你们了。你们袁家共有三个兄弟——袁谭、袁熙、袁尚,对吧?可是这三个人不如豺狼,兄弟阋(xì)于墙,自相残杀,自取灭亡。若不是袁谭、袁尚争位,我们大汉军队未必能够这样快地拿下邺城。这样的家庭、这样的儿子、这样的兄弟,你们还有什么可留恋的?再说,袁熙、袁尚已经鼠窜,不知去向,就是放了你们,你们又到哪里去寻他们?袁熙是决不可能生还。"他说的"汉军",实际上指的是曹操的军队。因为现在曹操"挟天子以令诸侯",打着汉朝的旗号。

"请公子开恩。这妇人毕竟已经有了丈夫。可怜老妇我孤苦伶仃,只能与这个儿媳为伴。"袁绍官渡惨败后,已在前年(建安七年,公元202年)"发病忧死"。

"现在,你们的生杀予夺就掌握在我的手中。如果你们想活,就痛痛快快地答应我。否则,就别怪我不讲情面了。"其实,曹丕只是想吓她们一下。他是无论如何也舍不得杀掉这位丽人的。刘氏听了这话,重新又发起抖

来。那丽人却还在恳求：

"公子,妾现今已经二十三岁,而公子看来还不到二十岁,我们的年龄也不相配。"

"我不计较,你还讲什么？"

刘氏贴近她的耳朵说："媳妇,那就答应了吧。"她实在是不想死,特别是当她听说几个儿子下落不明,心里更加没底,她得想办法找到几个儿子。尽管他们兄弟争立,自相攻伐,但她毕竟是他们的母亲。她不能死,要活着找到儿子们。现在用这个媳妇换自己的一条命也是值得的。有了儿子,再找个媳妇有什么难的！

"公子,不能这样,妾还有夫君！"丽人又跪下哀求。

"你已经没有丈夫了,袁熙现在生死不明,你是无法找到他的。再说,你婆婆都答应了,你还有什么好说的。告诉我你叫什么名字？"

那丽人不答。刘氏说道："她姓甄,我们都喊她甄氏。"

"媳妇,就答应了曹公子吧。既然他这样看得起你,也是你的福分。"

"啊,妾为什么这样命苦啊？"她呜呜咽咽地哭起来,但是没有再说拒绝的话。

"好,就这样定了。不过,如果家父问起你们,你们一定要如实地说明这是你们愿意的。"从父亲提前在自己还没进城的时候就派人把袁家"保护"起来,曹丕想到父亲是不想在舆论上给人造成迫害袁家的印象,就说,"今晚你们就住在我的军帐里。回去后,你们要好好收拾一下,明日禀过家父,我们就成亲。"曹丕怕父亲到袁府来巡视,所以不敢住在这里,带着婆媳二人来到自己的营寨。

曹丕对父亲心理的分析是对的。曹操要制造一个优待袁绍家属的印象。为什么呢？这还得回过头来说。

灵帝中平元年(公元184年),爆发了轰轰烈烈的黄巾大起义。起义是被镇压下去了,可是东汉王朝被大大地削弱了。地方的割据势力也乘机壮大起来。先是中郎将董卓,借镇压农民起义的机会壮大了自己的力量,并在灵帝死后率军入京,大肆杀掠,还废了少帝刘辩,另立刘协为帝,自为相

国,闹得京城洛阳鸡犬不宁。司隶校尉袁绍又以讨董卓为名起兵,自领冀州。而被袁绍表(就是呈报给皇帝任命的意思)为东郡太守的曹操打败了几支义军,收编了一批部队,并且把无家可归的小皇帝接到许昌定都,控制了东汉皇朝。小皇帝为了报答曹操护驾之恩,任命他为大将军,还封了侯。曹操先后打败了几支割据势力,逐渐强大起来。这又引起了袁绍的不满。袁绍便在建安四年(公元199年),率十万大军向只有三四万军队的曹操进攻。结果,在次年的官渡一战中,被曹操以少胜多,打得大败,狼狈而逃。从此,曹操成了中国北方最强大的势力。袁绍则在建安七年(公元202年)被气得病死了。曹操因为自己当过袁绍的部下,还被他表为太守,尽管是袁绍先向他挑战的,但他还是不愿给人留下忘恩负义的印象,反而希望人们能够说他不计前嫌。当大军冲进邺城的时候,曹操还在邺城郊外的袁绍墓上祭奠呢。

当晚曹丕来到父亲帐中问安,并瞅准个机会向父亲禀道:

"孩儿冲入本城后,俘获一老一少两位妇人。经盘问,知老妇人为袁绍妻刘氏,小妇人为袁家二子袁熙的夫人甄氏。二人自述家破人亡,无依无靠,十分可怜。刘夫人请我收留她的儿媳为妻。儿想成全她的美意,请父亲大人做主。"

曹操听了,说道:"丕儿啊,你好荒唐。那甄氏本是有夫之妇,你怎能娶她为妻?"

"禀父亲大人,那甄氏虽为袁熙之妻,但袁熙已逃得无影无踪。我们即使放了甄氏,她又如何找得到袁熙?这无异于让她长守活寡。"

曹操听了此话,说:"这甄氏的年纪好像比你大得多。你怎么能有这种想法?"说罢,便一言不发。曹丕心里七上八下,知道父亲必是不允许他娶一个有夫之妇为妻,急得汗流浃背。

曹操是在想心事。

他记起了这位甄氏。当年他投奔袁绍的时候,听说过袁熙娶妻的事。知道袁熙的妻子不但美貌,而且贤惠。在袁绍的三个儿媳中,最为人称道的就是这个二儿媳了。袁绍死后,大儿子袁谭与三儿子袁尚争着承袭父亲

的官职,打得天翻地覆,而二儿子袁熙却没有介入其中。这与有一个贤惠的媳妇不能说没有关系。当年,袁家向甄家求亲的时候,主要就是因为听说甄家的这个孩子特别贤惠。

这孩子三岁就失去了父亲,但三个哥哥和四个姐姐都对这老妹妹特别满意。八岁那年,街上来了一拨耍马戏的,哥哥姐姐们都跑出去看,只有她没有去。哥哥姐姐们回来时,问她:"老妹妹,你怎么不去看?"

她却像个大人似的回答说:"这哪里是女人应该去看的事情呢?"

可是这孩子却非常乐于读书写字。九岁那年,她用大哥的笔写字,大哥逗她说:"你是女孩子,应该去学习女红嘛!你现在练习写字,难道将来想当个女博士不成?""女红"就是女人做的缝纫之类的家务活。

这老妹妹的回答又让大家吃了一惊:"妹妹听说,古代贤惠的女子都是读书有学问的人。先人的经验教训我们也应该记取呀。"

天下大乱以后,灾荒不断,很多人家为了活命,就廉价出卖自家的珠宝玉器,换粮食保命。甄家有很多余粮,就乘机换回很多珠宝。这孩子就对母亲说:"我家不应该借这个机会广积财宝,而应该多行善事。左邻右舍都遇到了饥荒,我们应该帮助他们才是,不能乘人之危。"全家人都很赞成她的建议。

十四岁那年,她的二哥死了,留下一个男孩。可是母亲对嫂子很严厉。她就劝母亲说:"嫂子年纪轻轻的就守了寡,带着一个孩子,多不容易!母亲把她当作媳妇来对待,当然没有毛病,但是还应该像对待自己的女儿那样来关爱她。"母亲很受感动,改变了对寡媳的态度,还让她与嫂子住在一起。她跟嫂子处得像亲姐妹一样。

袁家就是因为她长得美又有妇德,才凭着自家的势力聘她为儿媳的。

曹操是一个不愿墨守成规的人。他觉得,既然这孩子这样好,儿子又乐意,也就同意曹丕娶甄氏为妻了。并下令放了刘氏,袁氏的宅第仍归刘氏所有,让刘氏归家居住。

甄氏没有想到,成亲以后曹丕会对她这样好。两人恩恩爱爱,第二年就生了一个男孩,取名曹睿(ruì)。

随着曹操地位的提高,曹丕也日益显要。

"公子,作为大将军的儿子,如果需要纳妾的话,你就纳吧。需要妾帮忙,公子就讲话。"那是个一夫多妻制的社会,妻子帮助丈夫纳妾被视为美德。

"我有了你,就再不需要什么媵妾了。"曹丕听了甄夫人的话,很受感动。她真称得上是一个标准的贤妻良母。

"有几房媵妾,也不表示公子好色。第一,这是公子的地位的象征。第二,也是增加子嗣、使后代兴旺的需要。妾不会有什么想法的。"

以后,曹丕果然讨了几房媵妾。甄夫人决不与她们争风吃醋。曹丕要赶走姓任的妾室,甄夫人找到曹丕讲请说:"听说公子要赶走任夫人。任夫人出身名门,于德于色,妾皆不如,公子为什么要遣她走呢?"

"这个人又任性又急躁,缺少妇德,与夫人无法并论。我几次开导她均不见效,实在无法继续留她。"

甄夫人落下泪来,说道:"妾受公子隆遇之恩,这是众人皆知的。如果公子赶走了任夫人,人家一定会说,这是甄氏争宠的结果,才让公子赶走任夫人的。还会有人说,这是公子专宠于一人。这样做,于公子、于妾都有不便。妾望公子留任氏在家中,我们姐妹之间定会和睦相处。"

这一次曹丕虽然没有听甄夫人的,但他心里愈发觉得甄夫人是一个无可挑剔的妻子。一位姓郭的夫人总是挑拨甄夫人与曹丕的关系,甄夫人也不与她计较。

谁能想到,曹丕夫妻的融洽关系却因为曹植的成年而恶化了。

建安十五年冬的一天,曹丕回来得很晚。到家后,气哼哼地往床上一躺,一言不发。

"妾是不是有何得罪的地方?"甄夫人小心翼翼地问。

等了半天,曹丕才怒气冲天地说:"他算个什么东西,凭着两片薄嘴唇,巧言令色,讨父亲的喜欢。"

"公子说的是三公子吗?"甄夫人问。

"除了他,还能有谁?父亲庆贺铜雀台落成,把我们兄弟三人都叫了去，让我们作诗祝贺。你看三弟这个逞能！父亲的话刚说完，他就说，儿臣的诗已成！还不是为了赢得众人的喝彩、父亲的欢心？"

"公子不要计较这些才好。三弟年轻气盛，无所顾忌，这未必就是坏事。我觉得，三弟确实才思敏捷，为他人所不及。我们当哥嫂的要宽容一些，可不能像袁氏兄弟……"

"你怎么总是护着他？他和你有什么关系？我明白了，怨不得他一来，你就端茶倒水，忙得不亦乐乎。他对你也是眉来眼去……"

"公子，可不好这样讲话。三公子在妾的面前还只是个孩子。常言说，老嫂比母。请公子千万不可这样去猜度三公子，这会玷污了他的。"

"还是个孩子？你说得好轻松。他已经二十岁了，什么不懂！"

"可妾已经二十九岁了呀！妾比他整整大了九岁，怎么可能往那上面去想？"

"你比我不是也大了五岁吗？我们不是也做了夫妻！"

这样的事真是无法说清楚。她觉得自己的这位小叔绝顶聪明，她是从一个嫂子的角度赞赏他，疼他。曹丕那样想，她只觉得他是想歪了，但自己又解释不清楚，好像越解释越是让人觉得真有其事。她急得落下泪来。

曹植也为自己的行为和想法奇怪。他觉得嫂嫂是个绝色的美人，并且心地善良，因此他很愿意和嫂嫂在一起。说这是爱慕也未尝不可，但他又决没有同二哥争夺嫂子的意思。他也不会想到二哥会在这个问题上对他怀有戒心。

曹氏兄弟四人，老大曹彰，一心向武，对政治不感兴趣，曹丕并不在意。老四曹熊，年纪尚小，不必担心。但这老三，自小就深得父亲疼爱。现在，他总爱在父亲面前表现自己，一定是有心与他曹丕争夺父亲的继承权。而最近曹丕又发现曹植总到他的府上来，与嫂子有说有笑。曹丕的气不打一处来。去年，逃往乌桓的袁熙已经被东征的曹军打死，所以曹丕不再担心甄夫人还会留恋前夫。但是，曹植的成人和聪明却成了曹丕的一大心病。建安十六年（公元211年），曹丕被任为五官中郎将，并做丞相的副手，似乎他的地位得到加强。但不久曹植就被封为平原侯，有了爵位。他与

弟弟谁更有优势,目前还很难说。

　　随着父亲曹操地位的提高,曹丕日益觉得争夺继承权的迫切性。建安十三年(公元208年)曹操被任为丞相,建安十八年(公元213年)又被封为魏公。"公"是最高的爵位。建安二十一年(公元216年),曹操又被晋为魏王,实际上已经离做皇帝不远了。"王"已经有了立世子的权力。曹丕觉得,这个世子非争不可。因为下一步就是曹氏夺取整个江山,争夺世子就是争夺皇帝。曹丕下大力气网罗了一些谋士在自己的身边,帮助他争立世子。贾诩对他说:"将军不如临淄王机敏,不能在文采上与他比高下,应该表现成为一个孝敬的儿子……""将军"指五官中郎将曹丕,而曹植这时已被改封为临淄侯。

　　可是年轻的曹植却没有这么多的想法,他一心想着报效国家,为国立功。他在那时写的一首诗《白马篇》中就说,"长驱蹈匈奴,左顾凌鲜卑",要"捐躯赴国难,视死忽如归"。然而,曹植身边的人,如杨修、丁仪、丁廙(yì)等人却不甘寂寞,不断地建议曹操立曹植为世子。而曹操也确实喜欢这个三儿子,觉得他有大才,几次想立他为太子,只是没有下最后的决心。

　　"今日魏王出征,将军不可不送行。"有一天,贾诩提醒曹丕。当曹丕来到邺城郊外铜雀台下为父亲出征送行的时候,曹植已经恭候在那里。当魏王曹操骑着战马雄赳赳气昂昂地来到送行人群前面,曹丕正在考虑对父王说什么好的时候,曹植已经不假思索地祝颂起来:

　　"父王请看东方,赤日升空。父王此行恰似这冉冉赤日,所向披靡。"

　　曹操听了非常高兴。他正是要借日出的兴旺来象征自己的远征,便大笑着说道:"好一个赤日升空,好一个所向披靡!"

　　这一下子,曹丕想好的几个不连贯的词也跑得无影无踪了。他急得几乎要哭出来。正在这时,他的一个亲信附在耳边低声说:"君当流泪!"曹丕立即醒悟过来,便不再强忍眼泪,而是让它噼里啪啦流下来,还抽抽搭搭起来。

　　"五官中郎将,为何在我出征的时候哭泣?"

　　曹丕想到在与三弟竞争中的不利地位,哭得更厉害了,但他嘴上却

说:"父王此去虽然必胜,但又不知何日能归。每次父王出征,孩儿总是思念不已,默默垂泪。这一次不知为什么,竟止不住当着父王的面落下泪来。孩儿该死!"

骑在马上的魏王曹操半天没有说出话来,想不到这曹丕对自己的感情这样深!

送行回来,曹丕为今天的卓越表演大为兴奋,情不自禁地对甄夫人说:"今天,临淄王可败在我的手下了!"

甄夫人最看不上兄弟相争的事,就说:"把自己的亲兄弟当作敌人,算是什么能耐!当年公子不是也大骂袁氏兄弟不如豺狼吗?"这句话触到了曹丕的痛处,他瞪圆了眼睛质问道:

"临淄王是你什么人,你这样处处护着他?"曹丕气得一甩胳膊,就到郭夫人房中去了。此后,很少到甄夫人房中来。但他争当世子的活动却在暗中加紧进行着。

曹丕的那些谋士并不直接同曹操讲立世子的事,只是经常同他讲袁绍如何立幼不立长,招致败亡之类的事。而曹植却偏偏不在争立和讨好父王的事情上用心,还屡屡在父王面前犯些小错误。结果,曹操对曹植越来越有成见。建安二十二年,曹操最后下定了决心,立二子曹丕为世子。

曹操虽然实际上控制着东汉皇朝的大权和命运,但他始终把汉献帝奉为名义上的皇帝。建安二十五年(公元220年),曹操死了,世子曹丕继为魏王。当年,他就废掉了汉献帝,自立为帝,国号为魏,还把这一年定为黄初元年。东汉从此灭亡了。曹丕在洛阳营建宫殿,而把甄夫人留在邺城。

当上了皇帝,确实与当王不同,主动给他往宫中送女子的不计其数。连现在被封为山阳公的被废前朝皇帝也把自己的两个女儿送给他做妃嫔。这些女子个个年轻貌美。而这时的甄夫人已经三十九岁了。当然,年纪大一点,他并不特别在乎。郭夫人也比他曹丕大两岁呢。最让他难以忍受的是,在他与曹植争立世子的问题上,甄夫人竟站在曹植一边。

想到曹植,他心里那股不放心的劲又上来了。他下令把曹植请到宫中,对他说:"临淄王,你的那些羽翼,如杨修、丁仪、丁廙之辈总是替你吹

嘘文思敏捷。今天朕倒要试一试你。从现在开始,如果你能在七步之内吟成一首像样的诗,说明你所言不虚。如果你做不到,就说明你历来欺君枉上,朕便不能容你在这世上。好,开始,一、二、三、四、五、六、七……"

曹丕的"七"字还未落地,曹植就铿铿锵锵地诵读起来:

煮豆持作羹,
漉菽以为汁。
萁在釜下燃,
豆在釜中泣。
本自同根生,
相煎何太急。

曹丕听了,心中既愧又恼。但他开始时只是要求曹植作诗,并未限制他作什么样的诗,所以他现在也不好讲什么,就说:

"临淄王果然才思不凡。但是朕还是请足下注意,才思不可用到邪路上去。先帝在世时,对你的胡作非为很是不满,足下一定要注意才是!"曹丕这里说的"先帝"指的是曹操。因为曹丕称帝后,追谥父亲曹操为魏武帝。

几天后,曹丕又以酒后无礼的罪名把曹植贬为安乡侯,并把他赶到封地去,不准在洛阳逗留。紧接着,又找个理由下令把丁仪、丁廙等人给杀了,连他们的后代也不准留下。至此总算报了争立世子之仇,并且在一定程度上消除了隐患。

《七步诗》的消息很快传到留在邺城的甄夫人耳中。她反复地吟诵这首诗。仆人问她这诗什么意思,她说:"这首诗说的是煮豆子的时候,烧的是豆萁。豆萁在下面燃烧,煎熬着豆子,豆子在锅里哭泣。可它们本来是同根而生啊!"

"这诗写得多好啊!'本自同根生,相煎何太急'!安乡侯真是个才子。想不到陛下不但因为妃嫔成群而忘了结发夫妻,还因为当了皇帝而要害

死亲兄弟。"

不想甄夫人的这几句话很快就传到洛阳后宫之中,郭夫人很快就把这件事告诉了皇帝曹丕。几天后,曹丕派人来捎给甄夫人一把剑。甄夫人看了看送剑人那杀气腾腾的样子就明白了:这是赐死,也就是让她自杀。她没有落泪,只是说了一句:"妾只恨早生了十年!"便饮剑自杀了。这一年是黄初二年(公元221年),甄夫人四十岁。

不久,郭夫人便被立为皇后。

黄初三年(公元222年),曹植作了一篇《洛神赋》,说他去洛阳朝拜皇帝回来,在路过洛水时遇到了一位女神。那女神"翩若惊鸿,婉若游龙",就像大雁欲飞未飞时那样轻盈,像长龙在水中游泳那样翩跹。"皎若太阳升朝霞","灼若芙蕖出渌波",总而言之,用我们今天的话来说,就是比天仙还美,像"秋菊"、"春松"那样光彩照人。原来她是伏羲氏的女儿,以后成了洛水之神。那洛神飘然而至,带着诗人且游且舞。诗人解下玉佩送给女神,要与她约会。女神真诚地答应了诗人。她或叹或歌,叹的是匏瓜星的孤零无匹,歌的是诗人也像牛郎那样独处。这人神之间的爱慕感动了天帝,风止了,波平了,河伯为他们敲响了鼓,女娲为他们唱起了歌。洛神的泪水湿透了衣襟:"遗憾的是,我们人神有别;可恨的是,我们的盛年不在同时!虽然君在人间,妾在天宫,我会经常想念你的。"他们永别了,诗人再也找不到洛神了,满怀着惆怅不肯离去。

人们都说,这首千古绝唱是曹植为怀念甄夫人而作。它流传至今而不衰。

曹丕只当了七年皇帝,便在黄初七年(公元226年)四十岁的时候病死了,被后世称为魏文帝。郭皇后没有儿子,便由甄夫人所生的曹睿继承帝位,后世称为魏明帝。明帝登基后,追谥生母甄夫人为文昭皇后。所以,虽然甄夫人在世时并未做过皇后,但后世还是有人称她为"甄皇后"。

有趣的是,甄后、曹丕、曹植都是只活到四十岁。

暴戾贪婪的贾南风

一

这年夏天,洛阳下了一场可怕的雨。起初是一阵狂风从街上呼啸而过,接着是稀疏而硕大的红色雨点噼里啪啦地砸在地上,地上立即被染成殷红的颜色,然后这雨点便迅速地勾连成一片,如倾似注还夹带着浓浓的腥气。街上行人在红雨降临之际一哄走散,眨眼间便消失得无影无踪。各店铺也纷纷关门上锁。人们躲在窗子后面神色恐慌地望着外边的红雨,胭脂般鲜红的雨水把整个城市冲刷得古怪神秘而又恐怖无比。上了年纪的人都说,从没听说过天会下红雨,都说:"这是不祥之兆啊!"人们又是忧伤又是叹息。

皇后贾南风就是在这个下红雨的夏天被废的。当她踉踉跄跄从街上走过的时候,红雨的残痕还清晰可辨。那些像生了红锈一样的颜色使她情绪暴躁异常,在她以后幽居金墉城的不太多的日子里,她总是闹个不休,不是把东西摔得乒乓乱响,就是挥舞着双手对侍女们乱喊乱叫:你们这些贱婢!就拿这样的东西给皇后吃吗?你们都活腻了是不是?司马伦呢?司马囧呢?他们都滚哪儿去了?为什么不来见我?快去把这几个臭小子叫来,我要剥他们的皮!抽他们的筋!我是皇后,是天底下最最了不起的皇后!哈哈哈哈——

侍女们都说她疯了,皇后疯了。

那一年是永康元年(公元300年)。

正当皇后大喊大叫要见司马伦的时候,司马伦真的就派人来了。不过不是让皇后剥皮抽筋来的,而是给皇后带来了赐死的诏书和一杯金屑酒。

皇后贾南风把诏书撕得粉碎,然后摔向空中,纸片像雪花一样缓缓地飘落。贾南风歇斯底里地喊:"这诏书是假的!假的!"

来的人是司马伦的亲信尚书刘弘。刘弘不急不恼,嘻嘻一笑,指着酒杯说:"这里的东西可是货真价实,不信娘娘尝尝。"

"你们敢!我是皇后!"

刘弘微微一笑,说道:"有什么敢不敢的?皇后娘娘不是把太后和太子都弄死了吗?"说罢脸色一沉,朝左右一挥手:"侍候娘娘喝了!"

左右上前,不由分说就把金屑酒灌进了贾南风的肚子里。这酒自然不如蜜糖好喝,贾南风又哭又叫,在地上抽搐了很久很久才痛苦地结束了她罪恶的一生。

二

贾南风与晋惠帝司马衷的结合从一开始就是一桩肮脏的政治交易。那时司马衷还在东宫做太子。

贾南风的父亲贾充是个十足的小人,阴险奸诈而又反复无常。他本是魏臣,却偏偏披坚执锐帮助司马氏篡魏,摇身一变,竟成了司马氏的红人。众人都瞧不起他,都说和这个卑鄙无耻的小人共列朝班简直是一种耻辱!可有皇帝在,除又除不掉他,那就挤他出朝吧。于是众人都说贾充威望素著,智略过人,堪当重任,一致推举他都督秦、凉二州诸军事。贾充自然不愿去。他的一个朋友就给他出主意说,如果能让太子聘你的女儿为妃,那不就留下来了?贾充一想,这才是聪明人的聪明打算,马上发动攻势,家里家外一起动,发了狠似的说什么也要把女儿嫁给太子。

太子的父亲是晋武帝司马炎,是西晋篡魏后的第一任皇帝。你想,他能把坐在御座上的曹魏给拽下来自己坐上去,自然也是个有本事的人,说出话来也令人刮目相看。他跟皇后说:你说给太子聘贾充的女儿,我觉得不如聘卫瓘的女儿。老卫家的女儿一是贤惠,二是有多子相,三是长得好看,四是身材修长,五是肌肤白净;老贾家的女儿正好相反,一是好妒忌,

147

二是有少子相,三是长得丑,四是身材短,五是皮肤黑,怎么能给儿子讨这样的老婆?你就是说出朵花来也不行!

皇后说:陛下自然是圣明无比,贱妾一个女流之辈是连陛下一个小手指头也万万比不上的。不过贱妾听说贾公的女儿确实与别个女儿不同,是百里挑一万里挑一的贤惠美女。所以陛下还是三思,这可是关系到国家社稷的百年大计啊!

皇后说了一遍又一遍,今天说了明天说,明天说了后天说,竟比她自己找男人还要热心哩!你说这是为啥?原来贾充的妻子郭槐通过皇后左右给了皇后不少的好处。吃了人家的嘴软,拿了人家的手短。不得不帮人家办事。

皇帝虽然心坚如铁,但架不住这枕边风常吹,一来二去就有些软了。又有贾充的几个狐朋狗友,像荀颉、荀勖、冯纨这些人常在皇帝身边像苍蝇一样嗡嗡个没完,好像这贾充的女儿真的是开天辟地以来独一无二的一朵奇葩。

皇帝无奈,只好点头。

皇帝的御头一点,贾充自是心花怒放,贾充的长女贾南风就袅袅婷婷地进了东宫做了太子妃。

三

都说龙生龙,凤生凤,老鼠生来会打洞。可你要是看了太子司马衷,你就会觉得这说法实在不怎么可靠。试想司马氏从司马懿以来哪一个不跟人精似的?谁承想会生下这么个傻小子出来!那个傻劲,虽然排不上天下第一,但弄个第二、第三的还是不成问题。他当皇帝后有一年,天下到处都闹饥荒,死的人多如牛毛,大臣们就忧心忡忡地把这事说给他听。这皇帝听了之后不但不发愁,反觉得这群百姓笨得无以复加。"没粮食吃?那,那为什么不吃肉粥呢?"他这么问大臣。大臣们面面相觑,不知该怎么回答圣上如此聪明的主意,一个个回到家中都说不如去给狗当个管家。

后妃卷

　　却说贾南风嫁过去,一见丈夫这副德行,就开始抱头痛哭,直哭得星河惨淡日月无光。她坚持哭了三天三宿。到第四天头上,她一跳就跳下床,并把鼻涕眼泪随手乱甩,甩得侍女们四处乱躲但还是弄了满身满脸。她大喊大叫,说我要洗脸,我要梳头,我要吃东西,我饿得前心贴后心,你们这些贱货为什么不给我饭吃?然后便穿上狐皮外衣,拉着太子的手去看梅花了。

　　那一年她十五,太子十三,她比太子大两岁。

　　老皇帝被太子的痴呆搅得心烦意乱哀叹不已,在会宴群臣的宴席上也是一副无精打采的模样。征北大将军、尚书令卫瓘就假装醉酒跪在皇帝坐床前,手抚坐床叹息再三,说:"这个座位可惜了!"老皇帝一点就透,于是召来东宫属官,大摆宴席,然后出一些题目让太子来决断,看看太子到底是真傻假傻,傻到什么程度。

　　太子不知大祸将至,还在拍手叫:"好玩!好玩!"贾南风却急得一身冷汗,心想太子要是被废,我这一辈子还有什么指望?于是找来东宫给使张泓,求他无论如何也要帮这个大忙,说你要是为我家太子答得好了,以后的富贵与你共享!张泓大喜过望,自然是十分卖力,把几个题目答得熨熨帖帖,然后让太子工工整整地誊清了,这才呈给皇帝。

　　皇帝左看右看,怎么看怎么顺眼,乐得脸上云开雾散。皇帝就把这份太子的奏对送给卫瓘看,卫瓘看后吓得一个趔趄,从此再也不敢"胡说八道"。

　　贾南风非常得意。

　　贾南风一得意,脾气就见长,看什么都不顺眼了。第一个看不顺眼的是太子,这小子呆头呆脑傻里吧唧的什么都不懂,偏偏懂得找女人,东宫里为数不多的婢女侍妾没用多久就让他弄大肚子了好几个。直气得贾南风瞪裂凤眼咬碎银牙。太子是不能打的,那些侍妾可就成了她的出气筒。

　　贾南风杀人从不用人代劳。她跟别人交流体会时说,那样做永远也尝不到杀人的快感。她始终是手执刀剑,亲自行刑。对于那些肚腹高高隆起的侍妾,她则用短戟站在远处去投。经过勤修苦练她竟能投得百发百中,

149

每次短戟都能不偏不倚地刺入孕妾隆起的肚腹，随着一声惨叫，腹中胎儿马上坠地。太子对贾南风的这手功夫佩服得五体投地，每次贾南风投掷时他都看得心旷神怡，原有的一丝不快也早被微风吹散。

老皇帝司马炎听说太子妃如此暴戾悍妒，顿时气得七窍生烟，真龙出世，就想把她废了，幽于金墉城。这时早有人过来纷纷向皇帝说情。

充华赵粲说："太子贾妃年幼无知，还是个小孩子，长大了也就好了。况且妒忌也是女人的天性，陛下何必发这么大的火呢？"

皇后杨芷则说："为人不可忘恩。太子贾妃之父贾充曾有功于社稷，他女儿闹点小脾气，难道就不念其父之德把她真个废了不成？"

皇帝听众人这么说，这才恨恨地作罢。

杨皇后便叫来贾南风，对她一通严厉训斥："你小小年纪怎能如此悍妒，如此暴戾？"又说："你再这么任性胡闹，惹恼了皇帝，别说太子妃的位子不保，弄不好脑袋也得搬家。你应该勤修品德，不妒不骄，将来才能母仪天下……"杨皇后说得口干舌燥，嗓子眼冒烟，对自己严格治家的才能十分欣赏，却不知跪在尘埃处一言不发的贾南风已把她恨入骨髓，正在暗暗发誓："总有一天，让你这臭婆娘尝尝老娘的手段！"

四

晋武帝太熙元年（公元290年）四月，晋武帝司马炎死了，傻乎乎的司马衷当了皇帝，贾南风做了皇后，原来的皇后杨芷成了皇太后。新的矛盾就产生了。

皇太后的父亲叫杨骏。这杨骏胸无点墨，气量狭小而又刚愎自用，十分喜欢揽权，与贾南风可谓是针尖对麦芒。贾南风几次想干预朝政，都被杨骏给压了下去。弄得贾南风怒火万丈暴跳如雷，就把这一肚子火转到太后杨芷身上。本来皇后是该以儿媳妇的身份去侍奉皇太后的，可现在贾南风一肚子的火，恨不能反过来让太后侍奉她。太后无可奈何地连连摇头，说："司马氏哪一辈子造的孽，竟然出了这么个酷虐不孝的儿媳妇！后悔当

初真不该为她说情，干脆让武帝把她废了，也省得今天恩将仇报，养虎遗患。"

杨太后在宫中忧心如焚恨恨不已。她老父杨骏在外面却没事人一般整日优哉游哉地过着官瘾，什么太尉、太傅、大都督、临晋侯之类他都当得心安理得有滋有味。他的两个兄弟杨珧、杨济一再相劝，说如果现在退身避让，我们老杨家也许还能保全个性命；再晚了，大家跟着你一起完蛋。杨骏对两个兄弟的苦口婆心不屑一顾，说："你们两个真是胆小如鼠、小题大做，没见我大权在握、一呼百应？我不让别人完蛋就已是他们的造化了，谁还敢太岁头上动土、老虎嘴里拔牙？真是可笑之极！"

人人都说杨骏这家伙脑袋不保，祸至有日，可杨骏仍旧是踌躇满志神采飞扬。到了第二年的阳春三月，懒懒的春光里牡丹花已经开始绽放。杨骏就比平时更为慵懒而得意，和几位相得的官员聚在他住的曹爽故府里饮酒高歌。而这个时候贾南风已经开始行动了。她先叫手下死党孟观和李肇向皇帝告发杨骏聚众谋反，接着就催着皇帝书写诏书废了杨骏让他回家，然后便命东安公司马繇(yáo)率殿中四百人去讨伐杨骏。

消息传来的时候杨骏还在府内一味欢乐不已，听说大军已浩浩荡荡地开来，并把这故府围了个铁桶一般严严实实，杨骏这才慌了手脚。急得他抓耳挠腮唉声叹气，满屋子游走如笼中困兽，口里一个劲地说："这可怎么办？这可怎么办？"其实他手下勇士无数，猛将如云，想怎么办就能怎么办。可他对众人的建议除了摇头就是晃脑，说这不行那不行。众人见平日威风凛凛的杨太傅窝窝囊囊不可救药，于是众人便作鸟兽散了。留下个杨骏像个被围的兔子似的到处乱窜，逃来逃去就逃到了马厩里。当司马繇命人把他从里面拖出来的时候，他正做筛糠状浑身上下抖个不停。司马繇说："你看这家伙有多可怜！让我看得心都要碎了，快拉出去砍了吧！"于是左右就把他拉出去砍了。

贾南风诬告杨骏谋反正准备派人讨伐时，皇太后杨芷就知道了。她想派人给杨骏通个消息，可这时宫中内外已经戒严，根本出不去。杨太后没法，只好以帛做书，命人射之城外，书中说如果谁能救得太傅性命，本太后

定有重赏。可在这个时候这样没有目标地乱射一通又有什么用呢？果然被贾南风抓住了把柄，说太后同杨骏内外勾结一起谋反，于是假传圣旨，派后军将军荀悝(kuī)押送太后去永宁宫，让太后的母亲高都君庞氏跟太后一起居住，还说这是皇恩浩荡仁慈到了极点。

可怜杨太后救父不成连自己也赔了进去。到了今天这个地步，还有什么好说的！母女俩抱头痛哭，骂贾南风心如蛇蝎，叹老杨家命比纸薄。

哪知道厄运还没有结束。贾南风绝不允许杨太后母女活在世上，她们活着她就觉得别扭。于是就暗中叫人上疏给皇帝，说杨骏作乱，皇太后杨氏谋危社稷，应将太后废为庶人，杨骏之妻、太后之母庞氏应正典刑。皇帝还假装不允许，众人三番五次请求，这才同意。其实这么一个傻皇帝他懂得什么？还不是任凭贾皇后摆布？

白发苍苍的高都君庞氏就这样被推上了刑场。那天下了点小雨，雨后的洛阳城洁净清爽。本来一次又一次的大屠杀已经让洛阳城人瞧得失去了兴趣，变得有些麻木不仁，但这一回还是聚拢了很多很多的人，以至于朝廷不得不派出大批军队来维持秩序。

杨太后抱着母亲呼天抢地地哭——其实那已经不是在哭，而是彻底绝望地号叫了。那声音让所有街市上的人无不撕心裂肺地难受，小媳妇、老太太们早已是泣不成声哭成了一片。杨太后头上的饰物已经跑丢了，头发散乱开来，在雨后的风中飘扬。她痛哭流涕地向皇帝上表，甚至不惜向自己的儿媳妇贾南风下跪口称"贱妾"，叩得头咚咚直响，只是希望看在先帝的分上、看在苍天的分上饶她们母女一命。贾南风面色如铁声音如冰，根本不为所动，一个劲地催着廷尉行刑。

那是春天里一个很清新的日子，阳光灿烂，可人们却感到有些寒冷。人们缓缓地返回家中，干起活来一点精神也没有，都觉得人生惨痛苦不堪言，活在世上真真是无聊至极。有一位叫董养的书生回去后走进太学学堂，面对着孔圣先师的神像，他神情一片恍惚，总觉得那滩鲜红的血在眼前晃来晃去。他不禁仰天长叹，说："朝廷建这学堂干什么？不就是为了讲求孝悌之义吗？现在却弄到杀祖父、祖母，甚至是父母，人间的伦理都已沦

为无物。天下大乱真的要来了吗?"董养心灰意冷而又忧伤无比,他连夜收拾东西挑在肩上,然后领着妻子飘然而去,从此再也不见踪迹。

五

贾南风觉得自己活了四十多岁,从没有像今天这般开心过。杨骏死了,老杨家完了,连杨太后也死了。自己现在成了半个皇帝,甚至是整个皇帝,想怎么着就怎么着。

贾南风觉得,自己嫁了这么个蠢笨如猪的男人是她这辈子吃了大亏。现在强敌尽去大权在握,她要加倍补偿。为此,她恨不能把天下所有英俊的男人都揽到她的石榴裙下。不过这事总是不好启齿难以张扬,于是便让手下人去明查暗访,见到街上长得有点模样的小伙子便用个箱子偷偷弄进宫中。玩腻了便偷偷地杀掉,然后再找。当然也有长得实在是太可爱的,贾南风便舍不得杀,活着又放了出来。于是又生出下面的故事。

那几年洛南闹盗贼,很多人家曾被偷被抢,这其中就有皇后贾南风的一些亲戚。后来抓住了一个"盗贼"。皇后的亲戚听说贼已抓到且赃物俱在,便前来狱厅听官府审断。到了那里才知道,这"盗贼"原来是个年轻的校尉,长得端庄清秀,举止娴雅,看上去根本不像个盗贼,倒像个风流倜傥的富家子弟,以前也没见过他有什么劣迹,只是近来不知他怎么突然之间就冒出那么多稀奇贵重的东西。这就不能不引起人们的怀疑。官家大老爷在堂上吆五喝六故作声色俱厉状,堂下的小校尉却惊惧无措而又神色茫然。

"说!你如何为盗?怎样为盗?所盗何人?同党在哪儿?一一从实讲来!"

"我、我没偷盗,我、我不是贼。"

"掌嘴!你不是贼,难道本官是贼不成?"

"大、大人,小、小的真、真的不是。"

"赃证俱在,还敢抵赖,大刑侍候!"

小校尉像鸡啄米似的一个劲磕头,说:"小人冤枉!这些东西委实不是偷来的!"

"既不是偷来的,又所从何来?这样贵重的东西也是你这种人用的吗?讲!"

小校尉说:"大人息怒,这东西确实不是偷的。前些日子小人在街上行走,遇上一位年老的婆婆。她说她家中有人得了重病,求医问药始终无效,后来巫师说是中了邪,必得城南少年才能镇伏住。她求小人帮忙。小人见她说得可怜,又想救人一命胜造七级浮屠,就答应了跟她前去。上了车子放下车帷,她就把小人装进一只大箱子里,说这是巫师说的。小人在箱中觉得好像过了六七重门槛。打开箱子时,只见楼阁亭台金碧辉煌,不像是人间,就问这是什么地方。那个老婆婆笑着说这是到了天上。然后就有许多美貌的仙女出来侍候小人沐浴更衣,再由那个婆婆领着来到一个去处。见有一位美妇人,年纪大约三十五六,短身材,皮肤略黑,眉角还有一块疤。那些人都很怕她,她就留小人在房中过夜,一连好几天都不让走。后来就让那位婆婆带我出来,这些东西就是那位美妇人给的。小人所言句句是实,望大人明断!"

众人见他说得有枝有叶,都相信这是真的遇上女采花贼了。可这人是谁呢?别人不知道,贾皇后的亲戚和地方官可心里清楚,据这小子所说,那个人定是皇后无疑了。早就风闻丢失美少年的事和宫中有些关系,没料到真是这么回事。既然皇后都开恩放出来了,那还审什么?"滚吧!算他妈你小子有福!"就这么把小校尉发落了。发落之后,地方官对这个香艳离奇的故事咂吧着嘴一连品味了好几天,连连叹息自己早生了几十年。

六

贾南风瞧不上她那个傻皇帝丈夫,"憎乌及屋",连傻皇帝的儿子她也瞧着不顺眼,呼喝来呼喝去的,从不给个好脸色。她老母亲广城君郭槐就劝她,说:"你自己噼里啪啦生了一大堆丫头片子,一个儿子也没有。你现

在不对太子好点,将来皇帝百年之后,你靠谁?"广城君就想把自己小女儿的女儿嫁给太子做妃子。贾家这时气焰滔天,太子也想娶一个贾家的女儿以求自保。可皇后贾南风说什么也不同意。皇后的妹妹贾午也是一百个不愿意,她说:"凭我女儿这才貌,嫁个什么样的如意郎君没有,非要嫁给这么个现世宝?!"

这个贾午其实比她那个皇后姐姐还不是东西。当年晋武帝为太子聘妃子的时候原本是想聘她的,只是她太小,这才姊妹易嫁改聘了姐姐贾南风。贾午则和父亲的一个下属叫韩寿的暗送秋波以至幽会,并把皇帝赐给父亲的西域奇香也偷送给了情人。

广城君见两个女儿极力反对,也只得叹息着作罢。贾南风就说:"给太子聘王衍的女儿吧,听说长得挺美的。"广城君点头同意了。于是准备给太子聘王衍之女。太子听了也很高兴。可不巧的是贾南风说这话时被贾谧听到了,一听王衍的女儿长得好看,就缠着皇后说他还要呢,为什么要聘给太子不给他?这贾谧本叫韩谧,正是贾午和韩寿偷情的硕果。贾充死后无子,韩谧便以外孙的身份入继外祖父家,改姓了贾,贾午和贾后都把他当个宝贝似的宠着。于是王衍的女儿就成了他的老婆。

太子很生气,明里暗里念叨了好几回。这一切都让广城君看在了眼里。广城君虽然和她的女儿们一样妒忌残忍,但比她们更有心计。如今见女儿们这般胡闹,心里十分郁闷,所以她在临咽气的时候把贾南风叫到病榻前,拉着她的手,语重心长地劝她好好地疼爱太子、扶持太子。她流着泪说:"我这就要死了,你能听我的话也算是你尽了孝心了。充华赵粲和贾午、贾谧这几个人非坏了你的大事不可。我死了以后,千万别再让他们进宫去胡闹了。你可要记着我的话啊!"说完广城君便咽了气。

贾南风在广城君灵前捶胸顿足发誓发得山崩地裂,可一回到宫中便将老母亲的话忘了个一干二净,日日夜夜同赵粲、贾午聚在一处,想把太子除掉。

这一天,贾南风假装说皇帝病得厉害,召太子速速入朝。太子惊惶失措,入宫后却没见到父皇。贾南风就派侍婢陈舞假传圣旨赐给太子三升

酒,要他都喝了。太子说我从没喝过这么多酒。陈舞就说:"你想落个不孝的恶名吗?为什么君父赏赐的酒,你推三阻四就是不喝?是怕里面有毒吗?"太子只得强忍着喝了。三升酒落肚,马上就觉得头重脚轻,身子轻飘飘的,眼前恍惚惚的,脑袋要炸了一样。贾南风就让潘岳草拟了一份大逆不道的东西,然后假称圣旨命太子抄了。太子这时已醉得不辨东西南北,像个木偶似的别人叫干啥就干啥。只是连笔都拿不稳了,只抄了一半就没法再抄,剩下的就由贾南风补齐,然后拿着去见皇帝。

贾南风一见皇帝就假装哭鼻子抹眼泪,好像受了多大的委屈,说:"陛下呀,大事不好了!太子受那些奸人的挑唆,要把陛下和臣妾都处置了。这可怎么好呀,陛下?"皇后贾南风就把那张书稿递给了皇帝。皇帝接过来一看,只见上面写道:

  陛下宜自了,不自了,吾当入了之;中宫(皇后)又宜速自了,不自了,吾当手了之。并与谢妃共要刻期两发,勿疑犹豫,以致后患。愿成,当以三牲祠北君。

皇帝看了一遍,根本不懂,就问是什么意思。

贾南风气呼呼地说道:"这有什么不懂的,了就是完蛋了,死了,就是让你也快点死,我也快点死,好让他当皇帝!"

皇帝点点头,说:"噢,这么回事。可这皇帝朕还没当够呢。你说该怎么办?"

皇后更来气了,说:"这还用说,把他先废了不就完了!"

皇帝连声称赞,于是就以谋逆之罪把太子废了,然后囚之于许昌宫。这事发生在永康元年(公元300年)的三月。

太子被废,大家都知道这是贾皇后搞的鬼,心里就不服气。这时在朝中掌握兵权的是右军将军、赵王司马伦。于是一些人就劝说司马伦出头废掉贾后,复立太子。司马伦是个贪婪而又十分莽撞的家伙,听了就要动手。他手下的一个心腹孙秀一把把他拦住说:"大王且慢!大王素与贾后及郭

槐亲善,外人纷传说这次太子被废,大王也参与其中,一朝事起,大王也脱不了干系。况且大王跟太子始终不和,太子复了位,大王能有什么好处?弄不好还会引火烧身。不如先让贾后把太子害了,大王再除掉贾后,到那时天下岂不就是大王您的?"

这番话正说到司马伦心坎上,真如醍醐灌顶大梦方觉。于是就放出风去,说有人想废皇后,立太子。一时间传得沸沸扬扬。司马伦和孙秀就趁机劝贾后把太子除了,太子一除,少了招牌,他们不就没咒念了?贾后一听有理,便叫她的情夫太医程据和了毒药,然后派人去许昌宫把太子害死了。

太子一死,司马伦就觉得这机会好得不能再好,于是假传圣旨说:"皇后贾氏与贾谧合谋杀了太子,我现在奉诏入宫废除皇后。你们要是跟着我去呢,事成了可以弄个关内侯做;如果不去呢,那就诛灭三族!"既然有升官发财的机会,谁能不去?于是一哄而起,鼓噪着涌进宫门。贾谧一见大事不好,扭头就往里跑,一面跑一面喊:"阿后救救我!阿后救救我!"被乱军赶上前去,刀剑齐举,一下子就把这小子剁成了七八段。然后众人又呐喊着乱哄哄地往里闯。

当司马冏奉司马伦之命领兵闯进中宫的时候,皇后贾南风正在往脸上涂脂抹粉,一见司马冏就吃惊地跳了起来,问:"你来干什么?"

司马冏大模大样地说:"我是奉诏来收捕你的呀!"

"什么?奉诏?"贾南风一跳老高,那些脂粉盒也被她扔得满地都是。她冷笑道:"诏书当从我这里出,你哪来的诏书? 真是笑话!"

司马冏道:"我只管拿人,别的一概不管!"

贾南风就跑到阁子上隔着老远地朝皇帝喊:"陛下,你老婆给人废了,你不知道吗? 要废也得自己废呀!"

皇帝默然不语,贾南风就在心里狠狠地骂了一句:真是个窝囊废! 然后便坐在地上撒泼大哭。司马冏对这表演缺少兴趣,便命人将贾南风连拖带拽地弄走,然后向司马伦交差去了。

贾南风被废为庶人,先幽于建始殿,后来又关押到金墉城。她的一些亲戚死党,包括那些美如冠玉的情夫也一一被杀。最后死神也没有放过

157

她。贾南风临死时最大的遗憾是觉得自己心肠太软,杀得人太少。她对司马囧说:"我怎么没多杀几个呢?"她对此感到深深的惋惜。

由此看来,贾南风恐怕是真的疯了。

迫害亲妹妹的冯皇后

我们在读北魏文成帝、献文帝、孝文帝三朝历史的时候会发现,史书上总是会出现"冯后"的字样。弄得不好,还以为她们是同一个人呢。其实,她们是姑侄三人:文成帝文明皇后、孝文帝废皇后和孝文帝幽皇后。因为史书没有记载她们的名字,我们也只好称呼她们死后的谥号了。文成帝文明皇后在献文帝时代是太后,在孝文帝时代则是太皇太后。她活到四十九岁寿终正寝。孝文帝废皇后和幽皇后是亲姊妹,都是文明太皇太后的娘家侄女。这辈分搞得挺滑稽:从"婆家"算,她们是祖孙关系,是三代人;而在"娘家",她们只是姑侄关系,是两代人。这姊妹二人先后被立为皇后,但妹妹因为姐姐的谗言而被废,姐姐最后则被赐死。

一

老方丈看着对面的皇上拓跋弘,心里纳闷:这十七岁的小皇帝,今天的棋怎么下得一点章法都没有?他手里拿着一粒白子,却愣愣地看着那棋盘,横竖不知往哪里放。等了差不多有一刻钟,总算落下了子,却毫无道理,让人莫名其妙。

自从四年前这永宁寺落成和寺中那四十三尺高的释迦牟尼立像开光以来,这位小皇帝就经常光临这座宏伟的寺院。老方丈有时给他介绍那高耸入云的七级浮屠(就是七层宝塔),有时向他介绍铸造这佛像用的十万斤铜和六百斤黄金都是哪些人施舍的,有时还就着佛像向他讲述释迦牟尼本生故事。

拓跋弘并不是不想在宫中逗留。他是皇帝,他愿意的话,应该经常在宫中。可是,随着他逐渐懂事,他明白了皇朝大权并不真正掌握在他的手

159

里。那高踞于他的上面的太后,是他和皇权之间的一道不可逾越的障碍。所以,他才不得已经常到这永宁寺来讲经论道。太后也乐不得地希望他不在宫中。

最近,拓跋弘的心情越来越糟。他对行使权力的期望已越来越迫切,越是得不到的东西越是想得到。还有一些老臣总是很神秘地向他暗示太后与大臣李弈的关系。特别让他不快的是,他至今不知自己的生母是谁;而在他十三岁的时候,他的李夫人生下一个儿子,取名为拓跋宏,与自己的名字读音相同。好在并没有人敢于直呼皇帝和太子的名字,读音相同也无大碍。未等李夫人被立为皇后,太后就决定把这个孩子立为太子。而根据北魏的制度,不论谁被立为太子,他的生身母亲就要立即被赐死。李夫人就这样被迫自杀了。拓跋宏就由太后亲自抚养。太后的用意很明白:还不是为了便于由她控制?这让拓跋弘心里更加恼火:控制我这一代还不够,还要控制到我的下一代!我今生还有出头之日吗?

他心里装着这么大的事,能不烦乱吗?所以,他的棋总是下不好。

老方丈看出他有心事,特意问道:"陛下心神不宁,必是在考虑国家大事吧?"

"有太后临朝,国家大事还用得着我考虑吗?"

老方丈还能听不出他话中的意思,就好似不着边际地说了一句:"太后临朝,太上皇也可以临朝。"

拓跋弘一愣。他很快就醒悟过来,撂下手中的棋子,说道:"朕今日身体不适,难以终局。明日再战,如何?"说罢,就站起来离席而去,回到宫中考虑自己的方案去了。

几天后,拓跋弘上朝了,坐在龙座上,而太后则坐在他的身后。当议事完毕,太后示意宦官宣布散朝的时候,拓跋弘却开口了:

"诸位爱卿,朕有一事要向大家宣布,朕近年来一心向佛,无意于国事。朕思虑再三,长此以往,必然误国。所以,朕打算禅位于皇叔拓跋子推。""禅位"就是皇帝在世时就主动把帝位让给他人。

"这怎么可以?这样重大的事情,怎么可以不事先谋议?"太后没有想

到这个小皇帝会想出这么个办法,就极力加以制止。

可是拓跋弘已经在头几天向几个对太后秉政不满的大臣透露了自己的打算,还传快信从前线召回了他信得过的太尉源贺等人。太尉是总揽全国兵权的人,只要他站在自己一边,不愁大臣们不惧几分。

"陛下欲传位旁支,有违先帝旨意。如陛下一定要禅位,也只能传位于太子。"一位老臣提出了自己的看法。

当场还有几个大臣慷慨激昂地表示:如果陛下传位于旁支,他们就在殿上自杀。

"太子自幼聪颖,而且至孝。"源贺站起来说,"陛下一定不会忘记,前年陛下背部生恶疮,太子亲自为陛下吮脓汁。这样的太子即使年幼,也可以继国家大统。"

"既然众卿瞩目于太子,朕从众议。只希望众卿鼎力辅佐。陆馛(bó)是一位敢于直谏的人,就让陆馛做太保吧。"太保是辅佐皇帝的重臣,在古代属于三公之列。到了北魏时代,并没有什么实权,但象征着皇帝的恩宠。于是,拓跋弘便把一只"节"交给陆馛,对陆馛和源贺说:"就由你们两位来主持禅位的庆典吧!""节"是一种信物,表示皇帝授权的意思,其实就是一根竹竿,上面插上牦牛尾,只不过做得很精细而已。然后,又把象征皇权的玺绶交给他们。

冯太后想,禅位就禅位吧,那拓跋宏只有五岁,还不是我的掌中之物?并且,由于她事先没有准备,这时的局势也不是她一下子就控制得了的。她忽然明白了,为什么两天前拓跋弘突然把她的哥哥太傅冯熙派到外地巡视去了。这小皇帝原来是早有预谋。她无可奈何,眼看着拓跋弘把玺绶交了出去。

第二天便举行了禅位仪式。拓跋宏端坐在龙座上,两脚悬在半空中,很不自在地悠来悠去。这时,钟鼓齐鸣,乐队也奏起喜庆的音乐。陆馛双手高擎玉盘,把盘中的皇帝玺绶呈奉给五岁的拓跋宏。接着满殿山呼万岁。冯太后坐在御座的后面,说道:"既已禅位,亦须改元。哀家以为,就叫作'延兴'吧,我们大魏国的国运还要一直兴旺下去。今年就是延兴元年,还

要大赦天下才是。"满朝又山呼万岁。

逊位皇帝拓跋弘说："朕一心向佛,希望过着淡泊宁静的日子,所以才把皇位禅让于太子。这样,朕就可以一心一意地论经讲道,致力于佛事,为天下万民祈福。今天,总算满足了朕的夙愿。"

这时,源贺手持笏板,出列奏道："当年,汉高祖称皇帝,尊其父为太上皇,那是表示由高祖亲自秉政。当今陛下亦应向父皇上尊号为太上皇,但由于新皇年幼,还须太上皇总揽朝纲。同时,太后应上尊号为太皇太后。"

冯太后听了这话,脸色刷地就变了。她心里立时就明白了:啊,这是逼我还政啊!这个拓跋弘,我真低估了你。但她见源贺在这里,大臣们都惧他三分,就是那些忠于她的人也不敢讲话。她想:好!老妇先退一步,看你如何动作。她控制住自己的情绪,当众说道:"这样的安排甚善。老妇早已倦于政事。既然皇帝和太上皇都有了,老身就可以享清福去了。"冯太后一口一个"老妇"、"老身",其实,她这时也只有三十三岁。

六天以后,太上皇搬出皇宫,到崇光宫居住。

这是皇兴五年,也就是延兴元年(公元471年)的事。从那以后,每天再上朝,小皇帝拓跋宏端坐在御座上,他的后面就坐着太上皇拓跋弘,即使有时太上皇不来,也有大臣每天到崇光宫把重要的事情向他禀报一番。

冯太皇太后从御座旁边退了下来,心里很不是滋味。想不到她这样精明的人,竟让一个十七岁乳臭未干的孩子给算计了!回想起来,她十四岁进宫,给文成皇帝拓跋濬当贵人,不久又被立为皇后。文成帝在位十四年,年纪轻轻的就驾崩了,而更加年轻的她也成了寡妇。太子拓跋弘那时只有十二岁,车骑大将军乙浑假传圣旨,陆续杀了尚书杨保年、南阳公张天度等多人,排除了异己,并先后窃取了太尉、丞相等要职,控制了朝廷大权,还密谋叛乱,拓跋氏的天下危在旦夕。这时,是她精心布置,挫败了乙浑的政变阴谋,杀了乙浑,保住了江山,并开始临朝称制。是她给拓跋弘娶了皇后,给他抚养孩子,给他立了太子。想不到他竟会这样对待她。

就在冯太皇太后为拓跋弘的忘恩负义恨怨不已的时候,站在门外侍候的宦官报告:"李弈大人到。"

李弈是南部尚书李敷的弟弟,为人聪慧,生得俊俏,深得太皇太后欢心。听说李弈来了,太皇太后觉得是一种安慰,就传令让他进来。

"臣李弈拜见太皇太后。"李弈进来,一边说着祝颂词,一边要给太皇太后跪下叩头行礼。太皇太后上前,一把扶住他说:"免礼!快起来,不要这样。"又大声地对门外的宦官说道:"给李大人奉茶!"那宦官进来倒茶的时候,太皇太后又对他说:"你带几个人到御花园去给我挑几盆花来,摆到门前。"

"你怎么这么长时间也没来?"太皇太后见宦官远去,就嗔怪地问李弈,又示意他坐到自己的身边。

"我怕人家注意我俩的关系。太上皇禅位的事,我觉得是冲着太皇太后来的。所以,我觉得应该加点小心。"李弈忧心忡忡地说。

"不要紧的。门外的宦官对我很忠心。刚才我把他支走,主要是为了让你放心。我已经关照过他,以后你再来的时候,不要对任何人讲。他是很可靠的。"

李弈放松多了。"你放心,我以后会常来的。"他不再称她为太皇太后了。

"你知道,李卿,现在,我只有同你在一起的时候才有快乐。临朝不临朝,我已经没有兴趣。如果你我能够长相厮守,我就心满意足了。"太皇太后往椅子边上靠了靠,示意李弈坐到自己的椅子上。两个人挤到一起。"给我讲点让我高兴的事吧。"

"一位南方的商人对我说,南朝宋国的皇帝刘彧(yù)喜欢看女人裸舞。"当时中国分裂为南、北两部分,南方是刘裕建立的宋国,北方就是拓跋氏建立的魏国。所以,直到后来隋朝统一中国的这一段历史就被称为"南北朝"。李弈继续讲下去:"有一次,他把皇后妃嫔都请来,陪他一起看。皇后羞得用扇子遮住脸。刘彧道,宫内的娱乐活动很贫乏。我特意把你请到这里来让你看,让我们一同为乐,你还不看!皇后说,娱乐的方法有很多,陛下把我们姊妹叫到一起,让我们看女人裸舞,我们如何能够不羞?刘彧大怒道,你太缺少见识了,给我滚出去!"

"你瞎编!"太皇太后用手指点了一下李弈的面颊,"你想要……你就借题发挥。你够坏的了!"

"我说的是真事!"他嘿嘿地笑着,伸出了自己的手。

常言道,没有不透风的墙。太上皇拓跋弘早就听说太皇太后与李弈有染,并且有些传说还相当"真切",只是谁也拿不出什么证据。他想,在传播这些消息的人当中,添油加醋甚至有意编造之徒肯定有之。但无风不起浪,如果太皇太后行得很端正,也未必有人敢随意捏造。他忽然想到相州刺史李䜣(xīn)刚刚因为贪污受贿而下狱。李䜣做仪曹尚书的时候,与南部尚书李敷关系密切,能不能从他身上得到这方面的证据呢?

太上皇拓跋弘示意办李䜣案子的人,注意查寻李弈同西宫的关系。西宫是太皇太后居住的地方。办案人直截了当地对李䜣说:"要想活命,只有揭发李敷、李弈兄弟的隐私才有可能。"那李䜣觉得自己是李敷的朋友,不能做对不起人家的事,不肯讲。其实他也真的不知道什么。他无可奈何,甚至多次想自杀。后来,李䜣在办案人的暗示之下,找到李敷的几个仇人,总算给李敷兄弟凑了三十条罪状。太上皇就根据这些罪状,把李敷、李弈兄弟给杀了。

北魏延兴六年,年仅二十三岁的太上皇拓跋弘突然死了。有人说是被冯太皇太后设伏兵杀死的,不过多数人相信是被冯太皇太后下毒毒死的。拓跋弘被谥号为显祖,史称献文皇帝。

此后,冯太皇太后重新临朝听政,并把年号由延兴改为太和。这样一来,她更是大权独揽,也更有条件宠幸年轻貌美的男子了。

太和二年(公元478年),太皇太后领小皇帝到皇家养虎的地方——虎圈去看虎。不料有只虎跑出来,眼看着就向御座奔去。侍卫们吓得屁滚尿流,不知所措。吏部尚书王睿从侍卫手中夺过一把戟,冲着老虎就刺,那老虎倒被他吓跑了。从此,王睿就受到太皇太后的百般宠幸,还被封为太原公。秘书令李冲也是因为受宠,赏赐不计其数。

也许是为了掩人耳目,太皇太后对被她宠幸的人很严厉,犯错误就要受笞刑。但鞭笞过后,她仍旧对他们好,所以这些人也都极力维护她。

二

　　冯熙有三个女儿,都生得牡丹花一般。两个大的同年而生。其中一个的母亲姓常,本来是冯家的下人,因为生得好看,被冯熙看中,同她生了这个女儿和一个儿子,儿子名字叫作冯夙。另两个女儿是何人所生,无从查考。冯太皇太后觉得光是自己的哥哥借自己的光当了大官还不够,应该让冯家世世代代兴旺下去。大约在太和十二年(公元488年)前后,当冯熙的两个大女儿长到十四岁的时候,就由她做主,送到宫中。

　　讲这个故事有一个困难:冯氏的这三个女儿史书上都没有留下姓名,我们又不好杜撰,这里姑且只好分别叫她们做姐、妹和小妹了。先入宫的这两位当然就是姐姐和妹妹了。

　　这时的皇帝拓跋宏也就是十七八岁的样子,对两个新入宫的美人宠幸有加。这里还有一层原因。拓跋宏自小被太皇太后带大。懂事后,觉得太皇太后的主张都很正确,所以他非常尊敬太皇太后。这就更加深了他对太皇太后两个侄女的偏爱。两个人都被封为昭仪。谁料妹妹身体不好,进宫不到一年,就大病一场死了。不久,姐姐也得了皮肤病,太皇太后怕她把病传染给皇帝,就让她到寺庙里当了尼姑。这时候,小妹妹也长到了十四岁,太皇太后就把小妹妹也送到宫中。这小妹妹生得更是如花似玉,深得皇帝宠幸。

　　太和十五年(公元491年),冯太皇太后得重病去世了。这令皇帝拓跋宏特别悲伤。他觉得太皇太后有许多好的品质。比如,她生活节俭,吃的、穿的都尽量节省,临朝称制以后,膳食费比原来父皇时减少了七到八成。她又机智聪明,制定了许多重要的国策,比如实行汉化。拓跋宏懂事后,知道拓跋氏是个后起的少数民族,经济、文化都远远不如中原的汉族。因此,学习汉族的文化知识和生产经验,甚至生活习惯,就是尽快发展拓跋族最好的办法。太皇太后还在太和九年(公元485年)亲自撰写了十八篇《皇诰》,规定了发展国家的大政方针。她还经常同自己一起拜访老臣,向他们

解读王朝

征求发展国家的良策。她把自己的儿子拓跋恂给带大,为魏朝培养了三代君主。她还特别重视发展教育事业,下令设置学馆,挑选老师,让皇家的子弟都来上学。拓拔宏一心要继承太皇太后的事业,把魏国发展成一个强大的国家,直到统一整个中国。

太皇太后死后,皇帝拓跋宏五天滴水未进,哀伤的程度大大超过了礼法的规定。直到第二年正月,才开始听政;三月,吃饭的时候才加一点蔬菜。因为怀念太皇太后,经常彻夜哭泣。到了十一月,冯太皇太后已经去世一年多了,拓跋宏才戴上皇帝平常戴的通天冠,穿上绛纱袍。

太和十七年(公元493年),皇帝拓跋宏已经二十六岁,应该立一位皇后了。于是,便立冯氏的小妹妹为皇后。

这位冯皇后非常贤惠。这时的拓跋宏正在忙着营建新都和说服众臣同意迁都的事。原来,北魏拓跋氏原是北方的少数民族,以前居住在大兴安岭一带,后来逐渐南迁,并在晋末大乱的时候,一点一点地统一了中国的北方,建立了北魏皇朝,定都在平城(今山西省大同市)。直到拓跋宏的时代,拓跋氏仍保留着许多北方民族的一些原始习俗。拓跋宏要继承冯太皇太后的遗志,加速汉化的进程,就要把它的政治中心南移,以便更加接近中原文化。他打算迁都洛阳。但洛阳已在连年战争中受到了很大的破坏。所以他经常到洛阳去考察,研究建设方案,有时还挂帅,领导对南方齐国的征战。因此,他留在平城宫中的时候并不多。

太和十九年(公元495年),皇后三姐妹的父亲太师冯熙去世了。皇帝拓跋宏为冯熙举行了盛大的国葬。此后,又到洛阳去了一段时间。

拓跋宏回到宫中,见到了别离数月的皇后,很是亲热。温存一阵后,冯皇后说:"陛下南巡的时候,臣妾到寺中看望了姐姐。她经过几年的治疗,现在已经痊愈了,皮肤光滑细腻如初。姐姐对陛下十分想念,陛下何不接她回宫?"

拓跋宏正在谋划如何说服众臣同意迁都,想来想去,还是觉得那些年轻的大臣好办,他们积极拥护迁都,可是一些守旧的老臣人数虽不多,但势力和影响都很大,是最难办的。后来,他想出了一个办法:宣称要大举征

伐齐国,便率军大举南下。因为当时正是战争时期,许多大臣都有军职,所以这一举就把大部分朝廷官员动员到了洛阳。可是到洛阳后,他又声称南征时机尚不成熟,便按兵不动。但洛阳的宫殿尚未完工,他拒绝了一些大臣要他回平城的要求,而是在邺城修建临时宫殿。第二年洛阳宫殿落成,拓跋宏便搬进了洛阳西宫。这时,他想起了皇后让他把姐姐接回宫中的话,便直接把皇后的姐姐冯昭仪接到了洛阳宫中。

"陛下为何经常不回宫?陛下总是在外面,谁来照料起居?"冯昭仪同皇帝过了一段甜蜜的重聚生活之后,皇帝又经常不回宫了,所以她找个机会向皇帝提出了这个问题。

"朕日理万机,事务缠身。迁都的事,还有不少老臣反对。那李䜣真不是个东西!当年他犯了大罪,先帝原谅了他,现在他又带头反对迁都。还有,中原不能总是南、北两个朝廷,朕有志于统一大业,怎能看着南方割据而不问?所以,朕不可能总在洛阳宫中。你要耐得起冷清才是。特别是以后后宫几百人全部迁到洛阳,朕怎能日夜守在你的身边?"

"臣妾倒是没有什么,几年尼姑都当了,还能受不了这一点冷清吗?只是臣妾怕皇后忍受不了啊。"

"皇后不会的。她是个很沉稳的人,安分守己,很多人都向我称颂过她的妇德呢。"皇帝拓跋宏没有认真考虑冯昭仪这句话的深层含义。

冯昭仪可不是那样简单的人。她觉得,现在后宫绝大多数人还在平城,皇帝就亲幸得很少,一旦那比她还小两岁、相貌又很出众的皇后来到皇帝身边,一旦那数百妃嫔来到皇帝身边,皇帝还能在她身上花费多少心思?她不能眼看着皇帝从她身边走脱,投身到别人的怀抱!哪怕她是自己的妹妹。

"陛下是只知其一,不知其二。"

皇帝一愣:"难道皇后她……会有二心?"

"不、不……臣妾没有这个意思。"冯昭仪故意吞吞吐吐。

在封建社会里,天下是皇帝的天下。皇帝最怕的就是天下落到外姓人的手中,所以皇帝后宫的女人是不准其他任何男人染指的。这就是为什么

历来后宫宫禁森然的原因。今天冯昭仪的话是不是暗示皇后不贞呢?如果冯昭仪直截了当地说,他可能不相信。因为后宫之间争风吃醋、互相攻击是很平常的事。但今天她吞吞吐吐、欲言又止,里面就大有文章了。况且,她毕竟是皇后的姐姐呀!姐姐总不至于说自己妹妹的坏话吧?

可是,任凭皇帝怎么追问,冯昭仪只是长叹一声,就再也不说话了。

皇帝拓跋宏这些日子总是心神不宁。皇后真的会有什么问题吗?他终于忍耐不住,又去问冯昭仪:"你应该是了解皇后的,如果你有话不讲,以后被朕发现,朕是不会宽恕你的。"

冯昭仪故作迟疑,在皇帝再三催问之下,才说:"皇后是臣妾的亲妹妹,臣妾不应该讲她的坏话。只是陛下苦苦相逼,臣妾实在是无奈。在我们姊妹三人中,因皇后年纪最小,最受家父疼爱,所以她也是最任性的一个。她自小就很风骚,但因为她会作态,别人不易发现。但我们当姐姐的还能不清楚吗?"

"你的意思是,皇后在后宫也不老实?"

"臣妾可没有这样讲。臣妾已多年不在宫中,她的行动臣妾也不知道。不过,下月后宫全部迁来洛阳,那是妃嫔们唯一可以有机会接触其他男人的时间,请陛下注意观察就是了。"

冯昭仪还在平城寺庙里当尼姑的时候,有一位中常侍名叫双蒙,经常到庙里来,说是礼佛,但却总是对她挤眉弄眼。渐渐地,两个人便勾搭上了。还有一位宦官,姓高,自称特别信佛,改名为高菩萨,也经常到寺中来。其实这高菩萨六根未净,虽然没有男女方面的能力,却颇有这方面的心思。因为他以前侍候过这位现为尼姑的冯昭仪,所以这时也常来看她,两个人也常找机会亲热一番。因为他是宦官,因此并不引人注意。他还常在冯尼姑与双蒙之间做一些穿针引线的工作。有宦官的外衣作掩护,所以从来也没有暴露过。

皇帝迁到洛阳,这两个人也跟着皇帝过来了。冯昭仪趁没人的时候,把高菩萨叫到自己房中,低声对他说道:"等后宫车马来到的时候,你让双蒙……"下面的话声音更小了,谁也没法听到。

不久,后宫的车队果然来到了洛阳。妃嫔们的车都被直接带到新的后宫,而皇后的车却被带到洛阳西宫,这是皇帝临朝的地方。皇后的车停下了,宦官们都忙着接皇后和侍从、宫女们下车。中常侍双蒙也在其中忙碌着。中常侍就是侍候皇帝的官,汉代是由宦官充任的,晋代以后才由官员担任。双蒙手持一个小凳,是给皇后下车垫脚用的,把它交给一个小宦官。那小宦官也没有认真检查,就把它垫到皇后的脚下。皇后往上一踩,那凳腿却折了一条,皇后站不住,一头向前抢去,正好扑在站在对面的双蒙怀里。一时惊吓,脱口用鲜卑语喊了一声:"哎呀,我的妈呀!"双蒙把皇后扶稳,然后就在皇后面前跪下。这一切都看在站在宫殿台阶上的皇帝的眼中。他还注意到,皇后穿的仍是小口短袖的鲜卑服装。这也使他大为不快。因为他早就下令各级官员一律要讲汉话,皇家和老百姓一样要禁穿胡服。可是,他眼前看到的和听到的都让他大失所望。他一甩袖子,气愤地令道:"把皇后拉回后宫。"便回到殿内。

皇后只好重新上车,到后宫安置。

两天以后,宦官手捧皇帝的诏书来到后宫,向皇后宣布道:"皇后冯氏行为不端,废为庶人,送瑶光寺为尼。"就这样,这位冯皇后在把自己的姐姐从寺庙第二次引进后宫不久,自己反被姐姐送进了寺庙。

三

双蒙和高菩萨指使宦官们不断地向皇帝进言,说冯昭仪如何好,有妇德,为人沉稳持重,等等。弄得皇帝拓跋宏信以为真,果然在太和二十一年(公元497年)立这位大姐为新的冯皇后了。

皇帝拓跋宏原来立皇子拓拔恂为太子,这时已经十三岁了。这孩子长得胖,迁都洛阳后,他嫌这里热,总想回平城。这使得皇帝很不痛快。父皇给的汉族衣服他也不爱穿,私下里总是穿胡服。他还不爱学习。魏帝就在立新冯皇后的前一年把拓跋恂废为庶人,又立拓跋恪为太子。拓跋宏学习中原文化,不想再实行谁被立为太子就将谁的生母赐死的野蛮制度,没有

将拓跋恪的生母高氏赐死。并派人将她从代(今山西省代县附近)接到洛阳。但新的冯皇后想学习姑母、已故的太皇太后的样子,把拓跋恪当作自己的儿子养大。没有等高氏走到洛阳,就偷偷派人在途中把高氏毒死了。

皇帝拓跋宏觉得,中原文化要比鲜卑文化发达得多,生产技术的差距也很悬殊。所以,要统一整个的中国,就必须加速鲜卑贵族汉化的进程。因此,他学习汉人铸造货币,促进生产的发展。他还下令把族姓从"拓跋"改为"元",使之与汉姓相似。他还从四姓汉族贵族和其他汉族官僚中挑选女子入宫,有的还做了他的夫人。

元(拓跋)宏整天忙于这些事情,后宫又增加了不少汉族姑娘,不可能有太多的时间亲幸新的冯皇后。她哪里受得了这份冷清,免不了暗中与高菩萨、双蒙等人又干起那偷鸡摸狗的事情来。

新冯皇后的母亲高氏除生了她,还生有一子,名为冯夙。这冯夙不务正业,人望不高。冯夙新近丧妻,想续娶又没人愿意嫁。冯皇后想让冯家的势力更大,世代不绝,就对皇帝说:"臣妾的哥哥冯夙比臣妾生得还美,潇洒英俊,百里挑一。陛下不是封他为北平公吗,记得不?最近,彭城公主丧夫,臣妾觉得这两个人门当户对,陛下就把彭城公主许配给家兄冯夙吧。"

皇帝元宏想了想,觉得冯熙的为人很好,冯熙的几个女儿除了小女儿外也都挺好,他的儿子肯定也不会坏,就答应了这门亲事。

"陛下日理万机,公务甚忙,这件小事就交给臣妾来办理吧。"

皇帝元宏想了想,说:"也好,正好我明天还要到悬瓠(hù,悬瓠在今河南省汝南县)军中视察,并在那里逗留数日。这件婚事就由皇后妥善为之吧。"

第二天,冯后就急不可耐地在高菩萨等人的护送下,亲自坐着小轿来到彭城公主家中求亲,说:"恭喜公主,陛下已经做主将公主许配给北平公冯夙了。这是冯家给你的彩礼。反正你们都是二婚,也不用特别准备,明天就成亲吧。"

"这怎么可以?"公主听说过冯夙的为人,不想嫁他,"女儿刚刚丧夫,无意改嫁。请皇后一定代女儿禀明父皇。"

"哟,老身可没有那么大的胆子。陛下已经到悬瓠去了,几天后才能回来。是陛下令老身在陛下回来之前把喜事办完的,老身如何敢抗旨?抗旨不尊是要杀头的。公主还是准备一下吧,明天冯家就来迎娶。"她又转身对高菩萨说:"菩萨,你留下几个人,今晚帮助公主准备一下。"

公主明白,这"抗旨不尊"并不是说她自己,而是在威胁她。但她现在已经身不由己了。高菩萨留下的人显然是监视她的。

彭城公主被迫嫁给冯夙,在看到冯夙以后,更是肝肠寸断。这冯夙是个恶少,无恶不作。几天后,公主借回门的机会,与婢女仆人等十余人冒着倾盆大雨,驱车直奔悬瓠。

"请陛下为女儿做主!"公主只说了这几句,便泣不成声了。

"公主何事这般悲戚?"

公主断断续续地说:"那冯夙是个欺男霸女的恶少,他的母亲常氏也是个蛮不讲理的泼妇。女儿到了这样的人家,不是跳入火坑了吗?"

"皇后说,冯夙的为人很好啊!不然,朕怎能将女儿往火坑里推呢?"

"父皇,陛下怎能听信皇后之言?她是个寡廉鲜耻的荡妇!"

"放肆!你……你怎么能……"皇帝元宏震怒了。他以为女儿是为了自己而肆意辱骂皇后。

"父皇,听女儿一句话,皇后当真是一个什么事情都做得出来的女人。如果女儿是胡言乱语,甘愿受死。现在,满朝都知道皇后的恶行,就瞒着陛下和陛下身边的人。因为和她私通的包括陛下的中常侍双蒙和宦官高菩萨。"

元宏汗流满面,难道皇后果真是这样的人?这对他的打击太大了。他一直信任她,立她为皇后……他忽然想起一个道理,反问道:"高菩萨是个宦官,他们如何私通得了?"他还是将信将疑。

"陛下,他们自有自己的淫乱方法,实在是不堪入耳。女儿怕有污圣听,不便陈述。其实,女儿所知也仅是其中一二而已。"

"公主,你先回到你自己家中,不要声张,待朕慢慢查来。"元宏觉得这事不可不信,也不可偏信,还是秘密地派人调查一下吧。第二天,他就病

171

了,头晕得很厉害。

冯皇后知道彭城公主到悬瓠面见父皇去了,估计公主有可能向皇帝告发她的所为,就去找母亲常夫人商量对策。

"咒他!他死了才好呢!咒他!"常氏恶狠狠地说。她找来一张纸,剪出一个皇帝模样的人,把针别在那纸人的心窝上,摆在神龛前,对女儿说:"你许愿。"

"菩萨如能让臣妾如姑母太皇太后那样临朝称制,养育太子,臣妾一定祭以最贵重的祭品和三牲(猪、牛、羊)。"

这时,传来了皇帝患病的消息。她们母女以为是自己的妖术见效了,果然杀牛、杀猪、宰羊,一时间冯家大宅里鸡飞狗跳,好不热闹。冯后以为她们母女的妖术一定奏效,皇帝活不长了,便肆无忌惮地淫乱起来。

皇帝元宏确实病了。一是因为自小冯太皇太后对他娇生惯养,体质不强。二是亲政后,干的事情太多,累着了。三是皇后淫乱的事对他的打击太大了。近几天还有人向他报告,冯后正与她的母亲常氏在冯家大宅内大搞巫术。元宏想:朕最近身体不好,是不是她们母女搞巫术的结果呢?

元宏回到洛阳不久,奉命监视双蒙和高菩萨行动的人就向他报告说:"他们二人一起到皇后宫中去了。"元宏想,如果冒冒失失地闯进去搜,那么大的后宫,哪里还躲不了个人,就对那人说:"你领人在外面隐蔽处等着,他们出来时,再给朕拿下。"

两个人果然在从后宫出来时被卫士捉住,绑到元宏住的洛阳西宫。皇帝元宏先让人把双蒙带上来。

"双蒙,自从朕亲政以来,待你如何?"

"陛下的大恩大德,臣永世不忘。"

"那你为什么要擅闯后宫?"皇帝把眼前的御案一拍,厉声说道,"你知道擅闯后宫是什么罪吗?"

"臣罪该万死。"

"那好,你如实招来,朕恕你不死。"

为了活命,双蒙把事情的来龙去脉全部交待了,还交待了高菩萨如何

引他进入后宫的情形。用同样的方法,皇帝让高菩萨也交待了自己的罪行。

事实搞清楚了,元宏受到的打击也就更强烈,他的病情也就更重了。特别让他气愤的是,皇后竟要用妖术害死他。为了弄清楚皇后用了什么妖术,他把她抓起来,带到他的殿上。皇后被带进门,皇帝元宏让她挨着东边的门柱坐下。那里离他的御座还有两丈远。然后,他又下令把双蒙和高菩萨带上来。

"把你们的供词再重复一遍。"皇帝命令道。

两人说完,皇帝对冯皇后说:"朕对你宠信有加,你却用这样的态度对待朕!你还有一点天地良心吗?把你的妖术说一说吧。"

"请陛下让左右退下,臣妾才能说。"

皇帝让在场的大臣和侍者都退下,只留下一位名叫白整的长秋卿,拿着大刀架在她的脖子上。"都下去了,你说吧。"

"有一个人我也不说。"

皇帝元宏留了点心眼:她想让人全下去,而朕的身体又不好,她是不是要借此机会行刺呢?不能上她的当。他找来块绵子,搓成绵球,塞在白整耳中。他叫道:"白整!"

那白整瞪着眼睛说:"陛下大点声,臣听不清。"

皇帝把绵球取出来,又换一个更大更紧的。塞完后,他又叫道:"白整!"

白整一点反应也没有。

"这回可以了吧?他什么都听不见了。"

正因为谁都没有听到,所以这一次皇后对皇帝说了些什么,谁也不知道。

元宏叫进两位皇弟彭城王元勰和北海王元详,并对他们说:"你们替朕详审这个妖婆,她竟想亲手杀了我!你们不要怕,以前她是你们的嫂子,今天她已经是路人。你们尽管审问,不必顾虑。"

真相已经大白了。元宏皇帝考虑到她是太皇太后的侄女,给她留了点

情面,没有废她的皇后。他以为,她会因为自责而自杀的。他再也不见这位皇后了。几天后,皇帝就离开洛阳,到南方前线去了。

皇后并没有自杀。而皇帝的病情却日益加重。当元宏觉得自己的病已经不能治愈的时候,就把彭城王元勰叫到身边,任命元勰为司徒,并要求他辅佐幼主。由于皇帝平常待兄弟们非常好,所以司徒元勰也对他忠心耿耿。皇帝对元勰说:"后宫(指皇后)长期以来不守妇德。朕死后,可赐自尽,仍按皇后的礼节埋葬她,免得冯家因为她而蒙受耻辱。"

太和二十三年(公元499年)四月,三十三岁的北魏皇帝元宏(即拓跋宏)病重,死在军中。谥号为高祖,史称孝文皇帝。太子元恪继位为帝。

冯皇后并不知道皇帝已死,因为她一直处在被监视之下。"皇帝没有废掉我的皇后名分,说明我还有一线希望。一不做,二不休……"她正设想着今后的安排的时候,长秋卿白整进来了,端着一个大大的酒爵。

"陛下有旨,请皇后喝了这爵酒。"她恍然大悟,这是毒酒。

"你这是假传圣旨。"她发疯般地大喊。

这时,司徒、彭城王元勰、北海王元详等一起仗剑步入宫内,说道:"我们奉高祖遗诏,执行赐酒。请皇后立即把这爵酒喝下去。"

两位王爷说罢,白整便端着酒爵走向冯后。冯后边跑边躲边喊:"皇帝是不会这样绝情的,这是你们兄弟要杀害我!"

两位亲王一起冲上去,架住她的胳膊,又用手揪住她的头发,使她动弹不得。白整则把酒爵送到她的嘴边,把毒酒强灌了下去。直到她无力地耷拉下头,两人才把她的尸体放到地上。这位连自己的亲妹妹都不肯放过的皇后,就这样离开了人世。元勰看了元详一眼,说道:"即使没有先皇的遗诏,我们也得杀了她。怎么能让一个品行不端的女人主宰天下呢?真是那样的话,她也会杀了我们的。"

她死后,谥号为幽皇后。

■仿效武后的韦皇后

韦皇后小时候母亲就说她没个女孩样,凡是一般女孩子家喜欢的她都不大喜欢,描花刺绣、飞针走线之类简直与她无缘,对争强斗胜、抛头露脸的事倒是蛮有兴致。母亲常常摇头叹息,一脸的无奈,唉,瞧这孩子,瞧这孩子!父亲则板起面孔一通呵斥:女孩子家,疯疯癫癫的,成何体统!一到这时候,她就一声不吭做低眉俯首状,心里却老大地不满:这样又有什么不好?当今的天后也是女的,不是照样同天皇平起平坐共称"二圣"吗?这顶撞的话她当然说不出口。

韦皇后从不隐瞒自己对武皇后的赞美,在她的心目中,武皇后始终是光焰万丈的太阳,让她永远膜拜、永远臣服、永远奉若神明,甚至是祖父韦弘表在曹王府因太子李贤的事而受牵连,都无法改变她对武皇后的看法。家里人都说她是冰块做的,冷酷无情。她对这些冷言冷语充耳不闻。她早已完全彻底地、不折不扣地被天后叱咤风云的气度给吸引住了,嗬,多够味!人就该这么活一回!多少回她在梦中体验着身着凤冠霞帔、面对满朝文武颐指气使的滋味,这想法常常使她激动不已,给她单调乏味的闺中生活平添了无穷的乐趣。

说来也是机缘巧合,有一天她竟然真的被选为太子李显的妃子了!这倒使她有些惶惶然,不知是该心花怒放、欢天喜地,还是该捶胸顿足、大放悲声。虽然她对天后心里倚望已久,但一想到真的要在这位心狠面硬的娘娘手下讨生计,胸口就扑扑地跳个不停。太子妃,多响亮、多好听的头衔!可她知道这头衔的价码。不久前在这头衔下就刚刚断送过一位赵妃,那还是太子做周王时聘的,是高祖常乐公主的女儿,当今皇帝的姑表妹,一位具有货真价实皇家高贵血统的妃子。不知怎的,天后看着不顺眼,就随便找了个借口给关进了内侍省活活饿死了。唉,别说太子妃,就是太子又该

如何？还不是走马灯似的换了一个又一个！到现在太子已是换过四个了。第一位太子李忠，刘氏所生，王皇后无出，为了巩固自己的地位就把他视如己出，请立为太子。王皇后被废，他也跟着倒了霉，被赐死在黔州。接立的太子李弘倒是天后娘娘亲生的，又仁慈又孝顺，人好得不能再好了，连皇帝都多次在侍臣面前夸个不停。就只为他跟父皇说起萧淑妃的两个女儿义阳公主和宣城公主被幽掖庭，都快四十岁了还没出嫁，希望父皇慈悲，允其下嫁，就惹怒了天后。上元二年（公元675年）从幸合璧宫时被天后给偷偷鸩杀了，死时还不满二十四岁。第三位太子李贤，也是天后生的，容止端重，聪敏明断，却被诬以怀逆大罪流放巴州，看来生死也只是早晚之间的事了。现如今天后又把自己的这个儿子推到了太子的位子上，将来如何？唉，难说得很。想起这些，怎能不叫人胆战心惊？可话又说回来，像自己这样一个出于王府五品典军家庭的女子能有机缘攀龙附凤，真不知是几世修来的福分，还有什么比这个更诱人的？俗话说得好，是福不是祸，是祸躲不过，何况这事也由不得自己。这样一想，就想通了，一想通，心情反倒平静如水，她就这么从容不迫、大大方方地一脚迈进了东宫的大门。

　　但一迈进来还是有些后悔。天后对太子从不稍假颜色，倒是天皇常常问长问短，热情得让人感动。只可惜天皇也不过是天后手中操纵着的一个木偶，没有多少权力，眼巴巴地看着自己的儿孙们在天后手里死的死，亡的亡，七零八落，苦苦挣扎，却只能独自伤心徒叹奈何。难怪当韦氏诞下龙孙的时候，天皇竟高兴得手舞足蹈、老泪纵横，一会儿诏令大赦天下，赐酺三日，一会儿又诏令改元为永淳。觉得这还不够劲儿，又兴冲冲地把吏部侍郎裴敬彝和郎中王方庆召来，议立刚刚两三个月的太子之子为皇太孙。看着皇帝举止失态的模样，两位大臣面面相觑(qù)不明所以，诚惶诚恐地对曰："礼有嫡子而无嫡孙，今有皇太子而又并立皇太孙，自古无有其先例。"天皇龙袖一挥说："既然古礼上没有，那就自我作古吧。"于是诏命为皇太孙开府署，置师父以及文学祭酒、左右长史、东西曹掾、主簿、管记、司录、六曹之官。韦氏自然明白天皇的心思，那无非是想借此保住李唐一脉和这花团锦簇的一统江山而已。看着天皇这般毫无意义地忙碌着，韦氏觉得他很可怜,对天后的敬畏和崇拜也一下子添了好几分。

天皇大圣弘孝皇帝终于心事重重地告别了人间,太子也终于在一个寒风刺骨的日子里登上了宝座。韦氏真的当上了皇后,欣喜若狂,看天比从前蓝,看地比从前宽,年节来临之际的爆竹声和酒肉的馨香似乎也都是在为她祝福。她在飘飘然中首先想到的是怎样把这权力牢牢地握在手里,于是就去跟皇帝说:"陛下,我现在已经是皇后了,我的父母家人也乞请陛下有所封赏,免得人家笑话。"皇帝向来对她言听计从,自无不允之理,就把大臣们召来,想任命韦皇后的父亲韦玄贞为侍中,还要赏给皇后乳母的儿子五品官做做。高宗临崩之时曾受顾命之托的中书令裴炎首先起来反对,认为此举不妥。皇帝感到莫名的惊诧:"为什么?"裴炎迈步向前,躬身奏道:"陛下,老臣窃以为不可者有三。陛下初御海内,恩泽未及苍生,而先赏外戚,此不可者一也。皇后爷诚谨厚之人,然先此已从九品参军超拔为豫州刺史,倘若再不次迁升,窃恐以为非福,此不可者二也。母以子贵,子以母贵,古来如此,当赏以荣爵以示光宠。侍中乃国政之所系,非荣亲之爵,此不可者三也。请陛下三思!"皇帝怫然变色,但没有当面发作,只是轻轻"哼"了一声,对左右侍从说:"不可!不可!有什么不可?韦玄贞是皇后的亲爷(唐人称父为爷),做个侍中有何不可?我还想把国家都让给他呢!还在乎这么小小的一个二品官?"裴炎听皇帝说出这样的话来,哪里还敢辩解,退下去后赶紧去找皇太后商量。皇太后听了勃然大怒:"反了!反了!这浑小子是想找死吗?"马上下制书废皇帝为庐陵王,别殿安置,后父韦玄贞流岭南。真是天有不测风云,人有旦夕祸福!韦皇后的如意美梦正做得五彩缤纷一片灿烂的时候,就被皇太后伸出一个纤细如玉的小手指给轻轻弹碎了。从此,韦皇后就跟着废皇帝庐陵王开始了战战兢兢的囚徒般的生涯。

开始被废的时候,韦氏着实恼怒了很久,大骂裴炎是狗撵耗子多管闲事,少不得顺手牵羊在心里骂皇太后几句"老虎婆"、"老毒物"之类难以出口也不能出口的话。可是说来也怪,骂着骂着气就消了,虽然还是恨恨的,但那份敬畏和崇拜的感情却像着了魔一般与日俱增,醒时梦中到处都是

皇太后的影子。皇太后的一举一动、一颦一笑都成了她想象中刻意模仿的绝好标本，那种玩皇帝和群臣于股掌之间的威严在她看来也是那么妩媚动人。多少年以后，当面对已经死去的干巴巴有如一段枯木的皇太后时，韦氏心中的这种奇妙感情也没有丝毫损减。这感情使她在武氏家族面临灭顶之灾的时候仍怀有深深的同情，并把这同情变成具体的行动：跟皇太后的娘家侄子武三思挽着手躲进龙凤帐内卿卿我我、共行巫山云雨，而把一肚皮的恼恨和厌恶留给了对自己爱如掌上明珠的夫君——从前的太子，后来的皇帝，现在的庐陵王李显。

　　韦氏自己也说不清这种恼恨和厌恶是从什么时候开始的。她还记得在被纳为太子妃的那个灯红酒绿的晚上，她偷偷地瞥了身边的那个男人一眼，那张面团团的脸上挂着永远也激动不起来的和气的微笑，一身因纵欲过度而显得虚胖有余而生气不足的白腻腻的皮肉，一双暗淡无光的眼睛，说起话来前言不搭后语，一副犹犹豫豫、心神不定的痴呆模样。韦氏在那一瞬间差一点没把吃进肚子里的一点点酒菜给呕出来，忍了好久才把已到喉咙口的东西又咽了回去。这就是太子？这就是储君？天后为什么要选这样一个人来做未来的皇帝？这疑问折磨了她很久很久，直到她自己登上皇后宝座的时候，她才真正品味到了皇太后这一番用心的良苦。不过她明白，自己的一切美梦都得靠这个人去实现，他是她的未来和希望，她因此而对他关怀备至，珍爱无比，虽然心中的厌恶之情随着年岁的加深有增无减。

　　皇太后的心思真是高深莫测，她像挪动手中的棋子一样随意摆布着这些天潢贵胄们。她又立废皇帝的亲弟弟那个只认吃酒游乐玩女人的豫王李旦为皇帝，立豫王妃刘氏为皇后。她杀死了流放在巴州的先太子李贤，废皇太孙为庶人，又把废皇帝从宫中迁到均州，又从均州再迁到房陵。废皇帝庐陵王差不多已经完全垮了。在幽居房陵的日子里，他神不守舍郁郁寡欢。当太子李贤被杀的消息传来时，他整整一天没吃东西，晚上好几次从梦中惊醒，恐惧万分地喊叫着："别杀我！别杀我！"一头扎进韦氏的怀里，像个受了惊吓的孩子一样浑身颤抖不止。韦氏抱着他，轻轻地拍着他

的后背说:"莫怕!王爷,莫怕!"一直哄到天亮。他从此惧怕朝中制使的到来。可是越怕什么越有什么,制使还是络绎不绝地来;每来一次都把他吓个半死,以为是大祸临头。那一年越王李贞父子起兵造反,兵败被杀传首京师,宗室诸王十之七八都受了株连,有的自杀,有的被杀,有的配流岭外,连年幼的子孙都不能幸免。制使来到房陵的时候,庐陵王以为这一回必是在劫难逃,吓得哆哆嗦嗦地摸出药来就要自杀。侍女们也吓得七魂出窍,如飞地跑去告诉韦氏。韦氏也着了忙,跑出来劈面夺过毒药扔到地上,气道:"你这是要干什么?"

"死了,都死了,我也活不成了!"庐陵王惶恐万状不知所措。

韦氏不禁恼怒起来,发狠道:"一个堂堂的男子汉,就知道死!死!死!你死去吧!"

"唉……不死,还能活吗?"庐陵王老泪长流,那样子又可怜又可鄙。韦氏说不出有多恶心,但又怕他真的想不开,自己的一切可就全泡汤了。于是柔声劝慰道:"王爷,切莫胡思乱想了,你是真命天子,哪就那么容易死的?圣人说,'祸兮福所倚,福兮祸所伏',难说坏事不会成为好事。再说,就是真的该死,弄明白了再死也不迟呀,反正早死晚死都一回事,何必急在一时呢?"

庐陵王觉得很有道理,这时也顾不上自己是王爷还是真命天子了,抹了把鼻涕眼泪,向韦氏作揖道:"爱妃,多亏你提醒,我才没干傻事。你救了我一命,有朝一日我若能重登大宝,一定重重赏你,你愿意干什么就干什么,我绝不干预。"

韦氏说:"好了,好了,记着你今天说的话,将来可别反悔。"然后叫侍女们给王爷取来朝服,又给他擦了擦脸上的泪水,说:"走吧,我陪你一起去见制使。"

幽居的日子很难挨,整天提心吊胆、如履薄冰,不知道什么时候脑袋就会搬家。他们不能随便走动也不许见任何人,就像关在笼中的小鸟,孤独寂寞,度日如年。好在这期间他们又生下了最小的女儿。女儿出生的那天,庐陵王难得开心地咧嘴笑了,一边端详着女儿的脸一边对韦氏说:

"瞧,这双眼睛多水灵!模样长得跟你一样美。"韦氏也很高兴,问:"王爷,你看给孩子起个什么名字好?"庐陵王当时正解下衣服裹在女儿身上,就顺口说:"就叫她裹儿吧。"从此小女儿就叫作李裹儿,李裹儿的到来给他们的囚徒生活带来了一丝快乐。

韦氏苦撑苦熬地过了十五六年,才又回到了京城,又在京城挨过了漫长的七八年。到了神龙元年(公元705年),庐陵王终于在一片刀光血影的宫廷政变中重登皇位。为了这个位子,他们等了大半生,为了这个位子,他们失去了很多很多。还不满五十的皇帝已是鬓发斑白老得不成样子,韦皇后自己也早过了如花似锦的年岁,皱纹悄悄爬上了额头。他们的大儿子那个被高宗立为皇太孙的李重润已被皇太后赐死,如今也早已化为尘土了。回首往事,恍如一场恶梦。当重新举行皇后册封大典的时候,韦皇后竟忍不住热泪盈眶,心里不知是高兴还是伤感或者是无奈。她暗暗发誓,绝不让眼前这美好的一切再从手中溜走,无论是付出什么样的代价也在所不惜。

她迫不及待地表请皇帝改易制度,请天下士庶为亲生母亲也服孝三年,和为父亲服的孝一样多;她还请求把老百姓的成丁之年延后到二十三岁,把免役之年提前到五十九岁;她还跟皇帝说,上朝的时候她也要陪着。皇帝听了有些踌躇,她立即拉下脸来,似嗔似怒地说,你当年说过的话都忘了吗?过去出生入死哪一次不是我陪着你?现在好过了,就把我当成破盆烂罐一脚踢开。说着说着就呜呜地哭起来,哭得好不伤心,连皇帝都鼻子酸酸的,原有的芝麻粒大的那点顾虑也全跑到爪洼国去了。从此朝堂上就多了一面帷幔,帷幔里多了一位威而不怒的皇后。

这些可不是韦皇后自己想出来的,它全是上官昭容的主意。上官昭容本名上官婉儿,是西台侍郎上官仪的孙女。上官仪因得罪了武皇后,与上官婉儿的父亲上官庭芝一起被杀,上官婉儿和母亲被配掖庭,她是在宫中长大的。上官婉儿为人聪俊,又才华超群、明习吏事,武皇后很是喜欢,一些疏奏表章常常让她来参决。现在又深得皇帝宠信,被封为昭容,专掌制

命。上官婉儿本来就不是个甘于寂寞的人,韦皇后也是久有此心,两人自然一拍即合。上官婉儿出身掖庭,又是黥(qíng)过面的,对韦皇后绝对构不成威胁,她自己也并无此奢望,只想浑水摸鱼多捞点好处也就心满意足了。所以在皇后复位的时候,她就劝韦皇后学皇太后的样子,一方面收揽时望,一方面培植亲信之人。韦皇后听得心花怒放,对上官婉儿赞不绝口,唯恨相见太晚。上官婉儿也不遗余力地煽风点火、出谋划策,甚至连自己的心上人武三思都忍痛割爱让给了皇后。在经过了数度春宵之后,武三思从一个有"逆节"的人摇身一变成了司空、同中书门下三品的朝中要员,儿子武崇训娶的又是皇帝的宝贝女儿李裹儿——现在的安乐公主,于是更是炙手可热、气焰滔天,连做过皇帝的安国相王李旦都得让他几分。韦皇后有了这么一位得力帮手日里夜间曲意奉承,觉得气也顺了,胆也壮了,好像一下子年轻了二十岁。每天神采飞扬地陪皇帝去坐朝,有时忍不住唾沫星子四溅地指点一二,皇帝自无不允;暗中又示意百官劝加尊号,皇帝尊号为应天皇帝,皇后则叫顺天皇后。散朝后有皇帝、女儿安乐公主和上官昭容陪着,晚上还有不须言表的内容,这日子过得别提有多舒坦了。

  韦皇后也有不开心的时候。那天一大早皇帝正准备去上早朝,就见皇后气冲冲地走了进来,脸色非常难看。皇帝吃了一惊,忙迎上来问道:"爱后,何事如此动怒?"韦皇后把手中的东西递给皇帝说:"看看这个吧!"皇帝接过来一看,原来是些奏疏。皇帝自从登基后并不怎么把心思放到政事上,年纪一大把了,身子也病病歪歪的,那么多年都白活了,现在不玩不乐更待何时?有时就干脆把一些百官上的奏章交给皇后和上官昭容去参酌。皇帝接过奏疏一看,事情可真不少,有的弹劾安乐公主侵占百姓庄园、营建宅第,有的弹劾武三思作威作福、勾结党羽、图谋不轨。还有两本奏章,一个是纳言桓彦范的,说皇帝每次临朝听政,皇后就施帷幔坐于殿上参闻政事,这恐怕有乖圣典;况且历朝各代凡是妇人谋及政事没有不坏事的,希望皇帝陛下以天下苍生为念,不要让皇后往正殿干预外朝。这桓彦范曾和张柬之等人领兵杀死二张逼皇太后让位,是匡扶社稷的功臣,在朝中很有威望。皇帝抬起头来想说点什么,一见皇后怒气冲天的样子,话到嘴边

又咽了回去,接着看另一本。这是京兆人韦月将等的奏疏,上面说武三思秽乱中宫、丑声四闻、深辱国体,请斩武三思以谢天下!皇帝不看则已,一看之下差点没气昏过去,半晌说不出话来。韦皇后气道:"陛下,你看这还有王法吗?你听听这说得有多恶心!他们在外面怎么知道宫里的事?这不分明是无中生有、乱嚼舌头根子吗?这些人唯恐天下不乱!陛下,你一定要为臣妾做主啊!"皇帝本来就是个没有主见的人,皇后又气又哭地一通混闹早闹得他六神无主,连声喊道:"快!叫人把韦月将这些混账东西抓起来斩首示众!"韦皇后这时候又过来说:"陛下,还有张柬之、桓彦范这些不知好歹的东西,不就是当初出过那么点力吗?就这么拿腔摆谱,动不动就说三道四、指手画脚,眼里哪儿还有陛下您哪!那会儿对太后都敢抡刀动枪、吆五喝六的,将来保不定怎么样呢!"皇帝虽然觉得皇后的话不太顺耳,但还是戳痛了他的心病。这阵子不知怎么的,这些人老像跟自己过不去似的,他说东他们便说西,再这么下去,说不准自己就成了第二个则天皇后了。这么一想,就觉得还是皇后说得对,是该收拾收拾他们了。就安慰皇后说,你放心好了,我会给你出气的。皇后这才破涕为笑,又说了几句无关紧要的话,退身走了。一边走一边想:张柬之、桓彦范,你们这些家伙欺负到我头上来了,不给你点颜色瞧瞧,你不知道我是谁!

桓彦范等人做梦也没想到会因为一纸奏疏断送了性命。他们没这样想有他们的道理,他们五个人手里都握着一张皇帝赐的免死铁券,这是他们冒着生命危险助皇帝复辟赚来的,皇帝不会把他们怎么样。其实皇帝还真没把他们怎么样,这都是皇后和武三思等人背后商量好的,先让皇帝削去他们的实权,然后再诬告他们图谋不轨,逼得皇帝不得不把他们解职拿问,然后配流岭外。这时再派人前去假传圣旨,在半路上把他们悄悄干掉。五个人中桓彦范死得最惨,被放到竹筏子上来回拖,直拖到肉尽见骨才被杖杀。韦皇后听说之后长长地嘘了一口气。那一天她过得特别开心。

转眼就到了景龙四年(公元710年)。这一年的夏天天气闷热闷热的,憋得人透不过气来。本来心情就不大好的韦皇后更是烦躁。她是一人之下

万人之上的皇后,地位不算不尊贵,让她感到不满足的是总也不能随心所欲。当初上官婉儿就劝她暗行则天皇后故事,可这么多年过去了,事情好像没有多大进展。开头那几年她还常陪皇帝去坐朝,后来架不住反对的人越来越多,皇帝又不肯尽心帮忙,反来劝自己少招惹是非,气得她暴跳如雷但又无可奈何。自己的亲生儿子懿德太子李重润死得太早,其他的都不是自己亲生的。神龙二年(公元706年)曾立李重俊为太子,谁知这小子恩将仇报竟然起兵造起自己的反来,还杀了自己宠信的武三思和驸马都尉武崇训,领兵直逼宫城,指名道姓地要捉拿皇后、上官婉儿和安乐公主。韦皇后气得直嚷:给我抓起来!要死的,不要活的!我重重有赏!皇帝很是不悦,似乎是劝自己不要杀他。韦皇后当时愤怒至极,什么都听不进去,一个劲地喊:"杀!杀!杀!"终于把李重俊给杀了,还把首级割下来放到武三思和武崇训灵柩前祭奠。为了这事皇帝闷闷不乐了很久。韦皇后明白皇帝的心思,准是想起了他自己当年在则天皇后时当皇子的不幸遭际。如今年事已高又体弱多病,总共四个儿子,两个已死,一个被贬,还有一个又太小,这怎能不让他伤感?韦皇后知道自己的这一番举动已经和其他皇子结下了血海深仇,和皇帝之间也有了一层看不见、摸不着的隔阂。皇帝本人那个窝窝囊囊的样自己虽然不惧,但他终究是皇帝呀!这名分总压着自己。听说最近接二连三地有人或廷奏或上疏,直接指斥皇后干预朝政、排斥异己、宠任亲信、培植党羽,将不利于宗室。还把今春以来天上下冰块和木头、井水涨溢、剡县地震这些灾异说成是老天在向人示警,说得人毛骨悚然。皇帝那个老糊涂会不会干傻事?难说得很,万一出了事,连后悔药都来不及吃了。安乐公主也常来劝说,她说父皇对她和母后不如从前了,她跟父皇说她要做皇太女,父皇对她爱答不理的,有时还埋怨说李重俊那个杂种是她害死的。安乐公主缠着韦皇后说:"母后咱们得快点想个法子呀,再晚些时候,等皇帝指定好储君,可就来不及了。"最后安乐公主又凑到韦皇后的耳朵上小声说:"听说有人正怂恿父皇查问宗楚客、马秦客和杨均这些人同后宫的关系,还说已经拿到了证据……"

"真的吗?"韦皇后非常吃惊,"你怎么知道的?"

"怎么不真？外面都已经风传开了，就你还蒙在鼓里呢！"

韦皇后惊得出了一身冷汗，半晌说不出话来。安乐公主焦急地催道："母后，快想个主意呀，都急死人啦！"

其实韦皇后心里更急。她思前想后，觉得无论如何也不能再拖下去了，是死是活在此一举。于是她咬咬牙，一面吩咐安乐公主派人召马秦客等人入宫商议大计，一面派人召来娘家兄弟韦温，叫他发诸府兵屯驻京师，又让刑部尚书裴谈和工部尚书张锡留守东都。一切布置妥当之后，她不但没觉得有丝毫轻松，反而更加忐忑不安起来。

自作聪明的韦皇后要在这龙腾虎啸的京城大闹一场了。

三天之后，朝臣们正在等待着皇帝临朝。左等不来右等不来，正焦急疑虑的时候里面传来了皇帝驾崩的消息。文武百官直惊得大眼瞪小眼，五官都错了位。皇帝前几天还好好的，怎么说去就去了呢？

当疑惧和惊愕还凝固在人们脸上的时候，皇帝的遗诏也正在宣读。遗诏诏立温王李重茂为皇帝，尊韦皇后为皇太后，临朝听政处理一切军国大事；并诏命韦温、裴谈等人辅佐，相王李旦参谋政事。宣读完遗诏的时候众人还没从恐惧迷惑中醒来，以至于后来韦皇后登台究竟表演了些什么，都有些恍恍惚惚地记不大清楚了。

从那一刻起，长安便笼罩在一片慌乱里。羽林飞骑不时从大街上疾驰而过，像一股黑色的寒流袭上人们的心头。城门紧闭，守卫森严，三步一哨，五步一岗，好似大敌压境一般。更有御林军出外捕人，城坊之间鸡鸣犬吠，一片嚣然，夜深之时听来更觉阴森可怖。

士兵也很不安分，左右屯营、羽林营、飞骑营也是军心浮动，常常在半夜时莫名其妙地突起一片喧哗，还纷纷传言韦皇后要学武则天而进行革命，要覆灭李唐另立韦姓王朝。弄得韦皇后的几个亲信大动肝火，怒气冲冲地跑进军中，抡着皮鞭或刀剑去进行惩治。可仍然是压不住阵脚。

在这片混乱中有一个人像雄狮一样出动了，这个人就是临淄王李隆基，相王李旦的第三个儿子。年轻英武的李隆基早就在盯着韦皇后了！当

韦皇后与马秦客、安乐公主谋乱宫中、弄死中宗、矫诏称制的时候，李隆基也正在和太平公主等人密谋商议。一见人心浮动，机会来临，便毫不犹豫地出击了。

李隆基领着部下趁着黑夜攻入玄武门，闯进左右羽林军，杀死了韦皇后的亲信，将兵权牢牢地握在了手里。然后又领兵围逼太极殿，直指韦皇后。

韦皇后这时再也顾不上皇太后的架子，像只被追捕的兔子似的慌忙逃窜，一窜就窜进了飞骑营。她还以为这里是安全的地方呢，谁知这时的飞骑营早已变了心，乱军一声呐喊，刀枪齐举，就把个威风凛凛的皇太后给剁成了肉酱，说什么也不能再爬起来临朝听政了。

一代枭后就这样送了命。韦皇后死后相王李旦当了皇帝，当了没多久就由其儿子李隆基继了位。不过这些都已是后事了。

秤量天下的上官昭容

上官婉儿出生前她母亲曾做了一个离奇古怪的梦，上官婉儿一生的故事其实是从这个梦开始的。

那是个懒洋洋的下午。上官婉儿的母亲郑氏在睡意蒙眬中不知不觉地走进了梦境，梦境里她也是如此这般睡意昏昏地斜倚在房中。就在这个时候从门外走进一个人来，那人面色金黄，身材高大，长得有些吓人，进来的时候手里拎着一杆秤。郑氏不知他是怎么进来的，也不知他要干什么，心里有些恐惧。那人把秤递了过来。"给我？干什么？""用它来秤量天下。"当惊诧和慌乱还在郑氏脸上浮动的时候，那个人就一转身不见了踪影。郑氏就是这时惊醒的，醒来后郑氏惴惴不安，不知这梦是吉是凶。上官婉儿的父亲上官庭芝请人来给她圆梦，圆梦的人低头沉思了许久，看样子想得很苦很苦，然后哈哈大笑，笑得上官庭芝莫名其妙也想跟着笑。那人开心地笑够了，这才起身向上官庭芝作揖道："恭喜大人喜得贵子。"然后不厌其烦地向上官庭芝解释着梦的意义。那些神秘兮兮的话上官庭芝没大记住，印象最深的是那人说，神人送秤是昭示着未出生的儿子将来要掌领国政，位极人臣，跟"他"的爷爷似的。上官婉儿的爷爷上官仪当时是西台侍郎、同东西台三品。上官庭芝和他的夫人郑氏半信半疑，心里却很欢喜，一直到上官婉儿出世这欢喜才算作罢。儿子突然换成了女儿，还说要秉持国政，笑死人了，谁听了都说那个圆梦的人是胡说八道。郑氏后来就常拿这话来逗褓褓中的上官婉儿："秤量天下的人就是你这个小丫头吗？"没等说完，自己先就笑得前仰后合直不起腰了。

这个有趣的玩笑开了没多久就开不下去了。上官婉儿的祖父和父亲一起被则天皇后给砍了头，母亲郑氏被配掖庭。当郑氏一步三回头悲悲切切地走进宫中的时候，上官婉儿还在母亲怀中怡然自得地吮着奶头，对眼

前的悲剧一无所知,而她已经成了这个悲剧故事往下发展的另一个主角。

上官婉儿是在宫中长大的,她的聪明就像她美丽的容貌一样,让所有见识过的人都难以忘怀。人们都说这是她祖父的遗传。上官婉儿的祖父上官仪是太宗、高宗两朝出了名的诗人,特别是五言诗,写得绮丽婉约,文采斐然,被人称之为"上官体"。上官婉儿可不这么想。上官婉儿对众人那些庸俗的赞美和肤浅的解说嗤之以鼻,她始终坚定不移地相信,母亲生她之前做的那个稀奇古怪的梦才是她真实的命运,这是无法抗拒的神的旨意,她要为此而奋斗不已。在她熟读经史、明习吏事、出口成章的时候,一个偶然的机会则天皇后召见了她。那一年她十四岁。则天皇后把她从头到脚看了又看,说你就是那个要"秤量天下"的小姑娘吗?你读过什么书?上官婉儿不慌不忙侃侃而谈,从诸子百家的学说到各朝代的兴衰交替,旁征博引,口若悬河。听得则天皇后啧啧赞叹不已:"不错,不错。你再作首诗来如何?"上官婉儿说:"请陛下赐题。"当时正值暮春时节,东都(则天皇后晚年常住东都洛阳)的牡丹正开,小似茶碗,大如茶盘,或红或黄,或粉或白,色彩纷呈,争妍斗俏。则天皇后指着一丛牡丹说:"就以这双头牡丹为题吧"。上官婉儿略一沉吟,便口诵出来,其中一联是:

势如连璧友,心似臭(臭与嗅音、义俱同)兰人。

则天皇后听罢,拍手赞道:"好一个'势如连璧友,心似臭兰人'!得其貌而又兼摄其神,真不愧为才女。"从此人们便常称她为"才女",有时也戏称之为"臭兰人"。每次上官婉儿都报之一笑,看不出特别的得意来。

这次晋谒武皇后令上官婉儿兴奋不已,入宫后多少年来一直压在心头上的阴霾为之一扫而光。她不信自己会常居人下,这是母亲那个梦早已昭示过的。到了万岁通天元年(公元696年),上官婉儿果然以出类拔萃的才华赢得了则天皇后的赏识,让她执掌诏命。这虽然只是个御用文士的角色,无非是替则天皇后起草诏命而已,但在众人眼中已是非同小可。上官婉儿不禁心花怒放,使出浑身解数,干得十分卖力。干着干着,就有些忘乎

所以。这掌诏命的差使能经常侍从则天皇后,皇后的一切诏命制书又全由她来起草,上官婉儿就因此有些手痒,忍不住搞点"小动作":有时趁则天皇后高兴时求个什么事,有时则在草诏时稍稍加减一二,或者暗寓褒贬之意,竟然挺奏效的。上官婉儿就有些飘飘然。正在踌躇满志的时候,不料大祸临头,上官婉儿领会错了则天皇后的意思,诏书竟按照自己的路子写了下去。则天皇后震怒至极,上官婉儿更是十二分恐惧。幸亏则天皇后是爱才的,一阵雷霆之怒过后,倒不忍心让这么一个千伶百俐的才女血溅尘埃。于是把她狠狠地训斥了一顿,然后命人把她如花的脸用刀刺破,再涂上墨,墨入肉中就无法除去了。这就叫作"黥刑"。这真是永远也洗刷不掉的耻辱。上官婉儿受此打击几乎痛不欲生,母亲郑氏抚着她的脊背陪着哭了一天一夜,一想起自身的遭遇来,还是止不住泪如雨下。

郑氏一边哭一边劝:"婉儿,你还是想开些吧,你能捡条命回来,这也是上官家哪一辈子修了善积了德了。事已至此,哭有什么用?好死不如赖活着,还是熬着吧!"郑氏劝着女儿,自己却忍不住大放悲声。自己以一个罪人的身份配在掖庭,全部的指望就在这个聪俊的女儿身上,哪想到又遭了"黥刑"!女人啊,除了靠一张脸蛋,还能靠什么呢?在这幽深的宫中,郑氏想不出还有第二条可以出人头地的路子。这下完了,什么都完了。越这么想,眼泪就越多,母女俩呜呜咽咽的哭声在这沉寂的夜里如水一般地凄凉。

上官婉儿在耻辱、羞惭、痛苦、绝望中打发着日子。她不敢照镜子,也怕别人看到自己的脸,整天躲在房中独自沉思,想着想着就泪流不止。门外的知了声又细又长,摇曳着从树梢划过,一片树叶从树上飘落下来,轻轻地落在庭院里。上官婉儿蓦然心惊,觉得那树叶宛如巨石重重地砸在她的心上。春天去了。夏天过了。秋天到了。她想起了《九歌》中那两句诗来:"袅袅兮秋风,洞庭波兮木叶下。"心里有一种说不出来的惆怅和烦乱。如花美眷,似水流年,一辈子就这么过去了吗?上官婉儿闲步庭中,又想起了母亲生她之前做的那个梦来。她有些不甘心,于是返回房中,找出纸笔,写了一首缠绵哀艳的《彩书怨》:

叶下洞庭初,思君万里馀。
露浓香被冷,月落锦屏虚。
欲奏江南曲,贪封蓟北书。
书中无别意,惟怅久离居。

这是一首寄慨遥深的诗,是借男女之情来隐喻君臣之义。开头即化用了《九歌》中湘君、湘夫人这一对情侣苦苦相思的意境来起笔,以此来表达与则天皇后相见的渴望。虽然掖庭与后宫近在咫尺,可是仿佛相隔万里一样遥远。在露浓之时、月落之际,只能拥衾独眠,好不孤凄。诗的最后是说写这首诗没有别的意思,更不存什么奢望,只是这么久没能侍奉于皇后左右而感到无比的惆怅。

上官婉儿写完后又读了一遍,然后封好,这才托人献给则天皇后。

则天皇后是在晚膳后读到这首诗的。那时清冷的月光正从窗口泻进来,读着诗,看着月色,则天皇后十分伤感,一直沉默了很久很久。晚年的则天皇后常常喜欢一个人呆望着月色,这月色里有一种说不清的东西让她动情。不知为什么,上官婉儿的诗让她想起了太宗皇帝,想起了高宗皇帝,也想起了死去的儿孙们和自己现在这无法解脱的孤独,不知不觉中几滴枯涩的泪水滴在衣襟上。

上官婉儿又重新被则天皇后任用。

上官婉儿做得十分小心。

上官婉儿的脸上常罩着面纱。

上官婉儿是幸运的,大家都这么说。神龙元年(公元705年)中宗李显复辟,上官婉儿被中宗封为昭容,母亲郑氏也被封为沛国夫人。昭容位于皇后和夫人(贵妃、惠妃、丽妃、华妃等为夫人)之下,又居于婕妤、美人、才人、宝林、御女等之上,身属九嫔之例,正二品的内官。对于一个遭了"黥刑"而又年过四十的女人来说,还能指望什么呢?郑氏在脱身掖庭搬往群贤坊新居的那天激动得老泪纵横,拉着上官婉儿的手说,婉儿,老天有眼,

我们总算熬出头了,熬出头了。郑氏这么哽哽咽咽地说着,鼻涕眼泪把簇新的衣服弄得斑斑点点。

是熬出头了,上官婉儿也这么想。但是,让上官婉儿心中升起无限希望的也许还不只是这昭容的位子。则天皇后的时代已经一去不复返了,重新登上皇帝宝座的李显是个鼻涕一般软弱的、窝窝囊囊的男人,从前是在则天皇后威严的叱骂声里一点点长大的,现在又开始满脸堆着卑微的笑意在韦皇后的脸色中讨生计。这也算是继承了乃父的遗风吧,怕老婆怕得前无古人后无来者,令宫廷内外朝野上下一时风传不已。当时有位御史大夫叫裴谈,也是怕老婆怕得有水平的,与皇帝差可比肩。有一次内宴,优人唱起《回波词》道:"回波尔时栲栳,怕妇也是大好。外边只有裴谈,内里无过李老。"韦皇后听了顿时脸上流光溢彩,得意非凡,忙对左右说"有赏"。皇帝则十分尴尬,"嘿嘿嘿嘿"笑得很不自然。韦皇后是那种貌似深刻、自命不凡的聪明女人,则天皇后在位的时候还没什么,则天皇后一去,她就聪明得一发而不可收拾,好似天底下芸芸众生都是些无知无识的蝼蚁,只剩她这么一个像模像样的人了。其实聪明的女人常常是十足的笨伯,因为"聪明"和"愚笨"这一对生死冤家始终是这墙那院的街坊近邻,人们在两个十分相似的大门前有时难免一步走错。除了皇帝、皇后之外,再就是安乐公主最为得势,这个小妮子其实不过是个嫩得茸毛还没退的小鸭子,只会似娇似嗔地叫上两声,别的什么都不懂。其余的人更是等而下之,无足道矣。上官婉儿多少年来一直跟随则天皇后左右,本来就是个极聪明极伶俐的才女,经这么一熏陶,更成了天上少有地下难寻的"人精",对付眼前这些人,那还不跟玩似的?上官婉儿这么想着的时候,竟觉得脚底下出现了一条洒满金色阳光的大道,整个世界都明媚灿烂得一塌糊涂,仿佛又一个则天皇后的时代就要来临。

罩着面纱的上官婉儿没费吹灰之力就彻底征服了皇帝的心。征服皇后当然要比征服皇帝难一些,但也不过是她那两片薄薄的嘴唇上下碰一碰,舌头在嘴里挽几个花而已。韦皇后喜欢别人捧她,上官婉儿就说,皇后在房陵陪着现在的陛下接见制使时的那种镇定自如,简直让须眉男儿羞

得无地自容。韦皇后喜欢揽权,上官婉儿就说,皇后我第一眼见到你时不知为什么就想起了则天皇后,你们两个人之间好像有点像,哪块像呢?我说不清,反正我一见到你,就会想起则天皇后临朝时那种像神仙一般令人肃然起敬的风采。唉,那是多么让我迷恋的神态啊!说这话时,上官婉儿的声音平静如水,可她知道这会在韦皇后的心底搅起多大的波澜。娇滴滴的安乐公主总是对她那位皇兄太子李重俊瞧不上眼,一提起来就是满脸的鄙夷之色:"哼,那个狗奴才!"太子不是韦皇后所生,在安乐公主眼里自然不如她重要,于是就常常缠着皇帝立她为皇太女。每次皇帝都是嘿嘿一笑,不置可否。上官婉儿就跟安乐公主大讲母亲总是最疼爱女儿的,因为都是女人。上官婉儿还说,当年她在则天皇后身边时,就听则天皇后说过要把位子传给女儿太平公主的话。安乐公主的眼睛一下子睁得雪亮,问是真的吗?上官婉儿说,怎么不真?不信你去问太平公主。安乐公主当然不会去问,因为她们两人从来就不和睦。从此以后,在劝韦皇后仿效则天皇后的事情上上官婉儿就多了一个志同道合的人。

　　上官婉儿知道,权力向皇后手中的倾斜也就等于向自己手里倾斜,因为她是个妃嫔,不是皇子。这一残酷的事实使她有时感到万分悲哀。不过带着面纱的上官婉儿毕竟是个与众不同的刚强的女人,在她赢得了皇帝和皇后的宠信之后,在她赢得了一大批就像苍蝇一样围着她团团乱转的崇拜者之后,上官婉儿就开始故伎重施:每每于制诰诏命之中尊崇武氏而贬抑李唐。这不仅因为武氏中有个武三思让她这位半老徐娘怦然动心,更因为武氏出了一位了不起的巾帼英雄武媚娘——则天皇后。就因为这个,韦皇后对上官婉儿慰勉有加,引为平生"第一知己"。

　　上官婉儿很得意。

　　可上官婉儿的表哥却不因此感到得意。上官婉儿的表哥在朝中做拾遗。他忧心忡忡来拜见姨母的那天,姨母郑氏的心情特别好,一见他来就笑着说:"拾遗大人,怎么好久不来看我这老婆子了?是不是瞧不起咱这穷亲戚?"表哥知道姨母爱开玩笑,尤其是对这个外甥更是无所顾忌,就顺着郑氏的话音说:"姨娘,你这后一句话该外甥来说才是,谁不知表姐在宫中

是说一不二?我们小门小户的,想巴结还来不及呢。"郑氏笑得很得意,说:"瞧你这小猴子,越来越没大没小了!"说罢,两人同时大笑,笑过之后才渐入正题。郑氏说:"昱儿,你是不是有事想求你表姐?那就跟姨娘说好了。"上官婉儿的表哥叫王昱。

王昱满脸愁云,说:"姨娘,我有几句话不知该不该说。"

"瞧你今儿个是怎么了?有话就说嘛,这么吞吞吐吐的。"郑氏有些着急。

王昱说:"姨娘,也许我是杞人忧天,不过事先提防点总没坏处。表姐现在是春风得意了,可是说句不吉利的话,天有不测风云,人有旦夕祸福,得意处别忘了落难时。"

"到底是怎么了?你给姨娘个明白话好不好?"

"其实也没什么。我是想,表姐不该跟武三思来往,也不该总围着韦皇后转。那个武三思是个什么东西?小人一个。再说了,皇帝虽然是怕皇后,但皇帝总是皇帝,皇后总是皇后,这是天命。想当年则天皇后那是何等地威风!皇帝被囚禁在庐陵,连命都不保了,可天下还不是乖乖地交到李唐手上?天命不可违。武三思和韦皇后虽然得势一时,可一定不会太久。还是劝表姐做事留点后路,弄不好,可就是灭九族的勾当!"

郑氏听罢蓦然心惊。这些是她本该想到的,可是人在交好运的时候就难免得意忘形。一想起丈夫和公公的惨死,郑氏的后背就冒出了冷汗。她想,是该劝劝上官婉儿了。

7月的长安,夏天的炎热还没过去,闷热的气息在柳风中飘来荡去。大街上车水马龙,一片平和的繁荣景象。

上官婉儿这一天正陪着韦皇后和安乐公主在宫中玩双陆。韦皇后对双陆有一种异乎寻常的嗜好,就是在囚居庐陵的岁月里也常常拿它来消遣。韦皇后说,这是我们老韦家的家传宝贝。三个女人一边玩一边说笑,非常热闹。这时皇帝走过来,说:"嗬,真热闹!朕也来凑一份。"几个女人起身见过皇帝。安乐公主拉着皇帝的衣袖,指着自己坐的位子说:"父皇,坐我这儿吧,我这儿凉快。"皇帝哈哈一笑,说:"朕的宝贝女儿,今天怎么这

么乖啊？是不是又要求朕什么事了，嗯？"安乐公主故意撅起嘴道："父皇，人家对你好，你就说是有事求你，人家今后还怎么敢再对你好？""好，好，没事就好，算父皇没说成不成？"安乐公主接口道："谁说我没事了？"皇帝笑着对韦皇后和上官婉儿说道："你们瞧瞧，这还不是一样吗？"韦皇后和上官婉儿微笑不语。

安乐公主也扑哧一声笑了，然后说："父皇，求你把昆明池赐给我好不好？我那个园子又小又破，没劲透了，我连个玩的地方都没有。"

皇帝说道："你呀，净给朕出难题，要什么不好，非得要昆明池？这怕不行。"

"为什么不行？父皇，我就要嘛，求你赏给我吧！"安乐公主像孩子似的撒起娇来。

皇帝耐心地解释道："不是父皇舍不得，是没这个先例。这昆明池乃汉武帝所造，历来为皇家独有，从不赏赐于人的。你问你母亲，看我骗不骗你？"

韦皇后亲昵地叫着安乐公主的乳名说："裹儿，别孩子气了，明天让父皇出钱，再给你造个更大更好的。"

"对，"皇帝接着说道，"父皇再给你造个更好的，修成了，咱们一起去给你庆贺。再让昭容多写几首诗，把这池中美景和君臣盛会都记下来，让它流芳千古！这回你总该满意了吧？"

安乐公主这才开心地笑了。上官婉儿道："陛下刚才提到写诗，奴婢倒有个想法。"

"什么想法？"皇帝问。

"奴婢想奏请陛下扩建修文馆，增置学士员，把朝中饱学之儒、多方之士招揽来。每逢四时集宴、年节聚会，各显才华，记一时之盛，也为太平盛世增色生辉。"

皇帝高兴地说："好，这个主意好！朕就依你所请。不过到时候朕可要请你捉刀代笔哟！"

上官婉儿道："奴婢自当效犬马之劳。"

几个人有说有笑这么一搅和,连玩双陆的事都给忘了,正准备重新开局的时候,突然听见外面人喊马嘶一片嘈杂声。皇帝问:"何人在外面喧哗?"身边的内侍正待去问,这时一个守宫城的卫士慌慌张张地跑来禀报:"不……不……不好了,太……太子他……"韦皇后怒喝道:"混账东西!太子他怎么了?""太子他杀了武三思和武崇训,又领兵杀进宫里来了!"

"啊!"几个人都是大吃一惊,安乐公主哇的一声扑到韦皇后怀里,皇帝也吓得直打哆嗦,一个劲地说:"这可怎么办?这可怎么办?"韦皇后也怕得要死,故作镇静地说:"慌什么!陛下快下令叫杨再思和李峤、宗楚客他们领兵守住太极殿,上右羽林将军刘仁景跟我们一起出去看看。"皇帝迟疑道:"还是别去吧。"韦皇后说:"不去怎么成?陛下是皇帝,他们都得听陛下你的!"几个人正准备往外走,这时刘仁景领着百十来个羽林兵溃败下来。刘仁景说:"皇帝和娘娘还是到玄武门避一避吧,太子和李多祚领兵杀进来了!"皇帝听见外面这时正喊声如雷滚滚而来,再也顾不得别的,急忙对刘仁景说:"你给朕顶住!朕重重有赏!"然后慌慌张张地带着皇后等人一起朝玄武门跑去。

刘仁景人微力薄,太子人多势众,虽然给阻了阻,但很快就逼了上来。皇帝躲在城楼上听见下面刀枪相接喊声震耳,吓得面无人色不敢动弹。就听太子李重俊在狂喊乱叫:"李裹儿,上官婉儿,你们快给我滚出来!老子要把你们碎尸万段,方消我心头之恨!快出来!"上官婉儿越听越害怕,哪里还敢出去!原来上官婉儿与武三思交好,又把他引来与韦皇后共作一处,常常在为皇帝起草诏命时尊武抑李。武三思之子武崇训是安乐公主的丈夫,又经常怂恿安乐公主侮辱太子。太子本来就因自己不是韦皇后所生而日夜不安,这么一来只好铤而走险,这才领兵杀了武三思和武崇训全家,一不做二不休,又杀上宫里来索要安乐公主和上官婉儿。二人哪敢露头!

韦皇后见情势危急,对皇帝说:"还是陛下出面见一见他们为好,陛下是皇帝,说不定能喝止住,这么拖下去也不是个办法。"皇帝哭丧着脸一百个不愿意,被韦皇后好说歹说说动了心,这方跟三个女人一起哆哆嗦嗦地

站到城墙上来。只见下面死尸遍地,一些没死的正在哀哀号叫,刘仁景领着手下的人像野兽一样在和太子的人狠斗。有人一眼见到了皇帝,便喊起来:"皇上来了!皇上来了!"许多人听到喊声纷纷罢斗停手。皇帝这才心定了些。

太子指着上官婉儿大骂道:"上官婉儿,你这个黵面贼!你勾结武三思,想谋我大唐江山,你给我滚下来!"太子左右几个亲信也跟着喊。

到了这步田地,再怕也无济于事了,上官婉儿扑通给皇帝和皇后跪下,流着泪说:"陛下,娘娘,奴婢忠心耿耿,这才得罪了太子。奴婢甘愿舍身以救陛下和娘娘,怕只怕太子今日领兵进宫,用意不在奴婢一人,奴婢一死,接下来说不定就要……"上官婉儿说到此处便不再往下说,只是垂泪不起。

韦皇后本来就又急又气,听了上官婉儿一番话更是火冒三丈,向皇帝嚷道:"这还有什么犹豫的?这个不识抬举的下贱东西,竟领着兵杀进宫来了!眼里还有王法吗?眼里还有陛下你吗?还不叫人快给我乱刀剁了他!"

皇帝虽然不忍心杀亲生儿子,但眼前形势危急,还是顾命要紧,就手扶栏杆劝下面的千骑兵说:"你们都是受人指使方为乱的,只要你们反戈杀贼,朕一概不咎,还重重有赏!"

皇帝这么一说,士兵们都互相观望,有的把兵器抛到了地上,有的干脆转身逃走,一时之间就乱了阵脚。李多祚急得喊道:"不要退!谁后退我砍了谁!"这么一喊,手下的人更乱了。有几个人喊了一声,把刀剑都对准了李多祚。李多祚来不及招架就被砍翻在地。太子见势头不对,回头就跑。士兵们有的溃逃,有的追赶,呐喊着纷纷涌出宫门。韦皇后气得咬牙切齿,在城楼上喊道:"给我把李重俊那个坏种捉回来!要死的,不要活的!"

皇帝想阻止,但嘴张了张,没说出话来,就转身扶起还跪在地上的上官婉儿说:"昭容,让你受惊了。你肯为朕舍却性命,朕知你是忠心的。"

上官婉儿缓缓站起来,觉得后背有些湿漉漉的凉。

上官婉儿连惊带吓就病倒了。虽然太子之乱终于戡定,太子也被宗楚客领兵追杀,割下头颅献祭于武三思和武崇训灵柩之前,但上官婉儿还是

心神难安。上官婉儿的母亲郑氏在一旁絮絮叨叨地埋怨个没完没了:"婉儿呀,我当初跟你说什么来着?你表哥叫我劝你,你还不听,怪你表哥多事,怪我嘴碎,我还不是为你好吗?这一回差一点连命都赔上了。要是你有个三长两短,让为娘去靠谁呀!"

郑氏一边说一边哭,上官婉儿的心里更是郁闷。经过这次的事,上官婉儿觉得母亲和表哥的话还是有道理的,她自己也不情愿这样白白地丢了性命。唉,话又说回来,不阿附韦皇后又哪里去找这等风光体面?睁眼瞧瞧,有几个是不阿附韦皇后而得势的?外朝就不说了,就说宫内吧,比自己地位高的贵妃、淑妃、德妃之流多得很,还不照样被冷落一边过着活死人的日子?有的想巴结还巴结不来呢。这还算幸运的,更有那倒霉的,皇后瞧着不顺眼,说不定哪天脑袋就搬家了。上官婉儿左思右想,没个主意。

皇帝、皇后常派人来探问上官婉儿。皇帝说:"朕现在政务缠身,不能亲自来看昭容,可朕心里没忘了昭容,昭容快些养好病来帮朕一把。"上官婉儿好生感动,于是她的病就日见好转。

上官婉儿又回到了皇帝和皇后的身边。

上官婉儿仍罩着面纱。上官婉儿在飨会游豫之际仍像从前一样出口成诵议论风生。罩着面纱的上官婉儿还是那么博雅那么文静。

皇帝已将修文馆修葺(qì)一新,又依上官婉儿的意思,设置大学士四员,象征着四时,由李峤、宗楚客、赵彦昭和韦嗣立充任;学士八员,象征着八节,由李适、刘宪、崔湜(shí)、郑愔、卢藏用、李乂(yì)、岑羲、刘子玄充任;直学士十二员,象征着十二个月,由薛稷、马怀素、宋之问、武平一、杜审言、沈佺(quán)期、阎朝隐、徐坚、韦元旦、徐彦伯、刘允济等人充任。从此皇帝身边就有了一群才华横溢的墨客骚人。无论是春游梨园、夏宴葡萄园,还是秋登慈恩寺、冬赴骊山浴汤池,都是一路游宴,一路吟诵,又风雅又有趣,好不令人羡慕。

才思敏捷的上官婉儿在这群才子中骄然欲出,有如鹤立。皇帝的诗由她来代作,韦皇后、长宁公主和安乐公主的她也全包了。每次皇帝听完上官婉儿的诗,都手捋胡须哈哈大笑:"婉儿,你真了不起!就是汉代的班昭、

晋代的左嫔复生,怕也要甘拜下风了。"这一年正月月底皇帝驾幸昆明池,池中鳞甲飞动,楼船耸立,池周宫观环绕,甚是壮观。皇帝兴致很高,酒至半酣,对众臣道:"今日变点花样,众爱卿各赋诗一首,然后由上官昭容代朕甄选一篇最好的,为新翻御制曲,如何?"众人齐声称赞。于是皇帝命人在帐殿前结一彩楼,上官婉儿坐在彩楼上,群臣写完诗交上去,都集在楼下等候。不一会儿工夫,只见纸片如飞纷纷落下,这都是没被选中的。众人上来认领,领到的就藏在怀里讪讪而退。等到最后,只有沈佺期和宋之问的诗没有下来,沈、宋二人得意洋洋,众人也似乎忘了自己的诗没被选中的羞惭,一个个仰起脖子屏气凝神地等着,看这二人究竟谁是魁首。过了一会儿,彩楼上飘下一纸,大家抢上前来仔细观看,原来是沈佺期的诗,再看上面所书评语:"沈、宋二诗功力悉敌,本不宜轩轾(xuānzhì,褒贬抑扬)。然沈诗落句云,'微臣雕朽质,羞睹豫章才',盖词气已竭。宋诗结云,'不愁明月尽,自有夜珠来',词气仍陡健豪举。故以宋诗为上。"沈佺期又取过宋之问的诗来细细品读,对上官婉儿的评骘(zhì)心悦诚服,众人也纷纷赞叹不已。从此一传十,十传百,上官婉儿成了有唐以来第一才女。

上官婉儿的日子过得挺滋润的。

景龙四年(公元710年)六月,皇帝莫名其妙地死了,有说是病死的,有说是被毒死的,可到底是怎么死的,谁也说不准。上官婉儿的心也乱得很。她知道皇帝死得有些蹊跷,那天半夜时分韦皇后把她召去她就觉得有点不对头。韦皇后神色慌张地告诉她,皇帝突然暴毙驾崩了,让她来是要她草写遗制。韦皇后说是皇帝临崩前留下话来,让她以皇太后的身份辅佐少主李重茂。上官婉儿听后大吃一惊,皇帝身体好好的,前不久还驾幸葡萄园,与群臣有说有笑地饮酒赋诗呢,怎么突然就去了呢?虽有疑问,但心里害怕,口中也就不敢说出来,只得放下心思与韦皇后一起商量遗制的事。不知怎么的,上官婉儿突然想起表哥和母亲的话来,她一边听着韦皇后安排某某人任某官,一边哼哈应着,心思也在飞快地转动。她想到了相王。相王李旦曾做过皇帝,还做过太子,现在虽然闲居王位,但威信还在,何不把

他引来参谋政事？也好给自己留条后路。主意已定，上官婉儿马上就开始对皇后赞不绝口，说皇后真不愧是皇后，对这么大的事处理得又英明又得体。然后又悲叹少主太过年幼，好不可怜，说着说着流下泪来，引得韦皇后一阵歔欷。最后上官婉儿说："皇后娘娘，少主得您辅佐，那是再好不过了。不过奴婢想，皇帝新崩，人心容易浮动，何不请相王出来参谋政事？相王为人心慈面软，请相王出来坐镇，既不会令皇后娘娘为难，又免去了一些无耻小人的浮议，可谓一石二鸟。不知娘娘意下如何？"韦皇后想了想就答应了，授相王太尉之职，参谋辅政。上官婉儿觉得自己这一招高明至极，虽然相王辅政的事终因宗楚客的强烈反对而成泡影，但上官婉儿却把当时草拟遗制的底稿留了下来，小心翼翼地藏在箱笼里。每当心烦意乱的时候，拿出来看上一眼，心里就踏实了许多。这一纸文字简直成了上官婉儿的护身符。

但上官婉儿终究没能逃过这一劫。在6月一个昏黑的夜里，相王李旦之子临淄王李隆基引兵攻入玄武门，以迅雷不及掩耳之势闯进羽林军中杀了韦皇后的亲信，韦皇后吓得逃入飞骑营，结果被乱兵所杀。当临淄王的兵来到上官婉儿居处的时候，上官婉儿还在梦中。她战战兢兢地来到临淄王面前时才知道皇后已死，安乐公主也已被捕杀。上官婉儿从怀中掏出那张揉皱了的"护身符"，乞求临淄王看在她在遗制中引相王辅政的情分上饶她一命。上官婉儿哭得一把鼻涕一把眼泪的，临淄王也动了心，可太平公主不准。太平公主对上官婉儿恨之入骨，说这个小贱人不是要秤量天下吗？就让她到阴间去秤量吧！太平公主是临淄王的亲姑妈，姑妈的话总是要听的，何况平定诸韦太平公主又是出了大力的。临淄王无可奈何地送上官婉儿去了阴间。

唉，不知上官婉儿秤量天下的梦后来在阴间做醒了没有。

杨贵妃魂断马嵬驿

大唐开元天宝年间,出了一个旷世难逢的女子,就在这女子身上敷演出了一段酸楚的故事。

此女子是蜀州司户杨玄琰(yǎn)的女儿,小字双名玉环。这杨司户祖上本是弘农华阴人氏,后来徙居蒲州永乐县居住。到了杨玄琰,便去那蜀州做个小小的司户参军,一做便是多年。夫人李氏随侍左右,后来就身怀六甲,产下了杨玉环。不料杨司户偶感微恙,一病不起,竟生生地撇下妻子儿女去了,真个是:

天有不测风云,人有旦夕祸福。

杨司户有个嫡亲的兄弟,名叫杨玄珪,在河南府做士曹,听说哥哥亡殁,好不悲伤,明里暗里也不知流了多少眼泪。又念侄女杨玉环年幼娇小,孤苦无依,便接了来家中住,就当亲生的女儿一般看待她。巴蜀乃是个出美女的地界:峡州汉代出了个王昭君,白州晋朝出了个绿珠,这都是些笔传口诵的美女。杨玉环生在蜀州,似得了那山水的灵性,小小年纪便长得花团锦簇般可爱,小嘴又会说,心眼又来得快,直哄得叔婶眉开眼笑,喜欢得不得了。

光阴似箭,不知不觉杨玉环就到了二八的年纪,天真中多了几分羞涩,娇艳处添了一段风韵,出落得天仙似的模样,真个是比花花羞,比月月惭。有三支曲儿赞得好:

云想衣裳花想容,春风拂槛露华浓。
若非群玉山头见,会向瑶台月下逢。

一枝红艳露凝香,云雨巫山枉断肠。
借问汉宫谁得似?可怜飞燕倚新妆。

名花倾国两相欢,长得君王带笑看。
解释春风无限恨,沉香亭北倚阑干。

　　作这三支曲儿的乃是唐代一个大大有名的诗人,姓李名白。那时杨玉环已做了唐明皇的妃子。有一天,唐明皇乘照夜白,杨妃乘步辇,到兴庆池东沉香亭畔赏牡丹,那牡丹花开得正艳。唐明皇高兴,便诏命梨园弟子为唱一曲助兴。李龟年捧檀板,展歌喉,刚唱得一句,唐明皇便道:"赏名花,对妃子,再唱那些陈词滥调,岂不乏味?快,为朕宣翰林学士李白来,着他写点新鲜的词给朕听。"那李白昨夜晚和几个朋友吃了一夜的酒,吃得酩酊大醉,使者来时兀自未醒。听得宣诏,拿过笔来,一挥而就,草成这三首《清平调》。李龟年捧进唐明皇,龙颜大悦,亟命李龟年歌之,唐明皇亲调玉笛伴奏,杨妃则持玻璃七宝杯领歌,唱得十分尽兴。这都是后话,暂且按下不提。
　　却说杨玉环在叔父家中日渐长大,早已到了婚配的年龄。只是叔婶舍不得侄女,但凡提亲的,都一口回绝了。这一年杨玉环已经一十七岁,可可的被选为寿王的妃子。杨玄珪夫妻两个心里虽是舍不得,可也没有法子,想那寿王李瑁(mào)乃是武惠妃的儿子,武惠妃其时正宠冠后宫,侄女到寿王府上也不会有什么亏吃。就忍着心痛,千叮咛万嘱咐地打发侄女上轿去了。那杨玉环自来是个多情的,又从小没离开过叔婶,这一番痛哭,直哭得石人下泪,草木伤心。寒冬腊月天气,泪水斑斑点点凝成了红色的冰块,一似那薛灵芸入宫时的模样。
　　做了王妃的杨玉环满头的珠翠,一身的绫罗绸缎,越发显得雍容华贵、婀娜多姿,谁见了都不禁暗暗赞叹:天底下竟有这般标致的美人,真真是让人开了眼了!叹过之后,又暗暗羡慕寿王那个规规矩矩的傻小子竟能

消受如此尤物,真是艳福不浅。一时之间,寿王妃的美名就像风吹似的不胫而走。

又过了两年光景,寿王的母亲武惠妃娘娘死了。惠妃娘娘一死不打紧,却苦了玄宗皇帝。那玄宗本是个风流的性,多情的种,吟得好诗,作得好曲。虽然生在帝王之家,对这个情字却看得极重。惠妃在时,两人就似那兴庆池中的鸳鸯一般形影不离,行则同步,寝则共卧,说不尽的旖旎(yǐnǐ)缠绵。惠妃一去,直闪得他茶不思、饭不想,连朝中政事都懒得去理。左右内侍变着法哄皇帝开心,叫嫔妃们轮番侍奉,再不就陪他去曲江池畔、慈恩塔上散心。可一点效果都没有。对着美女胜景,他就像木头人一样无动于衷。众人这才渐渐地有些心慌,别的什么事都小,唯有皇帝的身子才是最最要紧的。就中有一位高力士高公公,跟随皇帝最久,对皇帝的心思一猜即中,便凑到近前,悄悄地对皇帝说了几句。皇帝听了先是一喜,随后面有难色,说道:"这恐怕不妥吧?"

高公公奏道:"这一节,老奴也曾料到。老奴想了个计策在这里,只需如此如此,这般这般,岂不甚好?"皇帝本心是一千个愿意,一万个愿意,只为这层顾虑才不肯点头,听高公公这么一说,如何不喜?即刻着高公公去办。

你道高公公有何高见,竟能驱散皇帝的一脸愁云?原来是奏请皇帝召寿王妃入宫,再假意说是王妃自己的主意,意欲出家,诚心向道,就准她在禁内太真宫带发修行,赐法号太真;另挑一个好人家的女儿为寿王妃子。时间一久,谁还记得那么清楚?到那时再诏令王妃还俗,还不是凭皇帝金口一开?正是:

安下牢笼缚猛虎,撒开巨网捕蛟龙。

那寿王妃接得圣旨,也不知圣上召唤有何差遣,便急急随高公公入宫去了。寿王在府中左等右等不见人影,正焦急之间,宫里传出王妃入道的消息,寿王吃惊不小。想见又见不着,想哭又哭不得,百爪挠心,在屋中团

团乱转。紧接着圣旨又诏聘韦昭训女为寿王妃。寿王被这一连串的事情给弄得晕头转向,如坠五里雾中。待到得知王妃已为父皇召幸,这才如梦方醒,看看全无指望,泪水也只好往自家肚子里咽。真个是:

宫门一入深似海,从此萧郎是路人。

却说寿王妃杨玉环入得宫来,那"修道"二字不过是个障眼法,皇帝自不肯让她独守空闺,二人少不了做些偷香窃玉的勾当。一个是风流皇帝,一个是多情女眷,两个人到了一起,就似那旷夫遇怨女、烈火见干柴一样,如胶似漆,再也分拆不开。不上数年,皇帝已是一刻也离不得杨玉环了。见了那些后宫佳丽,竟似见了仇人一般,不知气从何来;只要杨玉环嫣然一笑,便有天大一个愁事,也似被清风吹散。正所谓:

回眸一笑百媚生,六宫粉黛无颜色。

玄宗皇帝自打没了武惠妃之后,思量不会再有与惠妃在一起时的销魂光景了,不期今日得了杨玉环,倒觉得从前的日子都是白活了。到了天宝四年(公元745年),再也顾不得旁人说三道四,先为寿王行过册妃之礼,后脚马上就选了一个大吉大利的日子,光明正大、堂而皇之地立女冠太真杨玉环为贵妃。

册立那天真是个好天,仲秋八月的天空湛蓝湛蓝的,一丝云彩都没有。凤凰园里披红挂绿,一片喜气。贺喜的人一大早就在园中等候。杨玉环那天也打扮得特别漂亮,杏眼含情,长眉入鬓,腮如桃花乍绽,脸似明月初圆,袅袅婷婷出到园中。众人只觉眼前一亮,忽疑自己来到了仙境。接着一片乐声响起,忽高忽低,如远似近,悠扬悦耳,不似人间的曲调,册封仪式正式开始。

这一番册封直从辰时折腾到未时,方才乱哄哄地散了。皇帝又赠封贵妃的父亲杨玄琰为兵部尚书,母亲李氏为凉国夫人,封贵妃的叔父杨玄珪

为光禄卿、银青光禄大夫,再从兄杨钊为侍郎,兄杨铦(xiān)也位列朝班,堂弟杨珪(qí)尚武惠妃之女太华公主。一门荣显,好不热闹。到了后来,皇帝又加封杨钊为御史大夫,权京兆尹,赐名为国忠,封贵妃的三个姊妹为韩国夫人、虢(guó)国夫人、秦国夫人,每月皇帝还分赐三位夫人十万钱做脂粉之费。杨家此时真如烈火烹油般鼎盛,天下士女,谁个不羡慕?有几句诗道得好:

姊妹弟兄皆列土,可怜光彩生门户。
遂令天下父母心,不重生男重生女。

其实这也是世人痴想,试想古往今来有几个似杨贵妃这般的?普天之下只有一个皇帝,宠了姓张的,便不能宠姓王的,宠了姓王的,便不能宠姓李的。即便生个女孩,难道都送去给皇帝不成?即便送去,就能这般巧,恰恰是皇帝喜欢的?不过国家到了这个份上,也是够可悲的了。

皇帝和贵妃可不管这层。册封大典一完,皇帝就挽着贵妃的手回到宫中,贵妃已累得娇喘微微、香汗津津。皇帝亲自拿巾帕为贵妃拭汗,巾帕都成了桃红的颜色。皇帝把准备好的金钗钿盒交给贵妃,作为两人的定情之物,又亲手把丽水镇紫库磨金琢成的金步摇插戴在贵妃的鬓上。对妃子左看不够,右看不够,乐得眉开眼笑,向左右宫人道:"朕得杨贵妃,如得至宝也。"于是又兴冲冲命乐工翻制新曲,名字就叫《得宝子》,以此来庆贺。这一番热闹自不必说。

第二天,皇帝闻听太液池中有千叶白莲数枝盛开,皇帝兴致正浓,便命内侍诏请贵戚,齐到太液池宴赏白莲。然后便和贵妃携手前往。

看那池中白莲,果然开得可喜可爱,又白又大,朴素淡雅中自有一种迷人的韵致。众人一边观赏,一边赞叹不已。皇帝的全副心思都在贵妃身上,哪还顾得上赏花?听众人如此赞叹,便忍不住指着杨贵妃向众人道:"众爱卿只知白莲花好,可怎比得上我这'解语花'?"众人看那贵妃果真是出水芙蓉一般,于是齐声赞好。贵妃羞涩地一笑,皇帝见了更是心花怒放,

203

和众人一起笑了起来。

从此皇帝便和贵妃日日游赏,夜夜宴饮,今日一大宴,明日一小宴,乐个不停。不料乐极生悲。这一年2月,皇帝又和几个兄弟们一起钻进一个大大的被子里,枕着一个长长的枕头,像小时候一样戏闹玩耍。皇帝说:"这才是真正的亲兄弟。"其实这把戏已经玩了好多年了,诸王都玩得腻了,可是圣命难违,不得不玩。贵妃则趁着无人,把宁王的玉笛拿了来,闲得无聊,便在梨花树下静静的庭院里抚弄着玉笛。

正吹得入境之际,皇帝突然来到身边,杨贵妃只吓得花容失色,呆在当地不会动弹。皇帝见那玉笛,知为宁王之物,这一番恼怒,直气得脸色一会儿青紫一会儿惨白,一迭声地喊道:"快把杨国忠给我叫来,让他把这个贱人领回去!"

你道皇帝因何震怒?贵妃因何吃惊?这里有个缘故。那宁王乃玄宗皇帝之兄,按照那时候传位以嫡以长的规矩,这皇帝之位本该由宁王来坐,只是玄宗李隆基年少英武,有平定诸韦的大功,宁王不自安,便让这帝位与三弟坐,这中间已有了一层尴尬。而那宁王又是出了名的好色之徒,整日与兄弟们声色犬马,追欢买笑,虽然荒唐,皇帝也自由他。如今贵妃竟窃取宁王玉笛来吹,岂有不恼怒的?杨贵妃对皇帝的这位仁兄也是有意无意地颇为关注,故此诗人写道:

　　日映宫城雾半开,太真帘下畏人猜。
　　黄翻绰指向西树,不信宁哥回马来。

诗中的"太真"即贵妃,"宁哥"自是指宁王,"黄翻绰"为当时供奉宫中的一个优人。今日吹弄宁王玉笛,又被皇帝撞破,又焉有不惊之理?听皇帝把她逐出宫去,真比杀了她还要难受,跪在地上百般乞求。皇帝正在气头上,哪里听得下去?杨贵妃只得哭哭啼啼地出宫去了。

杨贵妃回到哥哥家中,便开始大放悲声。一边哭,一边取过剪刀,把发髻解散,铰下一缕青丝来,双手捧着递给送她出宫来的中使,哽哽咽咽地

道："祈请代妾转奏陛下，妾罪合该万死。身上所穿，头上所戴，无不是圣恩所赐，只这齿发肌肤是父母所生，妾马上就要死了，这一缕头发献给陛下，以谢陛下知遇之恩！"说到心情处，直哭得如泪人一般。

贵妃的兄弟姊妹听到消息，都匆匆赶来。一见这个样子，更觉得大祸就要临头，二话不说，就开始抱头痛哭。

众人越哭越是惶恐，心里越是没了主意。那杨国忠毕竟是在场面上闯荡的人，便起身去找吉温商量。这吉温不是别人，乃是当时有名的酷吏，与罗希奭（shì）号为"罗钳吉网"，仿佛当年周兴、来俊臣一般，是个阴险奸诈的小人。原先附趋李林甫，后见杨国忠和安禄山得宠，又转而阿附杨、安。杨国忠正缺这么一个得力帮手，于是二人一拍即合，成了莫逆。这吉温与宫中贵人颇多来往，尤其是和皇帝身边的高公公交好，杨国忠这才想起去找他。

吉温也听说了杨贵妃被遣回家的事，见杨国忠满面愁云地来找他，自己猜到了几分。杨国忠也顾不上客套，就把贵妃被遣出宫的事说了一遍，然后愁眉苦脸地说道："吉兄，小弟这次怕是真个要大难临头了，万望吉兄救小弟一救！"

那吉温当时正攀附杨氏，这棵大树一倒，对他也没多大好处。杨国忠这么一求，他自是满口答应，对杨国忠道："相国也不必过于忧心，以小弟愚见，陛下虽是一时盛怒，谅来还未十分绝情，不然，何不在宫中处置贵妃？相国不妨亲去见陛下，将这层意思点破，以退为进，探探陛下的口气。小弟自去宫中打点，不知以为如何？"

杨国忠半信半疑，不过心毕竟宽了些。于是硬着头皮去见皇帝。

再说皇帝发怒逐出了贵妃，待气头一过，便意兴索然。原来平素之时，贵妃在身边似百灵鸟一样唧唧喳喳不离左右，一天到晚笑声不断，这回一去，他独自一人十分无聊，心里空荡荡的，坐不住，站不住，抓耳挠腮，动不动就起无名之火。左右吓得大气也不敢出一口。

皇帝见杨国忠求见，一下子就想起了贵妃，心里就说不出的难受，想问一声贵妃怎么样了，可又不好开口，就静等杨国忠来说。只听杨国忠跪

下奏道:"陛下,恕臣大胆,贵妃是个女人,没有见识,忤逆了圣颜,罪当万死。不过从前既蒙圣恩宠爱,今天就不该让她到宫外抛头露面受此折辱,要死的话也该死在宫中,陛下何以舍不得一席之地使其就死呢?"

皇帝听得这几个"死"字,早已方寸大乱,哪还有气生?反倒安慰起杨国忠来:"卿何必多疑?朕用卿,可不是因贵妃的缘故,卿放心好了。"

杨国忠听皇帝如此说,也不知自己该退还是该进。正踌躇间,恰好送贵妃出宫的中使回来禀报,把搭在臂间的一缕青丝双手递给皇帝。皇帝一见,大惊失色,以为贵妃一时想不开,已经自尽了,忽地从龙椅上站起来,急道:"贵妃她怎么啦?快说,怎么啦?"

中使奏道:"贵妃娘娘请臣转奏陛下,说今生无以为报,仅献此发,以答谢陛下大恩!"

皇帝这才稍稍放心,回身对高力士道:"快去为朕接回贵妃娘娘,越快越好!"高力士得令急急去了,那厢杨国忠赶紧叩头谢恩,一颗悬着的心总算落回肚子里。

杨贵妃这番回宫,宠幸比先前自又不同,这且不表。话说这一天皇帝和贵妃娘娘在便殿摆下筵席,诏请禄儿前来同乐。这"禄儿"是何许人也?说来倒是大大有名。此人姓安名禄山,本名轧荦(luò)山,母亲阿史德氏为突厥人。安禄山本是个只知有母不知其父的混血儿,为人残忍剽悍,贼滑无比,而又风趣多智,善解人意。后入朝奏事,深得玄宗喜爱,他也使出浑身解数极力奉承。他人又机灵,嘴又会说,装出一副憨厚相让的样子。比如有一次皇帝命皇太子出来见他,他见了太子竟不下拜。左右问道:"为何不拜?"他一脸天真地说道:"臣是番人,不懂得朝廷礼仪,不知这太子是个多大的官?"皇帝笑着告诉他说:"太子就是储君,朕百岁之后,就传位给太子,懂了吗?"他这才故作惶恐地跪下道:"臣愚昧,从前只知道陛下,不知道还有太子,臣罪该万死!罪该万死!"皇帝就夸他老实厚道。后来见贵妃得宠,便请贵妃收他做干儿子,经常出入宫禁,宫人便称他为"禄儿",连皇帝也这么叫。杨国忠和太子几次跟皇帝说安禄山这人奸诈得很,靠不住,皇帝只是微微一笑,并不放在心上。

那安禄山接旨入宫,来到便殿,先去贵妃跟前叩请母妃娘娘福体安康,然后才过来给皇帝请安。皇帝纳闷,问道:"禄儿,你为什么每次都是先拜贵妃后拜朕?"安禄山恭恭敬敬地答道:"陛下有所不知,禄儿为胡人,胡家都是先母后父。"皇帝和贵妃听了,都忍俊不禁大笑起来。皇帝命赐座,安禄山谢过之后,两手托着肚子坐到椅子上。那安禄山生来肚腹肥硕,到了晚年更是大得怕人。大肚子直垂到两膝,每次穿衣着带,都要两个人奋力抬起肚子,李猪儿再用头顶着,然后才能穿上裙裤,系上腰带,行走时则用双手挽着方能走动。每次看到安禄山的这副样子,贵妃都忍不住掩口而笑。

皇帝见安禄山坐下,便指着他的肚子逗他道:"禄儿,你这肚子这么大,里面装了些什么东西?"

安禄山站起来答道:"回陛下,臣肚腹虽大,但别无他物,只装着一颗赤心。"

皇帝听他答得巧妙,便哈哈大笑起来。

酒过三巡,安禄山起身奏道:"陛下,臣不日便将赴边关,请为陛下和贵妃娘娘舞一曲胡旋。"

皇帝笑着跟贵妃说道:"很久没见到禄儿舞胡旋了,今天可以大饱眼福了。"这时安禄山早已脱去外衣,准备停当,听得弦鼓一声响亮,便开始舞起来。那胡旋舞是在一小圆毯上舞,纵横腾挪,急转如风,舞起来颇为不易。安禄山虽然肚子肥大,但跳起胡旋舞来却疾如迅风,左旋右旋,如回雪飘摇,如飞蓬疾转,看得人心动神摇,眼花缭乱。皇帝和贵妃在座上不住叫好。

安禄山一曲舞罢,跪于当中,奏道:"陛下,臣本胡人,陛下不次擢用,致此重任,所受圣恩非常人可比。臣无所能,愿以此身为陛下死。只是有人妒忌于臣,阴谋陷害,臣恐怕死无葬身之地了。"说罢,竟滚下几滴泪来。

安禄山在喜宴之间为什么说出这样的话?原来安禄山掌一方之重任后,日益骄纵,渐有不臣之心,暗中招兵买马,在范阳筑雄武城,外示御寇,内藏兵器粮草,把归降的八千多奚人和契丹等人养为假子,日夜作南下的

准备。这些早已风传到京城,众文武不断向皇帝奏禀,说安禄山有不臣之心、谋逆之举。皇帝也不知中了哪门子邪了,偏生不信,反怪众人嫉贤妒能,有乖君臣大体。争到后来,那杨国忠便出了个主意,请皇帝召安禄山回京,如果他迟疑不回,则必有情弊;如果他干脆拒旨不动,则必反无疑。皇帝很不悦,道:"真是不到黄河心不死,朕即为卿等召来看看如何?"

那安禄山在京城亦有耳目,这层意思岂有不知的?圣旨一到,即刻起程,风风火火地赶到长安。回来那天,皇帝正在华清宫,便直接请见皇帝,一见面便长跪流涕,说众人如何嫉妒,说自己如何忠心。皇帝自是好言抚慰,回来埋怨杨国忠等多事,杨国忠言语不得。皇帝又想拜安禄山为宰相,杨国忠拼死拼活地苦谏,说安禄山一个大字都不识,命他为相,还不让人家笑掉大牙?皇帝也觉不妥,于是加封安禄山为尚书左仆射,赐实封一千户。安禄山知道自己得脱此劫,全靠皇帝溺而不察,心下不由得暗暗欢喜。为了令皇帝不疑,所以一有机会便痛哭流涕地表白一番,今天也不例外。

皇帝又劝慰了一回,道:"朕自有主意,爱卿不必多虑。"过了两天,安禄山归范阳,皇帝命京中三品以上官员俱出送行,并亲御望春亭送别。皇帝把御服脱下来披在安禄山身上,说:"从今以后如果再有说卿反的,朕必亲缚之,交卿处置!"安禄山又是高兴又是惊惧,生怕杨国忠等人再奏请皇帝留他在京城,于是匆匆离去,这且不提。

话说玄宗皇帝每年冬天都要幸华清宫,一待就是一个冬天,到第二年春天才回宫。天宝十四载(公元755年)十月皇帝又驾幸华清宫,杨贵妃自然是和皇帝乘坐同一顶辇有说有笑地来华清宫过冬。皇帝在华清宫特为妃子修建了端正楼,做妃子梳洗之所;又修建了莲花汤,供妃子洗沐之用。百官奏事,都要到这儿来。皇帝则每日同贵妃娘娘宴赏游乐,或者品竹,或是听歌,有时贵妃还会舞上一回"霓裳羽衣舞",那优美的旋律和迷人的舞姿让皇帝百看不厌,哪还有心思再顾朝政?不料:

渔阳鼙鼓动地来,惊破霓裳羽衣曲。

这一年11月安禄山从范阳起兵造反了。原来去年安禄山逃归范阳后左思右想不得安稳,杨国忠对他的忌恨越来越深,太子更是恨他入骨。前几年他一直顾着皇帝对他恩重,不忍心反他,现在皇帝年事已高,皇帝一死,太子继位,到那时还能有他好吗?晚动手不如早动手,安禄山狠了狠心,终于发难,以诛杨国忠为名,领兵南下了。

消息传到华清宫,皇帝起初还不大相信,及至城池郡县被贼攻陷的飞报不断传来,皇帝这才心慌。车驾返回京师,皇帝便想让太子监国,准备把帝位传给太子。杨国忠听说之后,吓得面无人色。杨家兄妹仗着贵妃得宠,从来就没把太子放在眼里,太子对父皇如此宠幸贵妃和杨国忠也很不满,只是不好发作。如果一旦君临天下,太子便会拿杨氏兄妹开刀,何况还有安禄山在那儿火上浇油呢!

杨国忠忧心如焚,回到家跟虢国夫人和秦国夫人等说:"我们这一回可要完了,皇帝要让东宫监国,那还有我们的好吗?我们和贵妃娘娘一起就是拼了老命,也不能让皇帝这么做!"几个姊妹一听,也是焦急万分,赶紧到宫中向贵妃娘娘哭诉。贵妃自是明白这中间的利害关系,马上去见皇帝,伏在地上一边哭,一边乞求皇帝不要让太子监国。皇帝见贵妃楚楚动人的可怜样子,也就只好作罢。另外调兵遣将,去讨伐安禄山。可是多少年了天下一直是太太平平的,库中的兵器也锈了,厩中的战马也肥了,士兵们养闲养得连弓都拉不开了。事出仓促,七凑八凑征上来的队伍如何是安禄山叛兵的对手?就跟羊儿进了狼群一般,只一个照面,就给打得一败涂地,溃不成军。到了年根,东都洛阳就失陷了;第二年6月,潼关又告失守。潼关是两京往来之要隘,潼关一失,长安也就难保了。皇帝急得像热锅上的蚂蚁,召来群臣商议先到什么地方躲避一时。众人七嘴八舌,各持己见。有说幸山西的,有说幸陇西的,还有说幸朔方的,杨国忠则一力主张幸蜀。高力士也说蜀地虽小,但土富人强,表里山河,内外险固,幸蜀最好。于是皇帝就同意幸蜀。

皇帝出京城的那天天气一片惨淡。一个又一个的坏消息不断传来,就像百年不遇的瘟疫似的在京城上空浮动着。人心惶惶,哭声震野,四散奔

逃。皇帝回首京城，不觉怆然泪下，心中有说不尽的凄苦。

皇帝带着贵妃，领着一班衣冠不整、十分狼狈的文武大臣，一路跌跌撞撞地向西进发。这一日好不容易来到始平县境马嵬坡前。只见长川一抹，苍树几点，烟草凄迷中一所孤零零的驿馆静对着远山。众人走得人困马乏，皇帝传令暂事休息，然后再行。

早有人将驿舍打扫干净，皇帝与贵妃相搀着进去休息。那贵妃在宫中娇宠惯了的，娇弱的身子几曾受过这等苦楚？此时已是花容憔悴，泪痕满面，方进得驿馆，便软倒了。皇帝见了好不心疼，慨然长叹道："爱妃，可苦了你了！"

贵妃娇声道："陛下休这等说。妾只愿能长随侍陛下左右，也就心满意足了。"

皇帝也落下泪来，不知该怎样安慰她才是。这时有人进献御食，无非是些粗茶淡饭而已。从京师走得匆忙，路上人早跑光了，哪里觅得粮食？皇帝神色凄然，劝贵妃道："爱妃，挣扎着略用一些，也好赶路。"贵妃道："陛下且用，妾不想吃。"皇帝又劝道："还是略用些，不然，怎么走得动？"

那贵妃勉强端起碗来，方咽得一口，便扑簌簌地流下泪来，皇帝也吃不下去了。正在伤感间，忽听外面羽林军乱哄哄地嚷作一团，不知发生了什么事情。皇帝命高力士出去查看。不一会儿，高力士慌慌张张地回来禀道："陛下，军士说杨国忠与诸藩谋反，已把他给杀了！"

贵妃和皇帝闻听大吃一惊，道："什么？""那杨国忠也反叛朕了吗？"

高力士道："这个奴才就不知了。奴才去时杨相国已被杀死了，还有御史大夫魏方进也被杀了，要不是奴才前去喝止，连韦见素父子也给杀了。"说着，让人把韦见素抬了过来，皇帝命寿王给韦见素上了金创药，半天才见他苏醒过来。

这时众军人虽然不再喧哗，但仍然静静地围着驿馆不肯散去。皇帝不悦，责问道："为什么还围在这里？还不快些散去！"可是问了几遍，军士还是不动。皇帝怒道："去叫陈玄礼来！"那陈玄礼是右龙武大将军，充行在都虞侯。听皇帝召唤，便带着三十多个将领，披甲带剑地走进来。

皇帝问道:"为何还不散去?"陈玄礼等长揖奏道:"杨国忠父子既诛,杨贵妃就不应再侍奉陛下。"

"大胆!"皇帝没料到陈玄礼竟说出这等话来,十分震怒。众军将见皇帝发怒,虽然口中说着"臣等不敢"的话,可脸上既不见恐惧,亦不肯退去。陈玄礼踏上一步奏道:"贼根犹在,众军士怎敢散去?乞请陛下割恩忍断,斩贵妃以慰众军!"

皇帝听此一说,直气得浑身颤抖,指着陈玄礼"你、你、你"地说了半天,也没说出话来。高力士在旁见势不好,忙上前道:"陛下息怒!陛下息怒!"然后小声道:"陛下还是隐忍些,但见今日情势,众人携刀带剑,是必欲得贵妃而后心甘。陛下若不顺从,诚恐事急有变!"

皇帝看那众人,果然是个个脸上充满杀气。皇帝暗然吃惊,但一想到要把贵妃交给他们去处置,又如何能忍?再说,众人都是他的臣子,今日反以势相逼,这口气又怎咽得下?

高力士怕皇帝发怒会激怒众军,事情难以收场,便自作主张道:"陛下息怒,待老奴劝一劝贵妃娘娘。"说着,也不管皇帝允是不允,便进内去了。

杨贵妃在里面早已得了消息,又是惊恐又是悲痛,正在呜咽涕哭。见高力士进来,更哭得厉害,哭道:"高公公,救我一救!"

高力士忍着悲痛道了句"娘娘",也不知怎么说才好,叹了口气,含着泪道:"娘娘啊!老奴救不得你了,非但老奴救你不得,连皇帝陛下也救你不得了!陛下此刻也是泥菩萨过河,自身难保啊!"停了停,又说道:"那陈玄礼领兵包围行在,佩刀带剑地逼着陛下交你出来,陛下自不肯答应。可那些人气势汹汹的,怎肯甘休?逼得急时,什么事干不出?陛下为了娘娘冒此大险,可见对娘娘一片真心。现在只有娘娘可救陛下性命,老奴求你了!"说着跪下,也哭了起来。

杨贵妃也知今日事所难免,想起平昔皇帝对自己的种种好处,想起今日皇帝对自己的这份情意,唉,知足了!自己一家满门光崇,也不算白来世上一遭。自己不死,皇帝性命难保;皇帝性命不保,自己又怎能活得成?到头来,还不是一死?死就死吧,死就死吧。可她仍是不甘心,她杨家兄妹真

211

个要命丧在这马嵬坡前？她死得不甘心哪！

杨贵妃神思恍惚地跟高力士来到前面，向皇帝盈盈下拜，双泪长流："陛下，救妾一救！陛下，救妾一救……不，不要救，不要救了。陛下，妾今生再也不能侍奉你了，愿陛下多多珍重吧！"

皇帝不顾一切地喊道："不！不！朕不要你死！朕不要你死！"可这时陈玄礼手下的军士们已过去抓住了贵妃。贵妃挣扎着，衣服也破了，头上的翠翘金雀之类的饰物脱落满地，一边回头喊着："陛下——陛下——"那声音凄厉无比。皇帝忽地站起身来喊："爱妃——"就要不顾性命地冲过去。高力士一把拉住："陛下忍耐一下，为了陛下，也为了国家社稷，忍一忍吧，陛下！"然后对陈玄礼等人道："让老奴来伺候贵妃娘娘吧！"陈玄礼也不愿过分相逼，就命人将杨贵妃交给高力士。高力士拉着杨贵妃的手道："贵妃娘娘，请随老奴去佛堂礼佛。"贵妃哪里还走得动，被半架半扶着下去了。皇帝颓然坐到椅子上，掩面悲泣起来。

不一会儿，高力士捧着贵妃的尸首出来，请陈玄礼验看。陈玄礼上前看了看，便和众将退下，脱去甲胄，然后进来跪下，向皇帝请罪。

皇帝已哭得悲悲切切，说不出话来。高力士在一旁喝道："贵妃娘娘已死，你们还不退下散了，还要惹陛下伤心吗？"陈玄礼等唯唯而退，俱各散去。高力士便命人暂且将贵妃娘娘埋在驿馆西边一里左右的道北土坎下，待日后太平再行移葬。一边劝慰着陛下节哀，一边准备起身继续西行。就在这时，忽报南方荔枝献到。原来，贵妃最爱吃鲜荔枝，玄宗便命南方在荔枝成熟季节，以驿马狂奔送荔枝到京，供贵妃享用。皇帝看见荔枝，忍不住大放悲声，一下就哭得昏了过去，半晌方才悠悠醒转，口里兀自喃喃地喊着"爱妃"。此情此景，谁个见了不下泪？这就是杨贵妃缢死马嵬坡的一段故事。后来大诗人白居易作了一首情词凄婉的《长恨歌》，其中叹道：

六军不发无奈何，宛转蛾眉马前死。
花钿委地无人收，翠翘金雀玉搔头。
君王掩面救不得，回看血泪相和流。

杨贵妃死后,皇帝哭哭啼啼地幸蜀去了。一年多以后,当皇帝重返京城路经马嵬坡时,贵妃的尸骨早已化为尘土,不见了。老态龙钟的皇帝是在凄凉的兴庆宫走向人生终点的。他有些疯疯癫癫、神思恍惚,老是在莫名其妙地念诵着诗人梁锽的《咏木老人》:

刻木牵丝作老翁,鸡皮鹤发与真同。
须臾弄罢寂无事,还似人生一梦中。

他是从这"刻木牵丝"的傀儡中看到自己的影子了吗?还是从这真真假假的戏弄中大彻大悟,从而进入了另一个美妙的人生境界了呢?不知道,除非问他自己。可他后来也死了,死得很凄凉,连点声响都没有。

故事的结尾似乎还可另做波澜:据说杨贵妃在马嵬坡并没死,死的只是个宫女,杨贵妃则金蝉脱壳逃之夭夭了。这是高力士(或许还有陈玄礼)做的手脚。杨贵妃逃向了何方?有的说是流落于烟花巷,还有的说贵妃漂洋过海去了东瀛,《长恨歌》中"忽闻海上有仙山,山在虚无缥缈间"云云即指此。虽然玄宗终于访到了妃子,寻访者还带回了贵妃娘娘的信物,可玄宗已无力迎贵妃回国了。

这些不妨做茶余饭后的谈资,为诸位消愁解闷。

不认亲爹的刘皇后

成安城(在今河北省成安县附近)已经残破不堪了。城里似乎也没有多少人居住。那低矮的土房大多已经坍塌,即使有歪歪扭扭立在那里的,也都已不避风雨。就是那些表示富贵人家居住的青砖青瓦房,也很少有完整无缺的,几乎也都无人居住。街上行人稀少,偶尔走过一两个人也都是衣不蔽体,面有菜色。有时,微风还能送来一股令人作呕的腐尸的气味。

在成安城里最繁华的地方,路边跪着一大一小两个人。那小女孩蓬乱的头发上还插着一棵草棍,表示要出卖。看样子,这女孩也就是五六岁的样子。她身边的男人看似三十多岁,黧黑的脸上布满了黄色的胡须。他跪着,企盼着有人从这里走过,他好复述他的哀告:

"好心的菩萨呀,把这可怜的孩子领走吧!我一个钱也不要,但求给她一条活命就行了。修好积德的菩萨呀!"尽管他又是哀求又是叩头,就是没有人理睬他。唉!这年头啊,人人难以养活自己,谁又有力量领养别人的孩子呢?

终于有一双紫靴在他们的面前停下了。他感觉有了希望,从他面前走过的人都是赤足,很难看见一位穿鞋的人。他急忙抬起头,那是一个挎刀的军官。

那军官用手掀起孩子的下巴,看看她的脸。本来就很大的眼睛嵌在那被饿得瘦瘦的小脸上,更加显得大得出奇。那细而重的眉毛,那端正的鼻子,都预示着这孩子将来会是个俊俏女子。

"这孩子几岁了?"

"五岁。"

"姓什么,是你的孩子吗?干吗要把她送人?"

"草民姓刘,这是我的亲生女儿。她的娘前几天饿死了。我要去逃荒,

怎么带着她?求将军给这孩子一条活路吧,让她给你当牛当马都行。"他并不知道这人在军中是做什么的,但为了求人,讨人家欢喜,不得不奉承人家,所以才称他为"将军"。

"你是干什么的?"

"草民是个游方的郎中。这年头,有病的倒是不少。可是,给谁治病,也没有钱给我呀。我再不出去逃荒,也就要饿死了。"

"那就让她跟我走吧。在下袁建丰,是晋王的裨将。"

那黄胡须的男人听说他果然是位将军,而且还是晋王府的,大喜过望,忙不迭地叩头道:"这孩子有救了,有救了。孩子啊,不是爹爹心狠,爹是实在不忍心看着你活活地饿死啊。你可不要忘记你的爹娘呀!"他抱着孩子大哭了一阵,然后把她往袁建丰怀里一推,一步三回头地走了。

袁建丰对女孩说道:"跟我走吧。我会让你享福的。"他嫌那女孩太脏,不肯伸手领着她,只是让她跟在他的后面小跑似的走着。

袁建丰把刘家这小姑娘带到自己在成安的临时行营中,找人给她洗了个澡,换了一身衣服。这孩子略加收拾,就显出了模样。并且,熟悉了以后说起话来才知道,她还是个伶牙俐齿、聪明伶俐的小姑娘。他心里想,这可是向晋王李克用讨好的绝好材料。便准备第二天就到魏州(在今河北、河南、山东三省交界一带)自己的营中,然后再回晋阳(在今山西省太原市附近),把这个孩子送给李克用的母亲刘夫人和曹夫人,她们一定会喜欢的。原来,袁建丰率部在成安大肆抢劫之后,这里已经实在没有什么油水可捞了,正想回到魏州去。

第二天,袁建丰就把小姑娘放到自己的马上上路了。经过几天颠簸,回到晋阳晋王李克用府上。他把小姑娘抱下来,拉着她的手直接来到后堂。两位夫人正好都在。他自己先行过礼,又对小姑娘说:"快拜见刘夫人和曹夫人。"

那小姑娘吃了几天饱饭,精神也有了,力气也有了,未等袁建丰的话落地,就一下子跪在地上,嘴里说道:"小女拜见刘夫人、曹夫人,祝两位夫人永远康泰。"

两位夫人一下子愣住了,没想到这么大点个孩子说话这样流利,还不怕生人。刘夫人问道:"这是谁家的孩子?还真挺有模样、挺有教养的。"

"这是末将在成安捡来的。我看这孩子聪明机灵,让她侍候两位夫人不是挺好吗?就把她给夫人捡了回来。"袁建丰满脸赔笑地说。

"袁将军可真能说笑话,这么大点的孩子能干什么?"刘夫人笑着说。

"就是把她当只小猫来养,不是还能给两位夫人解解闷吗?现在大王南征北战,十分繁忙,在府上的日子少。夫人不是正好需要这样一个孩子吗?再说,世子也需要有个女孩陪着玩玩啊。"

世子李存勖(xù)是曹夫人所生,所以曹夫人对袁建丰的话很感兴趣。

"我看,就让她跟着歌舞班子学学吹笙弹琴和唱歌跳舞吧。"她那刚刚十岁的宝贝儿子就爱看舞听歌。

这是唐末光化三年(公元900年)的事。唐朝末年,政治腐败,战争频繁,国家财政入不敷出,皇朝统治者的奢侈浪费有增无减,农民的负担越来越重。大批农民失去土地,而封建剥削却更加苛刻,农民已经无法生活下去了。这样,在二十六年前,也就是唐僖宗乾符元年(公元874年),濮州(在今山东鄄城和河南濮阳一带)人王仙芝率众造反。第二年冤句(在今山东省曹县西北)人黄巢起而响应。王仙芝牺牲后,这支起义军在黄巢的带领下坚持了十一年,扫荡了半个中国。僖宗皇帝逃到成都,黄巢在西安当上了皇帝,国号叫作大齐,年号叫作金统,建立了农民政权。

为了镇压农民起义,唐朝统治者动员了一切可以动员的力量,还引进北方日益强大起来的少数民族——沙陀族的军事力量参加镇压农民起义的战争。结果,起义是被镇压下去了,但却造成了藩镇割据和沙陀势力的强大。

李克用就是沙陀族人。他的父亲原称赤心,曾经帮助唐朝击败回鹘族的进犯,被唐朝皇帝赐以李姓,名国昌。王仙芝起义发生后,李国昌、李克用父子帮助唐朝统治者镇压起义,屡立军功,并在这个过程中壮大了自己的力量,从而与唐朝政府相抗衡,多次发生军事冲突。唐朝政府无力控制他,还得给他官当。先任命李克用为雁门节度使,以后又封他为陇西郡王,最后又晋封为晋王。李克用实际上成了山西、甘肃一带的土皇帝。

李克用的长子李存勖自小习武,颇有勇力。十几岁就随同父亲南征北战,开始了戎马生涯。他家里养着一个歌舞班子,父亲李克用经常看那些歌伎舞女唱歌跳舞。而李存勖接触到汉人的戏剧以后着了迷,特别喜欢看戏,有时候还要登台串演个角色什么的。

唐朝天祐三年(公元906年),梁王朱全忠的昭义节度使丁会向晋王李克用投降。李克用在晋王府为丁会举行了盛大的欢迎会,李存勖当然要出席作陪。

"丁使君识破朱贼全忠的野心,毅然弃暗投明,克用不胜感佩。听说三年前,朱贼派人刺杀昭宗,使君痛哭流涕,率全军穿孝服,为昭宗举哀。丁使君的忠义堪为我辈的楷模。""使君"是对州郡长官的敬称。

"殿下过奖。""殿下"是对王的称呼。"朱全忠的用意是司马昭之心,路人皆知。他觉得昭宗颇有英武之气,难于听命于他,便派人弑君。接着就立十三岁的辉王李柷为帝,把陛下置于自己的股掌之间。下官之所以投奔殿下,就是为了向世人讲明真相,举天下共讨国贼!依下官的观察,朱贼实行篡逆乃是必然之势,时间就在今明两年。"

双方都讲了许多奉承对方的话和对时局的看法,然后就是盛大的宴会,上面是觥筹交错,大鱼大肉;下面是载歌载舞,笙管笛箫。李存勖对歌舞本不感兴趣,但今天是父亲举行的宴会,当然要按父亲的爱好行事,就让他们自家的歌舞班子出演最新的节目。李存勖正想找个机会溜回自己房中,让自己的三位夫人——卫国夫人韩氏、燕国夫人伊氏和被称为夹寨夫人的侯夫人——陪着他听伶人(戏曲演员)唱几段戏文,这时他的眼睛忽然被一个新上演的舞蹈给定住了。

那是一个年轻女子跳的独舞。舞者有十五六岁的年纪。她跳的是一段鲜卑族的舞蹈,胸部和臀部围着两条虎皮,其余的部位都是暴露的。随着铿锵的鼓点和悠扬的乐声,她的胸颤动着,腰扭摆着,一会儿用肉乎乎的足尖点地,一会儿用纤细细的指端遮眼。看得那李存勖眼也不眨一下,痴呆呆地盯着那旋转着的舞女。那女子跳完了,他才觉得腿上有点湿漉漉

的,低头一看,原来是流下了口水。他不好意思地从袖口里掏出一块手帕,擦了擦袍襟和嘴角。

他绕到母亲曹夫人身边,问道:"刚才跳舞的女子是何人,孩儿怎么从未见过?是新添的人吗?"

"那是十年前袁建丰在成安捡来的孩子,当时瘦得皮包骨头的。我看那孩子挺可怜,就把她留下来,学习吹笙弹琴和唱歌跳舞。想不到这孩子学得很快,人也出落得比画还好看,又白净又匀称,我看这晋阳城里,还没有谁家的姑娘有她长得俊!"曹夫人讲得很兴奋。

"她有人家了吗?"李存勖急不可耐地问。

"看上了?你不是已经有三房夫人了吗?前些日子你攻取潞州(在今山西省潞城县一带)的时候,杀了朱全忠的将军符道昭,又把他的夫人收作你的夫人,走到哪里带到哪里,被人称为夹寨夫人,还不够吗?"

"娘,不孝有三,无后为大。韩夫人、伊夫人和这位被称为夹寨夫人的侯夫人至今都没有生孩子,你看,儿子能不着急吗?"李存勖找到了个冠冕堂皇的然而又是被人用滥了的理由。

"好,娘就把她送给你,高兴了吧?"

"谢谢母亲大人。"李存勖还能不高兴?

刘姑娘也很高兴。她从一个毫无地位可言的舞女一下子变成了世子的妾室,这是她日夜梦想的结局,突然变成了现实,怎能让她不高兴呢?并且,那李存勖对她是百般怜爱,千种温存,更使她心满意足。当然,因为她取得了李存勖的专宠,不免遭到韩夫人和伊夫人的忌妒,当李存勖不在的时候,难免受到她们的斥骂。她的地位虽然比舞女歌伎高了,可在这个家庭中,她不过是个小妾,人们只把她喊作"刘姑娘",而不像那三位,被称作"韩夫人"、"伊夫人"和"侯夫人"。

当她羞羞答答地告诉李存勖一件事情的时候,李存勖乐得一下子就蹦了起来:"真的吗?有了?你要能给我生个儿子,我就立你为夫人!"

"公子说话可算数?"

"那还不是我一句话的事!"李存勖拉过刘姑娘,小声说,"朱全忠那老

贼已经正式篡唐,自称梁朝皇帝,还改了年号,把今年叫作开平元年(公元907年)。我和父亲都发誓要以恢复唐朝天下为名,把天下堂而皇之地从朱老贼手中夺过来。到那时,我要当上皇帝,我们的儿子就是太子,你就是皇后了!"

听了这话,刘姑娘的心几乎都停止跳动了。她抚摸着自己的肚子,闭上眼睛祈祷道:"菩萨保佑,让他是个儿子!"那连做梦都没有想到过的前景太让人兴奋了,她恨不得一下子就从肚子里掏出个儿子来!

天遂人愿,她果然生了个儿子。在庆祝满月的宴席上,李克用虽然头上长了恶疮,疼痛难忍,但看到有了孙子,乐得合不拢嘴,抱过孩子亲了又亲,只是因为头上生的疮疼得厉害,才把孩子交给曹夫人。曹夫人和刘夫人等把这孩子传过来传过去,你亲一口,他掐一把,弄得孩子哇哇直叫。李存勖看大家正在兴头上,就站起来说:"请父亲给孙子取个名字吧。"

李克用看着在场的手下将领,说道:"众卿有何高见?"

他手下的副使中门郭崇韬看着掌书记豆卢革,说道:"卢革兄才华横溢,定能取出好名字来。"

豆卢革知道郭崇韬虽然能说善道,但学问不行,就说:"崇韬将军学富五车,还是请崇韬将军先说。"

"你们不必谦让,还是卢革先说吧。"李克用知道,他要不点名,两个人就会假惺惺地推个没完。

其实,豆卢革心中已经想好,听李克用点他的名字,就说:"我看叫'继岌'(jí)如何?'继'就是继承的继。'岌',上面是个'山'字,下面是个由此及彼的'及'字,表示山高的意思。"

李克用心想,岌是高的意思。我现在是王,已经很高了。我的孙子比我还高,那就是皇帝了。这个名字很吉利。就说:"好一个继岌,就这样定了,叫继岌!"

李克用的干儿子李嗣源也附和着说道:"这个名字取得很好,含义很深。"

李存勖在母亲曹氏耳边说了句什么,曹夫人就对李克用说:"大王,继

岌的生母刘氏虽出身低贱,但为我李门诞育长子,功不可没。妾以为,应该将刘氏晋升为夫人。"

李克用是很听曹夫人的话的,就说:"甚是!甚是!刘氏今后与韩、伊、侯诸夫人并列,也是存勖的夫人。"他又转身对大家说:"今后,大家都要称她为刘夫人,再不要称作刘姑娘了!"

新晋位的刘夫人急忙上前,跪到李克用面前叩谢道:"谢大王为继岌赐名,谢大王晋妾为存勖夫人。"

转过年来,就是朱全忠建立的梁朝(史称后梁)开平二年(公元908年),李克用头上的疮越来越重,渐渐地起不了床了。他意识到自己生的不是普通的疮,而是一种恶疮——痈,并且那痈毒已经进入血中,好不了了。他便让人找来他的弟弟、义子李嗣源和手下的重要官员等等,指着李存勖对他们说:"存勖这孩子胸有大志,一定能继承我的事业。我死了以后,就让他承袭我的王位和官职。但是他还年轻,希望大家好好地教导他,帮助他。"说罢,就咽了气。

李存勖承袭了父亲李克用的官爵,成为河东节度使和晋王。这河东节度使和晋王本是唐朝皇帝封的,但这时唐朝已经灭亡。所以,实际上他成了一个不受任何人节制的草头王,一支割据势力。

从此以后,李存勖对刘夫人更加宠爱。以前他出外征战总是带着侯夫人,此后他就总是让刘夫人跟随着他了。李存勖在战争中掠得的金银财宝也不断地赏赐给刘夫人。这怎能不引起另几位夫人以及李存勖不断增加的媵(yìng)妾们的忌妒?

随着刘夫人"夫人"地位的巩固,加之她又为李存勖生了长子,而李存勖又觉得李继岌这孩子模样、脾气、秉性都很像他,所以对李继岌也就特别偏爱,对刘夫人也就更加宠爱,其他夫人、媵妾很少能得到他的宠幸。刘夫人渐渐地由开始时的低三下四变为满足,又由满足变为跋扈霸道。其他夫人和媵妾本来就有忌妒之心,加上她逐渐增大的脾气,人们对她的微词也就日益多了起来。

当刘夫人又一次跟随李存勖在外一些时日,回到晋阳的晋王府上的

时候,她再次成为夫人、媵妾们的话题中心。

这时李继岌已经长到十岁了,不大爱读书。有一天,韩夫人问他:

"继岌,读书了吗?"

"读了。"

"给韩娘读一首诗吧,怎么样?"

"我背不下来。"李继岌低着头说。

"哟,继岌,不读书可不行。将来,你父亲的这份家业还靠你来继承呢。你不读书,什么都不懂,那怎么能行呢?"韩夫人转身对伊夫人说,"这小家子出身的人就是不行,连孩子都教育不好。咱们得和晋王说一说,这继岌的教养可是个大事,这可关系到李家的子孙后代,可不能让一个出身低贱的人给耽误了。"

"可不是,"伊夫人接着说道,"什么葫芦破什么瓢,我就不信下贱的根能生出高贵的苗出来!"

谁知这时刘夫人正好过来找孩子,把韩夫人和伊夫人的话听个一字不落。

"你们说谁下贱?有话就讲在当面,不要在背后嚼舌头根子。告诉你们,我刘某也是出身名门望族,你们去问问,谁不知道成安刘家也是钟鸣鼎食之家?家父在魏州是很有名的士人,说出来让你们吓一跳!他也是被黄巢军杀害的。你们两个的家不就是土财主吗?以后少跟我吹!"

伊夫人把嘴撇了一下,说:"谁还不知道谁怎么的?"

无巧不成书,刘夫人正想接着伊夫人的话茬把她顶回去,这时进来个仆人,对刘夫人说:

"夫人,外面有个乡下老汉,自称是夫人的父亲,要求见夫人,现在正等在门外,不知是否让他进来?"

刘夫人说:"我的父亲早就在战乱中遇害了,怎么会又出来一个父亲?这一定是哪里的无赖之徒来找我讹钱的。别让他进来,把他赶走!"

过了一会儿,那仆人又进来说:"那老汉说,他确实是夫人的父亲。他是在光化三年在成安把你交给袁将军的。"

　　这时，韩夫人、伊夫人早派人去把这消息告诉了晋王。李存勖听说刘夫人的父亲来了，高高兴兴地迎了出来，一面走一面还说着："夫人，听说岳父大人来了？现在哪里？怎么还不快请进来？"

　　"大王，妾哪里还有父亲？妾的父亲早在黄巢之乱的时候就被他们杀害了。这一定是哪一个不逞之徒来耍无赖讨便宜的。"

　　谁知那仆人看不出火候，偏在这个时候接茬说："刘夫人，奴才看那老汉不像市井无赖。再说，他若不是夫人的父亲，他怎么会知道袁将军的名字？"

　　"袁将军？袁将军是怎么回事？"

　　那仆人把刚才老汉的话复述了一遍。李存勖说："对！母亲说过，你是袁建丰领来的。快去把袁建丰找来认一认。"

　　袁建丰进来时说："我刚才在门外看见那老汉了。我只记得十年前，我是从一个黄胡子的人手中接过刘夫人的。现在门外这位老者就是黄胡子，我看的确是刘夫人的父亲。"

　　"这怎么可能？家父早已被黄巢的军队给杀害了，是妾亲眼所见。妾那时年纪虽小，但记得很清楚，妾还守着尸体号啕大哭呢。"

　　"夫人，不妨出去看看，万一确实是岳父大人，也别错过相认的机会。"李存勖并不了解刘夫人的心态，一个劲地催她出去看看。

　　刘夫人一出院门，那老者立即扑上来。他还以为女儿是来认他的呢。"女儿啊，女儿，你可把爹想死了！"

　　"啪！"刘夫人给了那老者一个耳光，然后往后一闪。那老者扑了个空，差一点扑倒在地上。"谁是你女儿？你这无赖！"

　　刘夫人的手颤抖着。她看着那熟悉的面孔。爹是老了，头发已经很稀少，脸上的皱纹纵横交错，好像是被风刀霜剑刻上去的，但他那黄褐色的胡子却并未减少。她看见爹爹这副样子，心里一软，眼泪几乎要涌出来。但她把心一横，这事关系到她在几个夫人当中的地位，她不能有一位穷苦的老农做父亲。她立即瞪起眼睛："你好好看看，谁是你的女儿？你穷疯了！"

　　"女儿，你好好想想，你娘是在……"

"把这个乡巴佬给我抽一百鞭!"刘夫人几乎是给李存勖下命令,发疯似的狂喊。

李存勖想,如果这老汉真是刘夫人的父亲,她怎能忍心抽他的鞭子?他便命令一个士兵抽老汉一百鞭。那士兵可怜老汉,下不去手,勉强抽到四十下的时候,老人已经瘫倒在地上,连呻吟的力气都没有了。

"夫人,你看……"李存勖想问问夫人,都抽成这个样子了,不抽算了。可是,夫人已经不在街上,回到府中去了。李存勖对那士兵说:"算了,别再抽了。你去传我的话,给这老汉拿点金创药,再给他几两银子,让他走吧。"

李存勖是一个很有谋略的人,手下又有几员大将,在几年的时间里,先后从梁国手中夺取了涿州(在今河北省涿县一带)、燕郡(在今北京市一带)、幽州(在今北京、河北、辽宁、山西一带)、澶州(在今河南清丰、濮阳一带)、卫州(在今河南新乡一带)、磁州(在今河北邯郸一带)、相州(在今河北邢台一带)等地,几乎控制了中国黄河以北的大部分地区,共有十三节度、五十多个州。他还战胜了正在强盛起来的北方契丹国。

后梁龙德三年(公元923年),李存勖见条件已经成熟,便于这一年的四月在魏州筑坛祭告天地,宣布称帝。因为标榜他家是唐朝李家的后代,便定国号为唐,史称后唐。定年号为同光。这一年就是同光元年。李存勖尊自己的生母晋国夫人曹氏为皇太后,父亲的正夫人秦国夫人刘氏为皇太妃。以豆卢革为门下侍郎,以郭崇韬等人为枢密使。

李存勖称帝后,又接受了干哥哥李嗣源等人的建议,一鼓作气攻下了梁国的首都大梁(即今河南省开封市)。梁末帝朱友贞自杀,只存在了十六年的后梁王朝就此灭亡。

这时的唐国虽然领土比梁朝要广大,但也只能说是半壁河山。它的北方有日益强大的契丹,西南有蜀国(史称前蜀),南方还有吴越国、吴国和汉国(史称南汉)。但李存勖却大有天下太平的架势,把首都迁到洛阳以后就开始玩乐起来。

"陛下不是会演戏吗?妾很长时间没有看见陛下演戏了。"刘夫人对李存勖说。

"那朕就演一个给你看。"

父亲李克用死后,他就把原来的歌舞班子改成一个戏班子。他让人把戏班子的人都找来,演戏给刘夫人看。他自己也涂脂抹粉,亲自登场。戏班子里的戏子们都有艺名,他也给自己取了个艺名,叫作李天下。

李存勖扮演一个书生,正在和一个小姐调情。他一会儿念白,一会儿边唱边舞,扮得真挺像。刘夫人也连连叫好。李存勖还来个临场发挥,自己诌出几句现编的戏词来,指着自己的鼻子说:"李天下呀李天下,你就尽情地乐吧!"这时,那名叫敬新磨的扮演小姐的戏子上去就给他一个耳光,打得他一愣,立时忘了词。

刘夫人气得一下子就站起来。全场的气氛紧张极了。只要李存勖一句话,敬新磨立即就得掉脑袋。

敬新磨其实是进入了角色,他见小生临时编出一句词,他也得回一句才是。可是场上一紧张,他把自己该回的词一下子忘了,冷场了半天才又想起来,说道:"公子,你一个草民,怎么可以自称李天下?'李天下'者,'理天下'也。管理天下,只有天子一人才有这个权力。公子可千万别再胡言,否则是要杀头的!"

李存勖这时才意识到,现在自己的角色是公子,是普通百姓,而不是皇帝。那么,小姐打一个胡言乱语的公子就是应该的了。他接下去说道:"谢谢小姐提醒,在下差一点就犯了不赦之罪。"

这一段临时创作发挥的戏还演得挺圆满。全场的人提到嗓子眼的心也放了下来。这一场演完,他走到刘夫人面前问道:"朕演得如何?"

"陛下扮谁像谁,真是个天才!"刘夫人奉承道。

"明天夫人还要看什么?"

"天天看戏,都乏味了。不如我们明天去打猎吧?"

"好!朕也正想去打猎。"他对下面喊道,"中常侍在吗?"

"臣在!"

"为朕准备好明天畋(tián)猎用的人马,明天朕要去打猎。"

第二天,浩浩荡荡的畋猎队伍向洛阳东北面的中牟县(在今河南省鹤

壁市西)的皇家猎场开去。第五天,未等进入中牟县境,中牟县令就出来迎接了。还未等走到猎场,突然一只鹿窜了过来。原来,那时天子和贵族们打猎并不是真的到野外去寻找野兽打,而是有专人把事先养着的鹿啊、兔啊放出来供他们打。还有大批的人马负责把放出来的野兽给赶到有利于射杀它们的地方。这头鹿见这么多的人,吓得不要命地逃跑。兵士们则四处堵截,尽量让它在皇帝的射程之内。李存勖的箭法并不太准,与骑在另一匹马上的刘夫人在麦田里兜来兜去,足有半个时辰,总算在那鹿几乎被逼到李存勖眼皮底下的时候把它射中了。

李存勖正在高兴的时候,却发现中牟令跪在他的马前。

"你有什么事情吗?"李存勖问中牟令。

"陛下为黎民百姓的父母,切不可伤害百姓的庄稼。这几家的麦田已经被踏得所剩无几,让这几户人家何以为生?"

虽然中牟令说得很恳切,李存勖还是发了火:"有道是'普天之下,莫非王土',朕畋猎伤了几棵禾苗也值得你借题发挥,大做文章?你心里还有天子吗?"李存勖的火气越说越大:"来人!把这大逆不道的中牟令就地问斩!"

两名皇帝的近侍立即上前拉住中牟令,挥起了大刀,那刀在日光下像镜子似的闪着光。

只见那敬新磨一下子冲了过去,把中牟令拉出来,那大刀一下子落空,砍到地下的石头上,又迸出一阵火花。敬新磨把中牟令拉回到皇帝马前,把他按跪在地,大声喝道:

"你当县令,怎能不知道天子喜欢畋猎?为什么还要放纵百姓把地种上庄稼,妨碍我们的天子驰骋畋猎?你让百姓种地,就是犯了死罪!行刑吧!"

李存勖知道敬新磨说的是反话,是有意逗他笑的。虽然他说的并不怎么可乐,他还是扑哧笑了一笑,下巴一扬:"放了他吧。"

"谢陛下隆恩。"那县令谢了恩,只好又跟着跑前跑后地撵鹿,再也不敢提践踏庄稼的事了。

刘夫人看出来皇帝对她的宠爱是出自真心。她几次试探皇帝说:"陛下称帝已经一年多了,应该考虑立皇后的事了。"而皇帝李存勖却总是支支吾吾。其实,刘夫人心里明白,皇帝是想立她为皇后,可是他有难处。首先,韩夫人是正夫人,立韩夫人为后是名正言顺的,而立她则有点于理不通。其次,曹太后对她是有成见的。在曹太后眼中,她不过是个歌伎舞女,是一个出身低贱的人,是不配当皇后的。第三,大臣郭崇韬等人也站在曹太后一边,不赞成立她为皇后。刘夫人这些天来总是翻来覆去睡不着,一直在考虑怎样才能把皇后的宝座争到手。她觉得,关键还是要把郭崇韬这些人拉到自己这一边。

郭崇韬最近的心情也很不好。他觉得皇帝太听信宦官和伶人的话了。不管多大的事,只要把礼给伶人或是宦官送到了,都能办成。李继韬原来是晋王手下的人,后来投降了梁国。李存勖灭梁后,李继韬如丧考妣,惶惶不可终日,之后就是走了宦官和伶人的路子,又求了刘夫人,皇帝才宽恕了他。后来,当他再次犯罪的时候,也只是没收了他的家财,并没有要他的命。

"大人是不是担心宦官、伶人左右朝政?"郭崇韬的一个亲信问他。

"不是担心,这已经是事实了。"郭崇韬回答。

"在下倒是有一个办法。"

"快说!"

"现在,刘夫人同宦官、伶人们站在一起,如果他们总是这样,对大人是很不利的。如果大人能够上表要求立刘夫人为皇后,一是陛下肯定满意你,二是刘夫人也要感激你,那对大人是很有好处的。刘夫人如果当上皇后,与宦官、伶人之间肯定会发生争执,大人就可以坐收渔人之利了。"

郭崇韬觉得这话很有道理。其实,他哪里知道,这个亲信早被刘夫人拉过去了。他实际上是在替刘夫人游说呢。

第二天上朝,郭崇韬果然与宰相等人共同上表,要求立刘夫人为皇后,理由是刘夫人为陛下诞育长子,使陛下后继有人。

皇帝李存勖当然很高兴。这是他早就想办的事情。现在,立刘氏为皇

后的一个主要障碍转而支持刘氏,他怎能不高兴呢?

李存勖动作很快,这份表上来没几天,就在同光二年(公元924年)二月宣布立刘氏为皇后。紧接着,大臣们又给他上尊号为昭文睿武至德光孝皇帝。

当了皇后,也并不是事事遂心。第一个就是皇帝并不把心思都放在皇后身上。他对宦官和伶人比对皇后要好得多。很多宦官都被他派出去做刺史、监军等要职,伶人当刺史的也大有人在。由于宦官和伶人说话算数,很多大臣都怕受到他们的诬告和迫害,甚至要求辞职。就连皇帝的干哥哥番汉内外马步副总管李嗣源这样的高官也主动要求交出兵权,皇帝没有答应。刘皇后并不甘心自己的权力还没有宦官、伶人的大。第二个就是皇帝并不对她专宠。有一个姓张的妃子总是在皇帝身边,最近还生了个孩子,气得刘皇后几乎发疯。第三个嘛,皇后觉得皇帝给她的钱还不够多。她有专门的库房攒私房钱。因为她在被立为皇后前曾被封为魏国夫人,魏国这个地方的税收都是她的,她连一草一木都不放过,用一根柴、一捆草都要收钱。她的钱已经攒得很多了,可是她却越来越觉得钱少。当她只有一万钱的时候,她的目标是十万;可当她有了百万钱时,她的目标是亿万,所以总也不可能满足。

你别看她心里对张妃忌妒得要死,表面上对她还是很好的。所以,只要她自己能够抛头露面的时候,她总是带着张妃。一是要张妃在众人面前侍候她,耍耍她的威风。二是希望能有人看上张妃,万一演出点丑剧,她就有了把柄。

皇帝下令调武宁节度使李绍荣为归德节度使,并留在京师负责宿卫。李绍荣新近丧妻。当他来皇宫看望皇帝的时候,皇帝问他:"李爱卿,是不是想续娶一个呀?我给你做个媒怎么样?"

"陛下这样关心李使君,那就把张妃赏给他吧。"皇后急忙对两个人说。

皇帝哪有这份好心,能把自己最心爱的人送给一个老头子?皇后这句话让他很尴尬,只是嘿嘿地笑,也不说行,也不说不行。等了半天,想回头

看看张妃是什么表情,可是张妃已经不见了。

"哎,张妃到哪里去了?"皇帝问皇后。

"我已经派人把她抬到李使君府上去了。"原来,就在皇帝迟疑不决的时候,皇后已经指使几个宦官把那张妃连推带拉地送上了轿子。张妃本来喊了一声"陛下",可是皇帝当时正在想怎样应付这件事,没有听见。张妃想喊第二句时,已经被推出了正殿。气得李存勖好几天装病不吃饭。

"陛下既然已经答应把张妃送给人家,为什么还要这样想啊?"刘后有意这样问他。

"朕什么时候同意了?张妃刚刚二十岁,那老李头子五十多了,他俩也不般配。再说,她生皇子不久,皇子身边没有母亲怎么行?"

"妾就知道陛下为别人都是想得那样周全,唯独不为妾多考虑一点。"刘皇后说着,还挤出几滴泪来。

"朕为皇后考虑得还不周全?你知道朕为了立你为后费了多少心机?"

她长叹一声:"唉,光有个皇后名分有什么用,还不如那些宦官、伶人说话算数。人家宦官、伶人,说给个节度使就给个节度使,说给个监军就给个监军。可是皇后又顶个什么用呢?"

"哎呀皇后,你可是母仪天下,节度使、监军如何比得了你?"

"徒有虚名而已。节度使可以号令几个州,妾又可以号令谁呢?"

"就为了这个?那还不好办。今后,你也可以向天下发布命令。皇帝发布的命令自古都叫作'诏',今后我发布的命令仍旧如前,皇后发布的命令叫作'教',太后发布的命令叫作'诰',可以了吧?"

刘皇后想了想,现在正是皇帝容易说话的时候,不能轻易放过他,就说:"陛下曾经接受宦官的意见设立内、外府。州县上供的钱交给外府;藩镇上供的钱交给内府。为了防止妾人老珠黄以后陛下变心,内府的钱要拨到我的库里一半。"

别看李存勖是皇帝,他也是很心疼钱的。他舍得花外府的钱,舍不得花内府的钱,所以现在是外府枯竭,内府钱财堆积如山。有一次劳军,郭崇韬说:"臣已倾家所有用以劳军,陛下是否也能从内府拨出点钱来?还有,

陛下在即位以前就答应过亲军,灭梁以后要重加赏赐。现在,多数人还没有得到陛下的赏赐,心里颇有怨言。""亲军"是李存勖的一支八千人的近卫军,为他打天下立过汗马功劳。但李存勖觉得,要他从内府拿钱就像剜他的心一样,想了半天才说:"朕在晋阳还有部分积蓄,你派人到那里取十万钱物吧。"郭崇韬后来才知道,晋阳的钱原来是没收李继韬的钱。现在,刘皇后要把入内府的钱截留一半,这让李存勖如何受得了?

刘皇后看他半天不说话,知道他是舍不得,就说:"还想送几个爱妃给大臣哪?"

听了这话,李存勖心里一激灵。他明白了,现在她的皇后已经当上了,发号施令的权力也有了,今后再也不用在他的面前装模作样了。通过张妃这件事,说明她什么事都干得出来。现在她又用这个事来要挟他。刘皇后已经徐娘半老,他已经派宦官到民间去征集美女,计划征集三千人。今后他能不亲幸别的女人?如果都让她送给别人,他李存勖哪里受得了?李存勖咬一咬牙,说:"行,给你一半!"

这是李存勖当皇帝以后最快乐的日子。从民间选的美女络绎不绝地送进皇宫,马车不够用,有时不得不用牛车拉美女。同光二年十一月,天降大雪。李存勖说:"这真是打猎的好日子。"便到洛阳南二百多里的伊阙去打猎。白天打不够味,他就在夜间打,给他赶兽的士兵坠入深崖摔死的不计其数,冻坏手脚的更多。转过年来,他又迷上了击毬(类似今天的足球或曲棍球),便不顾大臣们的反对,把他即位时祭天的坛都拆了修毬场。他又以现有的宫殿夏天太热为理由,建楼房式的宫殿。总而言之,他是尽情地玩,尽情地享乐。

这也是刘皇后最快乐的日子。她差不多也可以为所欲为了。那一天,她同皇帝一起到河南尹张全义家做客。张全义极尽招待之能事,好东西一个劲地往桌上摆,皇帝、皇后喜欢的就奉送给他们。刘皇后看出张全义很有钱,就在酒喝得正酣的时候,对皇帝也是对在座的人说:"妾自小失去父母,所以一看见老者,就想到了自己的父母。妾想认张使君为义父,不知陛下意见如何?"

解读王朝

　　李存勖想，今后他的享乐无边，只要皇后不捣乱就行，因此什么事都尽量满足她。听她要认张全义做干爹，觉得也没有什么不可，就痛痛快快地答应了。第二天，有位年轻的大臣对他说："陛下，皇后是天下之母，怎能认他人为父？"李存勖觉得是这么回事，但是也没有采取什么措施。

　　那时，在洛阳附近有个河南尹，河南尹里还有个河南县。因为它是在首都洛阳的眼皮底下，地位比较重要，那些宦官、伶人们总想在这个地方占些便宜。河南县的县令叫罗贯，别看他官不大，胆子可不小，就是不买这些人的账。这些人求河南县令办事的条子都在他手里压着不给办。郭崇韬支持罗贯这样做。所以，这些人恨透了郭崇韬和罗贯。"河南尹"既是地名，也是这个地方长官的称呼。这些宦官、伶人听说河南尹张全义是皇后的义父，就纷纷在张全义面前说郭、罗二人的坏话。张全义把话透给刘皇后，刘皇后就向皇帝吹风。可巧这时曹太后死了，为了安葬曹太后，李存勖先去视察道路。他发现有几座小桥年久失修，其实那时皇帝左右搜刮得很厉害，地方上有点钱就得交到外库、内库去。特别是这皇帝的眼皮底下，宦官、伶人都向这里伸手，地方上哪里来的钱修桥？李存勖只知往外库、内库里敛钱，并不知道下边这些难处，就问："这里归哪个县管？"

　　"禀陛下，这里归河南县管辖。"随从答道。

　　一听河南县，李存勖就想起皇后对他说的河南县令如何不好的话来了。他问："这里的县令是不是叫罗贯？"

　　随从宦官又说："就是那小子。"

　　"快把罗贯逮捕下狱！立即处死。"

　　郭崇韬说："罗贯没有搞好修桥补路的工作，可也不至于是死罪呀！"

　　"太后的灵柩很快就要从这里通过，天子也要因此而经常在这里往来。他不把路给朕修好，你还说他没有死罪？你一定是他的同党吧？"

　　就这样，罗贯被下狱，先被打得体无完肤，被杀死以后还在县府门外暴尸。

　　昭文皇帝李存勖还没有立太子。已经二十多岁的皇长子李继岌被封为魏王。郭崇韬建议，为了让李继岌得到锻炼，应该派他去征蜀，为国立

功,为继承大统创造条件。昭文皇帝采纳了他的这个建议,以魏王李继岌为西川四面行营都统,以郭崇韬为东北面行营都招讨制置使,率军伐蜀。他们只用了七十天的时间,就在同光三年(公元925年)攻占了成都,灭了蜀国。

郭崇韬与李继岌的关系本来很好。但郭崇韬看不惯宦官弄权。他对李继岌说:"将来殿下当了皇帝,一定不能任用宦官,应该把他们从官位上赶回后宫去,让士人做官。"有个当官的宦官姓吕,专门扒门缝听声。郭崇韬对李继岌说的这几句话刚好被他听见了。他回去对当官的宦官们一说,宦官们都恨透了郭崇韬。他们就有意地挑拨李继岌与郭崇韬的关系,更抓住一切机会在皇帝面前攻击郭崇韬。

昭文皇帝看蜀国的问题已经解决了,就派宦官向延嗣去催郭崇韬回京。郭崇韬见到宦官从来就没有好脸,这回听说是个宦官来催他,连出门迎接一下都不肯。那向延嗣回京对皇帝说:"魏王虽然尚未立为太子,但实际上与太子没什么两样。但郭崇韬专横跋扈,把他的儿子安排在军中,指天画地的。听说,郭崇韬的儿子最近还要上疏要求让他的父亲当蜀地的总帅。现在,魏王身边的人都是郭家的党徒。我们很为魏王的安全担心。"

当晚,向延嗣还没走,刘皇后又来到皇帝殿上,一进门就喊:"陛下,救救继岌吧!"又一把鼻涕一把泪地把魏王在郭崇韬身边如何危险添油加醋地说上一遍。李存勖想起一件事:前些日子,有人对他说,蜀人要求以郭崇韬为蜀帅。这就同刚才刘皇后说的话对上号了。

"陛下,人家说,郭崇韬入蜀的时候,得到的金银财宝不计其数,他给你送来多少?"刘皇后对财富是非常关心的。

李存勖忙让人把缴获的蜀国财宝账目拿来。当初送来这些东西的时候,他并没有觉得少。可是经刘皇后这样一讲,想到蜀地那样富庶,就觉得这些东西确实太少了。

向延嗣也凑过来说:"陛下,我听说破蜀的时候,珍宝都落到郭崇韬父子手中了。仅郭崇韬得到的就有黄金万两、白银四十万两、钱百万缗、名马一千匹。他儿子郭廷诲得到的也不比这少!这么多财宝全让他们父子留下

了,到天子这里还能多吗?"

刘皇后和向延嗣两人一递一句,就把李存勖的火给勾起来了:"朕早就听说这家伙有二心……延嗣,你这就去,把他给朕斩了!"

这时,已被任命为成都尹的孟知祥说:"崇韬是国家的功臣,不必对他采取这样的措施。等我到蜀以后调查一下,如果没有什么大问题,让他回来就是了。"

李存勖想了想,答应了。但孟知祥刚走,他又后悔了,就对宦官马彦珪(guī)说:"彦珪,你偷偷地去一趟,如果郭崇韬奉诏班师,就算了。如果真有这些情况,你就同继岌商量一下,把他干掉。"

向延嗣和马彦珪并没有回自己家,而是跟着刘皇后来到后宫。进屋后,不等落座,马彦珪就说:"形势这样危急,陛下却犹豫不决。远在三千里之外,真有情况,让奴才去同谁商量?"

"你们在这儿等着,等我再去一次。"刘皇后说。

刘皇后重新返回皇帝殿上,说:"现在的形势很危急,继岌有性命之忧。陛下还是应该作出果断的决定才是。"

"朕怎能只凭传闻就决定斩杀一个人呢?还是慎重一些为好。"李存勖这回没有全听刘皇后的。

刘皇后气急败坏地回到自己宫中,说:"他不下令,我来下令!"于是,她起草了一份教令,命令李继岌见教令后杀死郭崇韬。

李继岌见到母后的教令,有些迟疑。但架不住宦官们的怂恿,便假意招郭崇韬来议事,埋伏人用大锤把郭崇韬的脑袋打碎了,连他的儿子郭廷诲、郭廷信也未能幸免。马彦珪回到洛阳后,给郭崇韬凑了许多罪状,又杀了郭崇韬在洛阳的几个孩子。一些与郭崇韬有旧的人也被杀了。

郭崇韬死后,谣言四起,有说李继岌被杀的,有说刘皇后弑帝的,军心大乱。当初李存勖打天下的时候是从魏郡开始的,从这里来的部队通常被称为魏军。魏军原在邺郡驻守,同光四年(公元926年)二月,有人趁乱造反,推赵在礼为帅,还杀了几员唐将。李存勖急忙问:"派谁为将才能平定乱军?"被提名的有好几个,李存勖迟疑不决。刘皇后说:"这是小事一桩,

不必派大将,李绍荣就行了。"

李绍荣不知天高地厚,领三千骑兵就直奔邺郡,想招抚乱军。谁知乱军将领纷纷说:"连郭崇韬这样的功臣都死于非命,我们这些已经作乱的人若是回去,还能有好?"李绍荣攻城又攻不下来,城内的乱军连皇帝的敕告都给撕了。李存勖气得大喊:"等攻下城来,把他们全活埋了!"

常言说,按下葫芦起了瓢。这里葫芦还没有按下去,李存勖身边的"瓢"又起来了。李存勖的亲军中有个军官,官衔为从马直指挥使,姓郭名从谦,本是一名伶人,因为受到皇帝宠幸才得个官当。有一次皇帝看见他,同他开玩笑说:"你同郭崇韬挺好吧?你可不能做出对不起朕的事啊!这回邺城作乱和你有关系没有?"

皇帝开玩笑,郭从谦可受不了。他思来想去,觉得皇上的话有来头。他逢人便讲郭崇韬的冤屈,讲皇帝对亲军也不信任,弄得亲军也人心惶惶。

李存勖见李绍荣无力平定邺城的叛乱,只好派李嗣源去攻邺城。但未等李嗣源攻城,亲军又乱了起来。他们拥戴李嗣源做他们的首领。李嗣源不干,他们就用刀逼着他。李嗣源表面上不从,实际上顺水推舟,当了他们的首领,由几百人发展到几千人。

宰相上表皇帝,要求拿出些钱赈济士兵,否则士兵就会日益不稳。李存勖正要答应,刘皇后说:"我们夫妇能够主宰天下,这是我们的命运决定的,我们的命运又是苍天决定的。除了天意,别人能把我们怎么样?"李存勖听皇后这样讲,也就不同意赈济了。皇帝走进便殿,宰相又跟进来说:"陛下,这可是关乎社稷安危的大事……"

谁知皇后看宰相进了内殿,便躲在屏风后面听声。没有等宰相说完,她就拿出自己的化妆匣和三个银盆,还把皇帝的一个刚出生不久的孩子也抱出来,说:"都说我们宫中有很多积蓄,看看吧,我们只有这些东西,拿去卖了,赈济士兵去吧!"

形势日益严重。李嗣源的队伍已经占据了大梁,各路军队也都是人心离散,李存勖已经指挥不动了。他对士兵们说:"各位将士,只要力战,朕一定会重赏你们的。魏王李继岌已经从西川运回金银四十万两,到时朕把这

233

些金银都分给大家。"

士兵们说:"陛下现在想起赏赐我们了,已经晚了。我们家破人亡,妻离子散,现在就是真的得到了陛下的赏赐,也不会有人感激陛下的。"李存勖听了这话,就像被人用刀剜他的心一样,后悔莫及。

到了4月,参加叛乱的亲军越来越多,并在郭从谦的率领下包围了皇宫。李存勖躲到一处小树林里,被乱箭射中。

这时,刘皇后正在殿内收拾贵重物品。一个宦官进来说:"陛下中箭,流血不止,总是喊渴,皇后能不能给陛下找点水?"

"这个时候上哪儿去找水?"她掀开一个罐子盖,里面有些奶酪,就说,"把这个拿去给他喝了吧。"

"皇后,人家说出血过多,喝这种东西不好。"

"都什么时候了,还那么多说道?快拿去给他喝了!"她也不叫"陛下"了,也不去看看他。

李存勖喝了皇后送来的奶酪,不多时就咽气了。身边的人看皇帝死了,有的当时就逃了,有的哭几声后也扬长而去。只有一名伶人,把一些琴、瑟、琵琶、鼓之类的竹木乐器堆在李存勖的身上,放一把火,就算是火葬了。

刘皇后收拾好一些贵重物品,包一个包袱挂在马鞍上,然后找到申王李存渥以及李绍荣等人,带着七百骑兵突出城门,向太原方向逃去。天黑以后,他们就在一片树林中露营。

第二天早晨,人们发现皇后和申王不见了,便四处去找。后来发现他俩在一个破窝棚里,躺在同一张粗席上,搂抱着睡得正香。原来,昨晚他俩避开众人,找到这么一个僻静处私通,因为睡得太晚,以致今天早晨睡过了头。

京城的乱兵拥戴李嗣源当了皇帝。李嗣源听说刘皇后用私自带走的钱在太原建了一处寺庙,在那里当了尼姑,就派人到太原把她给杀了。李存渥也在逃亡的路上被乱军杀死。

▌被废入道的郭皇后

一

废皇后郭氏暴毙于瑶华宫的消息是在一个寒冷的早晨传出来的。呼啸的北风和这突然而至的消息使早朝的人们倍觉寒冷。文武百官差不多已经到齐了,大宋仁宗皇帝还没有升殿,大家便在供休息用的朝房里等着,一边嘘着冷气,一边三五成群地低声议论。

"听说冲静元师前天夜里暴毙了。"

"冲静元师?大人说的是郭皇后吗?在下也听说了。不过听说郭皇后前些日子只是偶感风寒,身体小恙,不是什么大病。怎么突然之间……"

"愚兄也觉得突然,就是不知道端的如何。贤弟可知吗?"

"两位老大人都不知,小弟如何得知?不过外面风传郭皇后暴毙得有些蹊跷。"

"怎么回事?何不说出来听听?"

"据说郭皇后偶感微恙不假,可两位老大人知道领太医去为皇后诊视的人是谁?"

"是谁?"

"阎文应!"

"贤弟是说……他……"

"这个嘛,小弟就不知了。"

"噢……"

众人如大梦初醒,心照不宣地"哦"了一声,便摇头不语。

郭皇后是怎么死的?这阎文应又是谁?

二

郭皇后本是应州金城人氏,祖父郭崇曾做过平卢军节度使,深得太祖宠信。仁宗皇帝当皇太子的时候,郭氏被聘为太子妃。原是很得宠幸的,后来就不知从什么地方冒出个张美人来。张美人雪肤花貌,眼角眉梢都是勾魂摄魄的媚气,把个好色如命的仁宗迷得神魂颠倒,原来对郭氏的热情像退潮似的一下子减了好几分。后来仁宗当了皇帝,就想立张美人为皇后。那时是刘太后用事,与仁宗同殿参决军国大事。刘太后本不是仁宗的亲生母亲,仁宗的亲生母亲姓李,是个侍女,生下仁宗后才一点点被进封为婉仪、顺容,临死之前又晋位宸妃。那已是后话了。仁宗还在襁褓中咿呀学语的时候就被刘太后(那时是皇后)给抱了过来,当成自己的儿子养着。亲生母亲李宸妃反倒成了绝不相干的外人,眼睁睁地瞅着亲生儿子一天天地长大,当了太子,又当了皇帝,可就是不能叫一声"儿子",到死也没叫上一声,有泪只能往肚里咽。天底下的事真没有比这更惨痛的了!可话又说回来,像她这般安安稳稳地活着,还不断地被加封晋级,儿子又是这么顺顺当当地做了皇帝,这也是哪辈子烧了高香了!多少生子的宫嫔被折磨而死,儿子不保,甚至被株连九族,那又该怎么样?还不是得受着?唉,这后宫里的事真让人看着伤心哪。

仁宗是在刘太后死后才知道自己的亲娘是李宸妃,在那之前他一直以为自己是太后生的。他跟太后说要立张美人为皇后,太后就很不同意。太后说:"郭氏是你做太子的时候你父皇为你聘的,人也挺老实、挺贤惠的,她祖父又曾得太祖宠信,你怎么能这么随便地就不顾及这些了呢?"

那天太后说了仁宗老半天,说得仁宗满脸羞惭,一声不吭。其实这道理他不是不懂,只是跟郭氏在一起待的时间长了,早觉得腻了。现在正和张美人打得火热,难解难分的,所以才想立张美人。但仁宗很孝顺,向来对太后百依百顺,这会儿心里虽然不乐意,可也没敢吱声。就这样,郭氏才被立为皇后。这是在天圣二年(公元1024年)的冬天发生的事。

那个冬天对郭氏来说是那么艰难，又是那么难忘，她终于当上了皇后。

三

当了皇后的郭氏并没有多少喜色，整日愁眉苦脸的，心里烦躁得很。仁宗拗不过太后，勉勉强强地立她为皇后，可对她却越来越疏远，很少跟她亲近。皇帝整天和那些美丽而又风骚的妃嫔们混在一起，又是说又是笑，玩得十分开心，可一见了她就没了笑模样，客客气气地寒暄几句算是尽一个皇帝对皇后的义务，弄得郭皇后人前人后哭了好几次。她这么一闹腾，皇帝就有些不悦。皇帝说：“皇后这是怎么了？动不动就擦鼻子抹眼泪的，妇德没见修炼出多少来，这脾气可是眼见着长。这哪像个皇后的样子！”

郭皇后有委屈没法说，只能憋在心里，这眼泪可就流得更没遮没挡的了。

这么满脸愁云地哭闹了几回，皇帝还是离她远远的，见了面还是淡淡的，皇帝还是狂蜂乱蝶般地到处寻花问柳。不过这时，皇帝对张美人也玩腻了，现在得宠的是尚美人和杨美人。这两个小妮子像两个小妖精似的，郭皇后见了她们气就不打一处来，见面也从不给她们好脸色。她们呢，仗着皇帝的宠幸，有时还大模大样地不怎么把郭皇后放在眼里。尤其是那个尚美人，更是一副不可一世的模样，好像她才是皇后似的，有好几次竟敢跟郭皇后还嘴，你说可恨不？郭皇后怎么也看不惯。

转眼之间郭氏做皇后已做了十年了，不知不觉就到了明道二年（公元1033年）的冬天，一年一度的年节又快来临。汴梁城这个时候最为热闹，天上大雪纷飞，可街市上仍是人山人海，拥挤不堪。小贩的叫卖声此起彼伏响成一片，有卖撒佛花的、卖韭黄的、卖生菜和兰芽的，还有卖薄荷和胡桃的。小孩子们穿着新衣服在门前放炮仗。朝廷则因为天降大雪，小民们生活不易，便赐予些"关会"，拿这东西可以到官府去领些钱钞或柴米油盐之

类。真是要过年了。

皇帝这几天心情特别好,朝散后就兴致勃勃地回宫和皇后、尚美人、杨美人一起饮酒。皇后见皇帝高兴,她也高兴,酒也喝得挺畅快的。可是几杯酒下肚,尚美人就有些忘乎所以,做出千娇百媚的姿态,一口一个"陛下",恨不能一口将皇帝吞进肚里。郭皇后看了就有气,耐着性子没发作。后来皇上就说:"这么闷闷地喝有什么意思,还是找点什么玩的来乐一乐才好。"

郭皇后正想说话,尚美人先抢着说:"太好了!就叫教坊弟子来唱几支乐府曲子吧。陛下常说有个叫柳永的填词填得好,什么'多情自古伤离别,更哪堪冷落清秋节。今宵酒醒何处?杨柳岸晓风残月'。说得多旖旎,多有味,我最喜欢这几句了。陛下何不叫人唱来听听?"

郭皇后早已气得变了脸色,本来她也是喜欢听的,有时闲着无聊,自己也试着填几句,只是看着尚美人那得意的劲来气,就沉着脸说:"这种淫波(bì)媟嫚(xièmàn)的俚词小调最易坏人心性,我们做妃嫔的如何听得?真是越来越不像话了!"

尚美人仗着酒力也不示弱,回道:"听个曲子又有什么大不了的了?《关雎》还讲个乐而不淫呢。"

郭皇后喝斥道:"《关雎》是美后妃之德的教化之音,岂能和这等淫词滥调相提并论?"

尚美人仍是不服,反唇相讥道:"娘娘说这是'淫词滥调',娘娘自己不也常常填词吗?"

"大胆!"郭皇后觉得像挨了一个耳光似的脸上火辣辣的,立刻恼羞成怒,忽地站起来就给了尚美人两巴掌,打在尚美人脸上,发出清脆而响亮的声音。尚美人本能地举起手来遮挡,郭皇后误以为她要还手,大骂道:"好啊,你这个小贱婢竟敢打皇后,简直是反了天了!"奋身上前,又是掐又是挠的,两个人就扭在了一处。

旁边还有皇帝和杨美人呢,他们做什么呢?那个杨美人是个很有心计的人,虽然得宠,但她并不像尚美人那样张狂,每次都是由尚美人冲锋陷

阵,她在一旁隔岸观火。可这一次见皇后动了手,她也惊得呆了,呆在一旁手足无措。皇帝呢?皇帝向来讨厌她们到了一起就像一对决斗的老母鸡似的乱吵。这次情绪好好的,见皇后故意找碴,心下就十分不快。可皇后说的又全是光明正大的道理,他也不好说什么。后来,郭皇后打了尚美人两个耳光的时候,皇帝也惊呆了,等他回过味来时,郭皇后早已扑向了尚美人。皇帝赶忙上前亲自劝架,说:"好了好了,别打了,别打了!"站在两个人中间想把她们拉开,可巧郭皇后打向尚美人的手就撩在了皇帝的脖子上。郭皇后的手指甲又长,打得又狠,"刺啦"一下子就把皇帝的脖子划出了一道血印。几个女人全愣了,郭皇后擎着手惊在当地,尚美人捂着脸止住了哭声,杨美人愣愣地竟忘记了该上前查看皇帝的伤势。倒是一旁的阎文应最为清醒,急忙上前看视皇帝脖颈上伤得怎么样。

皇帝面色铁青,指着郭皇后的鼻子尖说:"你、你……""你"了半天也没说成个整句。这次是动了真气了。

郭皇后知道闯了大祸,急得眼泪都出来了,嗫嚅道:"我、我不是、不是故意的。"

"哼!"皇帝也不再说什么,怒气冲冲地走了。

皇帝一走,尚美人才回过滋味来,觉得这事对自己有利,于是幸灾乐祸地说了句:"哼!你敢打皇上!"便扭着腰肢也走了。

郭皇后这时已没有心思斗嘴了。

四

阎文应像条狗似的跟在皇帝后头,他一边兴师动众地命人快去叫太医来,一面在皇帝身前身后十分忙碌地转来转去,不时还问一句:"陛下痛得紧吗?"

皇帝的脖颈不大痛,可心里痛得厉害。这真龙天子的头谁人敢不敬过?没想到今天竟遭了皇后的毒手!皇帝越想越气,就开始破口大骂起来:"这个臭婆娘,竟敢打起朕来了!这还了得,这不是无法无天了吗?"

阎文应在一旁阴阳怪气地敲着边鼓："是啊是啊，陛下是真龙天子，像奴才们平时就是碰一下陛下的龙衮，回去还要念半天佛呢。皇后可真下得了手。啧啧，瞧瞧，这伤的，痛吗陛下？"

皇帝的火被越挑越旺，恨恨地道："这婆娘，真该把她废了！"

阎文应见有机可乘，便说："陛下，不是老奴多嘴，皇后娘娘的脾气越来越大了。皇后是母仪天下的，是教化天下之始，应该为后宫做个表率才是，怎么就动了手了呢？再说了，就算该管教，还有陛下在跟前呢。这哪是打尚美人，这不是向陛下示威吗？"

皇帝气鼓鼓地道："对，把她废了！当初朕就不同意立她，太后偏要立。"说到太后，皇帝又有些犹豫："只怕有人反对，这……"

阎文应早揣摩透了皇帝的心思，就说："陛下被皇后伤成这样，还有什么好说的？明日陛下只把这累累伤痕给大臣们看看就是了。"

皇帝一听有理，第二天便将这伤痕给宰相吕夷简看。此时吕夷简早已得到阎文应的消息，听皇帝说被皇后抓伤，故作吃惊状说："是吗？有这等事！"然后一边看伤一边气愤地说："这还了得！这不是目无君主吗？"

皇帝得到了同情，便说起废立的事，然后又说了自己的担心。吕夷简便摆出一副打抱不平的架势，说："陛下还有什么可犹豫的？皇后忌妒成性，对后宫妃嫔任意责骂，还挟威权以干请，早已于妇德有亏。这次又当着陛下的面出手打了尚美人，这还成何体统？何况又打了陛下，陛下还有什么可犹豫的？"

吕夷简说得慷慨激昂、义愤填膺，好像挨打的不是皇帝而是他！

吕夷简为什么这么恨郭皇后呢？这里有个缘故。仁宗皇帝十二岁即位时还是个小孩子，说了算的是太后。这一晃就是十多年。到了二十三岁的时候，太后去世，仁宗这才成了个名副其实的皇帝。太后称制，这也没什么，仁宗对太后本来就是既敬且爱的。问题是在太后死后仁宗得知了身世的秘密，这就不能不影响到对太后的感情，况且又有范仲淹一班朝臣的奏章也表示了对太后的不满。皇帝嘴上不说，心里也觉得太后不让他们母子相认这事做得有些过分。可巧就在这个时候吕夷简上了一道奏疏，向皇帝

陈奏了八件事：一正朝纲，二塞邪径，三禁货赂，四辨佞壬，五绝女谒，六疏近习，七罢力役，八节冗费。说得无比沉痛，连皇帝也被打动了。皇帝就跟吕夷简商量要把原来阿附太后的那班人罢掉，问吕夷简怎么样。这事正中吕夷简下怀，吕夷简上疏转弯抹角说了那么多，其实要的就是这个。听皇帝这么说，心中欢喜，就积极为皇帝出谋划策，说某某人为太后所任用，某某人依附于太后，某某人该罢免。皇帝一一照准。

第二天上朝正该吕夷简押班率领群臣朝会，吕夷简心里还乐呢，心想今天该有好戏看了。果然皇帝下令罢免了一批官员，可听到唱名时，吕夷简傻了眼了，被罢免的人中不但有他昨天提到的那些，还有他自己！真是设个套子往里钻，罢免来罢免去，竟罢到自己头上来了！吕夷简怎么也想不到，更想不通。吕夷简在宫中有个内线，此人就是入内都知阎文应。阎文应好贪点小便宜，吕夷简就投其所好，金银玉器、珠宝玩物没少送了，阎文应就经常给吕夷简传递个消息。这一次自然也少不了他帮忙。阎文应就告诉他，说昨天皇帝回来跟郭皇后谈起罢免太后信用之人的事，郭皇后就说："吕夷简还说这个那个的呢，单单是他不阿附太后了？不过是比别人多点机巧，善于应变罢了。"吕夷简这才如梦初醒，从此就和郭皇后结下了仇。这回天赐良机，恨不能立时就置郭皇后于死地，哪里还容皇帝犹豫？

吕夷简就对皇帝说："其实废立皇后历代多有，光武帝那可是汉代的一个明主吧，不也有废后之举？何况陛下也是不得已而为之，废一失德之皇后，既可以和睦后宫，又有利于社稷。乞请陛下三思！"

皇帝本来就不喜欢郭氏，偏偏出了这么一档子事，又偏偏遇上了皇后的死对头吕夷简，郭氏这次注定要倒霉了。虽然有右谏议大夫孔道辅等人前仆后继奋勇进谏，甚至差点和吕夷简打起来，但大局已定，郭皇后还是被废了。

五

不知是谏官们的话起了作用，还是皇帝顾念过去的一段夫妻情分，或

者是有所顾虑，郭皇后虽然被废，但还没有送了命。皇帝还格外开恩，诏封她为净妃，叫她入了道籍，赐名清悟，又封为玉京冲妙仙师，特准她在现在住的长乐宫修炼。这也真算是皇恩浩荡了。

郭皇后悲悲切切地熬到第二年（1034年）的时候，尚美人和杨美人也失了宠。皇帝叫尚美人到洞真宫入道，杨美人则被安置在别宫。

郭皇后得知这一消息时连声称好，说："报应啊报应！"一高兴，就吃得也香，睡得也香，经也比平常念得痛快，着实好过了好几天。

不过不久郭皇后也从长乐宫给迁了出来，住到了瑶华宫。皇帝又赐她号为金庭教主、冲静元师。可这些空头名衔有什么用？消不得恨，解不得气，更比不上威风凛凛、手握生杀大权的皇后。郭皇后仍觉得日子过得很苦。

郭皇后心头郁结难消，每天百无聊赖地打发日子。看着天上云起云落，就会叹息自己的不自由；听见树梢间蝉鸣，就想起了光阴偷换，青春转瞬即逝。她等啊等，等着皇帝回心转意，也等着死神的来临。

死神还没有来，倒是皇帝的御书来了。皇帝在书中什么也没说，只是亲笔写了一首乐府。乐府写得十分缠绵，活像个正害相思病的多情种。郭皇后读着读着，热泪就喷涌而出，好像毕生的眼泪都在这一时刻会聚到了一起似的。皇后百感交集，心里像打翻了调味瓶，酸甜苦辣什么都有。郭皇后就和了一首乐府呈给皇帝。她一边哭一边写，眼泪滴滴答答地落在了纸上，使这首凄怆悲惋的小词倍加凄怆和悲惋。

皇帝读了之后虽然没有掉泪，但也确实被深深地打动了。皇帝就派人来召她入宫，重温旧梦。郭皇后很想站起来就跟来人入宫，但她不愿那么做。她对来使说："回去转奏皇上，如果想再召臣妾入宫，就该让百官立班受册，让臣妾名正言顺地入宫。要不这样，臣妾宁愿不入！"

出来传信的小黄门直惊得目瞪口呆，没想到皇后在这个节骨眼上还要拿款，这不是犯傻吗？真想跳起脚来骂她一通。但他不能，他能做的就是回去向皇帝如实禀报。皇帝默然无语。

郭皇后一会儿跃上充满希望的高峰，一会儿又跌入破碎的失望之谷。

这么冷热互激,再加上冷气森森的寒冬天气,郭皇后就病了。

郭皇后一病,皇帝就更想见她。于是皇帝就命阎文应领太医为皇后看病。阎文应听皇帝的意思是想召郭皇后回宫,心下十分惊慌。皇后若再回宫,自己必死无疑。一不做,二不休,阎文应就乘机做了手脚,把郭皇后给毒死了。然后回来向皇帝奏禀,说皇后病情骤然加剧,人力无法回天,已经暴薨了。

皇帝无比悲痛地伤感了一回,眼泪也噼里啪啦地掉了好几滴。可是没过几天皇帝就把这悲伤忘了。这不能怪皇帝,谁让后宫有那么多倾城倾国的美人呢?

■能诗善歌的萧瑟瑟

大辽天祚帝耶律延禧刚刚下马，兰陵郡王、枢密使萧奉先就迎了过来，一边接过天祚帝的箭袋一边说："陛下这一次打到的这只斑斓猛虎好大好凶啊！我见到这只死虎都吓了一跳。陛下的威风岂止是勇冠三军啊？就是那些以打猎为生的人，又有几人能打到这样大的虎，有几人敢打这样大的虎？臣已经让御史把这件事给记录了下来，天庆十年（公元1120年）九月，帝猎于沙岭（今地址不详），获猛虎。"

听了这番话，天祚帝的心里真比吃了蜜还甜。曾经有一段时间，天祚帝对萧奉先不大信任，因为他总是找机会说文妃萧瑟瑟和晋王耶律敖卢斡（wò）的坏话。但近来，他对萧奉先是越来越信任了。萧奉先是元妃萧贵哥的哥哥，现在天祚帝对他已经是倍加信任和恩宠了。他觉得萧奉先这样的人很听使唤：你让他往东，他决不会说往西。

"它是撞到朕的箭头上了，算不得什么。朕三天两头打猎，遇到这样大的老虎的机会也不是很多。"天祚帝一边说，一边在萧奉先的陪同下走进侧殿，让宫女们给他更衣。

"陛下经常打猎，是我们契丹人尚武精神的最好体现。不过，在陛下打猎的时候，可不能忘了自家的后院啊！"

"爱卿这话是否还有别的意思？"

萧奉先使个眼色，天祚帝便让宫女、宦官们都退下。

"最近，特别是上京（在今内蒙古巴林左旗南）陷落以后，有人四处活动，要拥戴陛下当太上皇呢！"

"什么？让我当太上皇？"

他怎么能去当太上皇？他的皇帝还没有做够呢。

做皇帝的滋味，那可是什么也比不了啊！这种滋味，他是在二十年前，

在他二十六岁的时候才体会到的。那一年是大辽寿昌七年(公元1101年),他那七十岁的祖父道宗耶律洪基去世,他继位为帝。不久,大臣们就给他上了一个尊号,尊称他为天祚帝。生前就有尊号,这在大辽还是头一回。年号也改成他自己的了,叫作乾统,寿昌七年就是乾统元年。

他可比他的父亲命好。他的父亲耶律睿自小聪明勇武,八岁就被立为太子。后来,祖父道宗耶律洪基听信了耶律乙辛的诬告,将他囚禁,刚刚二十岁就被人害死了。连耶律延禧的母亲也遇害了。耶律延禧虽然无父无母,但因为他的祖父只有他父亲这一个儿子,所以祖父驾崩以后,就只能由他来继承帝位了。

天祚帝耶律延禧特别爱打猎。所以他登基不久,就废除了先代皇帝关于禁止设立围场打猎的禁令。大臣们也都知道他喜欢奉承,就有人进言说:"天子出外巡行、打猎,这是国家的大事,标志着国家的强大和皇帝的勇武,怎么能禁止呢?"这些人很快就把他巡幸的事准备好了。此后,他就不断地巡行、打猎,辽国的各个州郡几乎都让他走了个遍。他不留恋后宫妃嫔吗?他才不留恋呢。他巡行到哪里,哪里就得给他找几个女子陪宿,不管是姑娘还是媳妇,漂亮就行。最近在对金军的战斗中,辽军屡屡失利,差不多已有一半的国土沦陷于金人之手,但他仍然没有停止打猎。

在外尽情享乐的时候,他不是没有想过后院起火的问题。祖父道宗皇帝就是被南院枢密使耶律乙辛架空和蒙蔽,才做出杀妻(他的祖母也是被耶律乙辛陷害而死的)、杀子的蠢事的。所以,当他听说有人要让他当太上皇,立即就想到了有人也要把他架空起来。这怎么能行呢?"太上皇",名字好听,可是实权操纵在皇帝手里,他还能想到哪里去打猎就到哪里去打猎吗?他还能想让谁陪宿就得由谁来陪宿吗?还有这么多人前呼后拥地侍候他吗?还有这么多人围前转后地奉承他吗?笑话!他怎么能去当太上皇?

"是谁?"天祚帝警惕地问萧奉先。

"还能有谁?请陛下想一想:为什么有那么多的人总是在陛下面前夸晋王好呢?说穿了,还不是先制造舆论吗?用舆论来蒙蔽陛下,以售其奸呗。"

天祚帝盯着萧奉先问道:"他们有行动吗?"

萧奉先跪下禀道:"禀陛下,如果他们没有行动,臣敢这样说话吗?"

"快点细细道来!朕要知道详情。"天祚帝急不可耐地催萧奉先快讲。萧奉先却要从头讲起:

"上京陷落那天,陛下率军奔向中京(今内蒙古宁城西),行军路上宿营的时候,臣亲眼看见文妃、驸马萧昱、副都统耶律余睹和耶律挞葛里在一起密谋。臣担心他们危害国家,便派人偷听。他们果然是在密谋立晋王为帝,迫使陛下逊位为太上皇。"

天祚帝问道:"偷听的人还在吗?"

"臣怕他泄露消息,迫使文妃这些人提前行动。为了陛下的安全,为了让陛下有较多的时间准备和调查,臣已经把那偷听的人给杀了。不过,他已经把听到的详细情况都写了下来。陛下可以据此进行调查。"萧奉先把早已准备好的那份证词从怀中掏出来,交给了天祚帝。

天祚帝看着那份证词,写得好详细呀!谁坐在哪个位置上,说了什么话,都记录得惟妙惟肖。他越看证词,越觉得文妃对不起他,她不应该这样干。

耶律延禧继位为帝的头一年,有一次到贵族耶律挞葛里家去做客。他有个习惯,到谁家去,喜欢看人家的闺房。他觉得,一切清规戒律对他都是不起作用的。那都是应该由他来制定、用来管制别人的,他怎能受这些清规戒律的约束呢?他愿意到人家的闺房,是因为如果谁家有好女子,他就要想办法弄进后宫。他与耶律挞葛里谈了一阵,就说:"可以到夫人房中看看吗?"

那耶律挞葛里怎敢拒绝,只好陪着皇帝走进自己夫人的房间,并在远处就喊道:"快快接驾!"唯恐夫人和正在这里做客的妻妹对皇帝失礼。

夫人和妹妹听说皇帝来了,急忙迎出来,并在门前跪下叩头,三呼万岁。

"平身。"天祚帝一面说,一面就进了屋。只见桌子上摆着笔墨砚台,在

铜镇纸的下面压着一张笺,上面抄着一首唐诗,墨迹未干。"这首唐诗是谁抄的?汉学功夫不浅哪!这字也写得够漂亮的!"这诗、这字确实让他感到吃惊。大辽建国之初,太祖耶律阿保机曾经让人创造了契丹字。但用契丹文翻译的汉文经典很有限。所以,作为契丹人,要想有高深的文化,就必须学习汉人的典籍。而这桌上的墨迹抄的是唐代的诗,字又写得隽秀,说明写字的这个人是很有点功底的。

"这几个字是小妹所写。"耶律挞葛里的夫人指着身旁的一个小姑娘说道。

天祚帝这才注意到夫人的身旁站着一个十五六岁的小姑娘。他进屋的时候,小姑娘跪在夫人的后面,所以他没有注意到。

小姑娘身材苗条,鸭蛋脸,那脸又白净又细嫩,两道弯眉像月亮映水,嘴唇红红的,像是贴上了两瓣玫瑰花。这是一个汉化了的契丹姑娘。他阅过的契丹女人、女真女人很多,那些陪宿的女人不乏山野的粗犷。可是,像这个小姑娘这样文质彬彬的女人,他经历过的还不多,特别是这样既有气质又有相貌的姑娘,就更是难得。他觉得自己看上这个小姑娘了。当然,他"看上"的女人太多了。但"看上"与"看上"不同,他同多数陪宿的女人在一起,只是为求得一时的欢乐,而这个女孩子是真的打动了他。可是,她能顺从他吗?这样的女孩子往往是桀骜不驯的。

天祚帝假意只看字不看人,问道:"这字果真是你写的?"

"是小女子所写。"那姑娘回答的声音像石磬那样清脆悦耳,又像流水那样轻柔婉转。

"你喜欢唐诗?"天祚帝问她。

"喜欢。但我更喜欢《胡笳十八拍》。"小姑娘渐渐不那么羞涩了。

"《胡笳十八拍》?是我们契丹人写的乐曲吗?"他自小就热衷于打猎习舞,不大喜欢读书,对这类文学上的事就知道得更少了。

小姑娘从从容容地说:"不是。这是汉朝末年的女诗人蔡文姬的杰出诗篇,这才是我最喜欢的诗篇。"

"你为什么喜欢她呢?"

"她作为汉族的女人,却嫁给了匈奴人,起到了沟通中原和边疆的作用。作为一个女人,她在诗歌上的成就足以同建安七子并列。特别是她的诗感情深邃,读起来让人不由得不落泪。"小姑娘谈起蔡文姬来,忘记了羞怯,兴致颇高。

"能给朕读一两段吗?"

"当然可以。"她朗朗地读了起来。

> 为天有眼兮,
> 何不见我独漂流?
> 为神有灵兮,
> 何事处我天南海北头?
> 我不负天兮,
> 天何配我殊匹?
> 我不负神兮,
> 神何殛我越荒州?

"你赞美她嫁给了匈奴人,可是她对这'殊匹'却很有意见,你说她沟通了中原和边疆,可她对身陷'荒州'也颇多怨言啊?"天祚帝问她。

"怨归怨,这对她来说确实是一种痛苦,她也并不很情愿。可她毕竟嫁给了匈奴人。她用自己的行动实现了中原和边疆的沟通。个人的力量总是很微小的,它经常抗拒不了命运的捉弄,所以人也得学会顺应命运,并尽量让自己活得有意义才好。"

天祚帝没有想到,这样一个娇小的十几岁的女子竟有这样高深莫测的见地。他的脑子突然灵光一闪:有办法得到她了!

"小姑娘,你还没有告诉朕,你叫什么名字呢?"

"父母都把小女子叫作瑟瑟。"

"这么说,你一定会弹瑟了?"

"小女子自小就学会了弹瑟、弹琵琶什么的。"

天祚帝想了想,说:"萧瑟瑟,朕也是很喜欢诗的。只是朕戎马倥偬,没有时间学习。朕很赏识你的学问,想请你到宫中给朕讲一讲诗歌和文学,好吗?"

"陛下有太傅、太师、太保,他们都是陛下的老师。他们学问高深,小女子怎敢与他们相比?小女子实在是不敢当。"

她的姐姐和姐夫都为她捏着一把汗。他们知道,天祚帝的邀请肯定是不怀好意的。耶律挞葛里夫人说:"陛下对她过奖了。她只是自小喜爱读书而已,对诗歌只是一知半解。至于学问,那更是谈不上的。"

"你们不可埋没了她。"天祚帝对耶律挞葛里夫妇说,"依朕的观察,令妹造诣颇深。在对诗歌的认识上,朕也深感不及。就这样吧,不要再争论了,就让令妹同我乘一辆车回宫,做朕的诗歌老师。"

他的话没有留下商量的余地,也就是说,是不允许争辩的。

天祚帝没有把萧瑟瑟带到后宫,而是把她安置在正殿的一间侧室。他这样做是出于两点考虑:第一,他是请萧瑟瑟来给他讲诗歌,而不是来做妃子的,不好直接把她带到后宫。那样做,也不好向萧瑟瑟解释。第二,带到后宫,人多眼杂,争风吃醋,会影响他的兴致。在玩乐的事情上,他是很喜欢新花样的。天祚帝让人摆上酒菜,对萧瑟瑟说:"萧姑娘就在这里给朕讲几段吧。"

"小女子不知道陛下想听什么。"

"其实,你说什么朕都爱听。"天祚帝笑嘻嘻地说,"朕喜欢的不是你讲的诗,而是你这个人。"

"陛下,请送小女子回家。"

"你怎么这样傻?瑟瑟,朕每次外出打猎,每晚都有几个女子陪朕。现在,朕看好了你,让你一个人夜夜陪着朕,你有多幸运哪!"

"陛下,送小女子回家。"

"瑟瑟,你不要再提回家的事了。你知道不听朕的话是什么罪吗?那叫抗旨不尊,是死罪。你不是知道个人的力量抗拒不了命运吗?你是朕的人,这就是你的命运,学会顺从吧,不要只是嘴上说说。"

她顺从了。她没法不顺从。

皇太叔（皇帝父亲的叔叔）耶律和鲁斡有半年多的时间没有看见天祚帝出去打猎、钓鱼或是巡游什么的，心里很纳闷。难道他学好了，知道干正事了？可又不见他干多少正事，也不常见他上朝。特别让他不放心的是，耶律乙辛和他的党羽们诬告、迫害先帝（天祚皇帝登基不久，就追封自己的父亲、原昭怀太子为大孝顺圣皇帝）的罪行已经清楚，可是那些首恶人物却靠贿赂逃避了惩罚，因而造成人心涣散，贿赂公行。皇太叔觉得这样下去会对国家造成无法挽回的后果。还有，萧皇后也传来抱怨，说皇帝经常不回宫。于是耶律和鲁斡就去见天祚帝，想给他提个醒。

耶律和鲁斡来到正殿，没有见到天祚帝，问太监，太监也支支吾吾。他正想再问，却从侧殿传来了弹瑟的声音。他循声找去，却见侧殿中一个生疏的年轻女子正在弹瑟，这女子的对面坐着天祚帝耶律延禧。

耶律和鲁斡进屋后，跪下禀道："老臣耶律和鲁斡拜见陛下，陛下万岁、万岁、万万岁！"

"皇太叔请起。多日不见，皇太叔身体可好？不知皇太叔此来何为？"

"请陛下到正殿，老臣有事禀告。"

天祚帝耶律延禧跟随皇太叔出门来到正殿，坐到御座上。耶律和鲁斡问道：

"陛下，不知此女是何人，在皇帝侧殿何为？"耶律和鲁斡见皇帝在侧室藏着一个女子，非常气愤，把来时要问的问题反而给忘了。

"啊，她是耶律挞葛里的妻妹，是个才女，能诗善歌。朕请她来教朕诵诗弹瑟。"

"为何这里还有床笫帷帐？"

"皇太叔，难道朕要收一个女子在宫中还不可以吗？"

"如果陛下收她做后宫妃嫔，当然无可厚非。但在陛下正殿之侧，却藏着一个没有官职的平民百姓，这恐怕于礼不通，还望陛下三思。"

"她已经是朕的人了，朕总不能再把她送回家去吧？"

"那陛下何不以礼把她纳入后宫，名正言顺地册以封号？这样苟苟且

且,何时是个头?让人家姑娘今后如何为人?"

"皇太叔所言极是,朕会尽快安排选纳之事。"天祚帝觉得,总这样下去确实不是个办法,并且她已怀有身孕,总不能让她在皇帝正殿之侧分娩吧。还不如把她正式纳入后宫。现在她已经跟他半年多了,实际上早已是他的人了,想她也不会再拒绝入后宫了。

耶律和鲁斡想,皇帝是最不爱听逆耳之言的。今天他已经说了一句逆耳之言,不能再说了,否则皇帝会不耐烦的。于是,他没有再说别的话便告辞了。

几天后,天祚帝果然让有司(有关部门)选个黄道吉日,用轿把萧瑟瑟抬进后宫,按照礼法的规定,册封她一个女官官职。后宫妃嫔都是有官职的,那官职就是她们的等级。乾统二年(公元1102年),萧瑟瑟生了个女儿,被册封为蜀国公主。乾统三年,萧瑟瑟被正式册立为文妃。也许是因为她喜欢蔡文姬的缘故,所以天祚帝才册封她为文妃的吧。不久文妃又生了个儿子,就是太子耶律敖卢斡。

天祚帝仔细地端详着萧奉先交给他的那份证词,自言自语地说:"朕把她从一个普通贵族女子选纳为妃,让她享尽了人间荣华富贵。这些年,朕待她也不薄,她为什么要这样干呢?她并不是那种忘恩负义的人哪?"

"陛下,人的欲望永远不会满足。"萧奉先看着天祚帝的脸,斟酌着说话的口气,"文妃这些年来,一直把女真强大、我国一再失地的责任归罪于陛下,总是散布对陛下不满的言论。"

其实,萧奉先心里明白,这些年来女真强大起来、成为辽国的巨大威胁,真正有责任的是他萧奉先。天庆二年(公元1112年),天祚帝到混同江(黑龙江从松花江口到乌苏里江口的一段),并按惯例在这里举行"头鱼宴",千里之内的女真和其他各边疆民族的部落酋长都要来赴会。在"头鱼宴"上,与会者都要唱歌跳舞,对大辽皇帝表示祝贺和臣服。轮到女真酋长完颜阿骨打的时候,他却推说不会唱、不会跳。任凭谁劝,他就是不肯唱也不肯跳。天祚帝亲自劝他也无济于事。通过这件事,天祚帝看出了完颜阿

骨打的不臣之心,便悄悄地对萧奉先说:"阿骨打这样跋扈,他的野心已经显而易见。散会后,你找个机会把他除掉。"

萧奉先却毫不在乎地说:"陛下,阿骨打他不过是个粗人,山野之民,不知礼仪,哪里有那么多心眼?我们又没有抓住他的什么拿得出手的把柄,如果杀了他,会引起其他部落对我大辽国的戒备,影响他们的臣服之心。就算阿骨打他真有不臣之心,也不过是个蕞(zuì)尔小国('蕞尔'形容小),不可能对我堂堂大辽国构成什么威胁,请陛下不必介意。"谁料,完颜阿骨打回去后,果然统一了女真各个部落,现在已经不是威胁辽国,而是要取代辽国了。

天祚帝听了萧奉先的话,心想:萧奉先说的还真符合实际。文妃早就对朕容忍女真表示过不满。

那是天庆八年(公元1118年)七月,天祚帝到秋山(今地不详)行猎,打到一只熊,心里很高兴。晚上宴请群臣后,又醉醺醺地回到后宫,让文妃给他弹琵琶助兴。可文妃弹的曲子很悲凉。

"这是什么曲子?这是汉朝的《四面埋伏》,这么高兴的时候,怎么能弹这样的曲子?换一个欢快一点的嘛!"天祚帝要求她换一支曲子。

她换了一支,可还是很低沉。"拿来!"天祚帝从文妃手中夺过琵琶,自己弹起来,弹了一支唐朝的《霓裳羽衣曲》。由于用力过猛,不多时就弹断了一根弦。他心里很沮丧,把琵琶一摔,不弹了。

"文妃,你给朕唱一段助助兴吧。"

文妃没有推辞,边歌边舞:

勿嗟塞上兮,
暗红尘。
勿伤多难兮,
畏夷人。
不如塞奸邪之路兮,

选取贤臣。
直须卧薪尝胆兮,
激壮士之捐身。
可以朝清漠北兮,
夕枕燕云。

"爱妃,你这歌里的意思可以给朕讲一讲吗?"

"陛下,大前年(天庆五年,公元1115年)阿骨打建立了金国,从我大辽国的属臣变成了我国的敌人。并且,不必讳言,阿骨打的力量日益强大,威胁着我国的安全。先是攻占了我国军事重镇黄龙府(在今吉林省农安县),去年攻陷了东京(在今辽宁省辽阳市),最近又夺去了上京。妾以为,陛下不必为我们尘世多变而心灰,也不必对女真的威逼惧怕。如果陛下能够堵住奸邪之路,选取贤臣,卧薪尝胆,激励壮士为国捐躯,那就能够做到:早晨可以廓清大漠以北,晚上就在我国南部的燕州云州宿营。陛下,歌词虽然夸张,但妾以为它说的是众多臣民的心里话。"

天祚帝听罢,噼里啪啦地落下泪来。心想,朕果然没有看错这个女子。她不但有文采,而且有见地。"爱妃,你说的话很对。朕也不是不想这些事,我军屡败,竟没有一个良将可以抵挡!"

"陛下,妾再给陛下唱一段如何?"

"快唱!"

丞相来朝兮,
剑佩鸣。
千官侧目兮,
寂无声。
养成外患兮,
嗟何及?
祸尽忠臣兮,

罚不明。
亲戚并居兮，
藩屏位。
私门潜蓄兮，
爪牙兵。
可怜往代兮，
秦天子。
犹向宫中兮，
望太平。

这一次，天祚帝的感觉可同上一次大不相同了。

她这哪里是唱歌？这分明是在指责朕嘛！虽然她表面上说这是丞相专权造成的，但丞相还不是听朕的吗？"千官侧目"是说朕搞得大臣们人人自危，不敢讲话；"养成外患"是指责朕造成了金国的强大和危害我国；"祸尽忠臣兮，罚不明"是说朕赏罚不明，利用奸臣迫害了所有的忠臣；"亲戚并居兮，藩屏位"是指责朕让那些奸臣的亲戚们身居要职，也就是说奸臣当道；"私门潜蓄兮，爪牙兵"是说那些奸臣私自养兵；还说朕像秦二世那样，不可能得到太平。文妃呀文妃，你太过分了！你给朕唱第一首歌，朕鼓励了你，可你竟然得寸进尺，利用朕让你再唱一首的机会，对朕百般呵骂。

天祚帝强忍着没有发作，因为这一次毕竟是他让文妃唱的。但他的心里很不痛快，把断了弦的琵琶一摔，就走了。

天祚帝的回忆与萧奉先的话合拍了。

"对呀，两年以前，文妃的二心就已经很明显了！朕早就有所察觉。"他的话表现了他很有远见。

"陛下，既然文妃的二心已经这样明显，他们又结成死党，如不尽早除之，可要造成无穷的后患啊！"

天祚帝迟疑片刻，说："我们从上京向中京撤退的时候，太子敖卢斡并

没有与我们一起撤退,他不可能参与此事啊?如果把太子也杀了,他不是太冤屈了吗?"

"既然他没有参与,就不杀他嘛!"

"可是,如果杀了他的母亲,他如何当得了太子?"

"陛下,敖卢斡是一个很笨的人,不知礼仪,不知孝道,不知打猎,不知军事,废了这个太子不足惜!"

"可是,从过去到现在,几乎满朝的人都说太子贤明。"天祚帝还是有些迟疑。

"那是文妃的党羽们制造的舆论,是为了取代陛下作的准备。如果陛下相信了这一套鬼话,就上他们的当了。陛下,臣对天发誓,他们的这套话听信不得。"萧奉先指天画地地让天祚帝相信他的话。

"如果废了太子,谁来当太子合适呢?"

"陛下,由于您经常征战在外,对宫内的情况并不完全了解。景王耶律定才是大贤大孝的皇子。陛下在外征战日久不归,景王有时想得几至落泪。为了考虑对付金人的策略,他经常彻夜不眠。"

"当真如此?朕险些失察!"

"陛下,臣早就想向陛下介绍这些情况了。一是文妃党羽堵塞言路,使善言无法上达。二是臣总觉得,景王是元妃之子,是臣的外甥,所以不便进此言。但现在国家正当用人之际,正当存亡的关头,臣就顾不了那么多了。臣决心学习祈奚,内举不避亲,外举不避仇,所以才斗胆对陛下讲了这些肺腑之言。请陛下明察。"

"好,那就让我们先把文妃及其党羽解决了。至于立储之事,容朕再仔细思考一番。"说罢,他就让萧奉先请进几个亲信大臣和宦官,让他们传御旨:赐死文妃,文妃的姐夫耶律挞葛里、妹夫副都统耶律余睹、驸马文妃的女婿萧昱皆为文妃死党,密谋废立,一律处斩。

文妃和她的几个亲属就这样蒙冤而死。只有耶律余睹当时不在西京大同,从而幸免于难。他听到消息后,知道自己很难说清楚事情的真相,就逃奔金军,向金军投降了。

保大二年(公元1122年),金军在辽降将耶律余睹的带领之下直逼中京(在今内蒙古宁城附近),中京守将开城投降。这时的天祚帝已逃到鸳鸯泺。正在他不知所措的时候,萧奉先又对他说:"耶律余睹率金军追击陛下,不过是为了让他的外甥晋王当皇帝。如果陛下为了社稷不惋惜这一个儿子,杀了晋王耶律敖卢斡,耶律余睹失去了希望,就会不战自退。"

天祚帝果然赐死晋王耶律敖卢斡。

谁知耶律余睹并没有停止进军,并率军直奔鸳鸯泺追来。天祚帝只好逃往夹山(在今内蒙古萨拉齐西北)。这时,天祚帝才发觉上了萧奉先的当。天祚帝觉得这时若是杀了他,反会在内部引起混乱,就把他和他的儿子赶走了。萧奉先走不多远,便被金军俘获。一些愤怒的辽军将士又把他从金人手中夺回来,逼他和他的两个儿子自杀了。

天祚帝也当了俘虏。金人降封他为海滨王,送长白山居住,实际上是关押在那里,一年后病死了。他的一个远房亲戚耶律大石向西逃到中亚,在那里建立了一个辽国,史称西辽。

生不如死的纪淑妃

漫说烽火在天涯,咫尺宫闱有战车。
言似飞矢舌似剑,蛾眉翻作母夜叉。

这四句诗乃是当今一位无名后生心血来潮翻读正史《后妃传》,读罢掩卷而思,仰天而叹道出的话。话虽不通,理却不殊。

这个故事发生在明代。

明太祖洪武爷连蒙带骗软硬兼施打下了一统江山,然后便学前朝的样子,把这天下当成自家的财产一代代传下去。光阴似箭,不知不觉中已传了一百多年,这就传到宪宗朱见深的手上。这宪宗皇帝有个最宠幸的妃子姓万,是位贵妃,宪宗登基坐殿那年十六岁,万贵妃已经三十五六了,两个人相差二十来岁。可是说来也怪,宪宗皇帝就像前生欠了万贵妃情债似的,怎么看怎么顺眼,怎么看怎么喜欢,竟迷恋得昏天黑地,如醉如痴。那些妃嫔御女,任你是貌美如花,腰细似柳,他连正眼瞧都不瞧,一门心思全在万贵妃身上。妃嫔们气不过,纷纷去向吴皇后哭诉。吴皇后也正在为此事恼恨,她是个性情暴躁的人,听妃嫔们这么一说,如何忍得下这口气?便寻个事由,把万贵妃拖翻在地,杖打了一通。万贵妃口中不敢回言,任凭皇后打骂,可心里对皇后已恨入骨髓。见了皇帝,便添枝加叶擦鼻子抹眼泪地哭诉了一番:"陛下呀,妾恐怕不能再侍候你了,皇后一向看不惯妾跟陛下在一起,非要置妾于死地而后心甘。陛下呀,妾死不足惜,只是挂念陛下日后无人照料,妾就是死也不会安心的!"

那宪宗皇帝十来岁便和万贵妃厮混在一起,万贵妃对他来说既是妻妾,又似母亲,对她爱逾珍宝。吴皇后杖打万贵妃,那不跟打他一样?皇帝龙颜大怒,跑到后宫就把吴皇后给臭骂了一通,随后不久,就找了个借口

把吴皇后给废了。万贵妃高兴得手舞足蹈,好几天都兴奋得睡不着觉,从此更加肆无忌惮起来。不过万贵妃毕竟没当成皇后,心里老大不痛快。原来宪宗皇帝的父亲英宗皇帝在时曾给宪宗皇帝亲自选了十二个妃子,吴皇后是其中之一。吴皇后被废,十二个人之一的王氏顺理成章地被立为皇后。这又让万贵妃气恨不已,经常寻找机会想把王皇后也轰下台,让自己来当皇后。王皇后有了吴皇后的前车之鉴,聪明地采取了回避的态度。反正万贵妃有皇帝撑腰,好,惹不起还躲不起吗?这王皇后任凭万贵妃闹得天翻地覆,也不言语一句,每日在宫中吃斋念佛,不多说一句话,不多走一步路。果然是棋高一筹,那万贵妃唱独角戏唱得再火暴,不仅没对手,连观众也少得可怜,空有一身本事,满腹怨气,没地方使没地方泄的,时间一长,自己也觉得怪没意思的,劲也就不那么足了。

万贵妃身边有个宦官,姓汪名直,本是瑶族人。此人一肚子坏水,专爱刺探他人隐私,勾连牵引,害人性命。又能言善辩,狡黠得不得了,深得万贵妃宠信。起初是在昭德宫伺候万贵妃,后来万贵妃提拔他做司马监太监,再后来又做锦衣卫百户,更后来又做了西厂的头儿。这是后话。且说汪直见万贵妃因为没当上皇后而苦恼,便悄悄地跟万贵妃说:"贵妃娘娘要想做皇后,那也不是什么难事。陛下现在还没有皇子,如果娘娘能生下皇子,别人都没有,将来母以子贵,那皇后的位子还跑得了?不但是皇后,就是皇太后的位子还不是由你老人家稳稳当当地坐去?"

万贵妃听后大喜,从此之后便像块磁铁似的,形影不离地附在皇帝身上。皇帝走到哪儿,她便跟到哪儿。皇帝出外游猎,她便身着戎服在前面开路;皇帝要赏花,她便收拾花圃整治酒席。真个是行则同行,寝则同卧。其他后妃嫔御别说是侍寝了,就是见一面也很难。真可谓:

> 后宫佳丽三千人,三千宠爱在一身。

果然功夫不负有心人,成化二年(公元1466年)正月,万贵妃生下了皇长子。万贵妃高兴不说,皇帝的那份高兴简直没法形容,立即遣中使遍祭名山大川,并封为皇子。可是老天不从人愿,这皇长子活了不到对头一年就夭折了。四十来岁的万贵妃从此之后便再也没有生养。万贵妃想尽了一切办法,可总不见效,到头来仍是一场空,她也不知暗地里洒了多少眼泪。

还是汪直给她出主意说:"娘娘也不须烦恼,你老人家没有,别人不也没有吗?这也算大家扯个直。只要从今往后别人还是没有,凭娘娘的尊贵,以后不拘是王爷的,还是什么的,娘娘扶立一个,到时还不是跟自己亲生的一样随娘娘驱使?"

万贵妃此时已无法可想,汪直指点的路径虽然不能让她高兴起来,可总还是唯一能补救的法子。万贵妃从那以后就似疯了一般,看见谁亲近了皇帝或是谁被皇帝所幸,她就禁不住妒火中烧,寻个因由把那人折磨个半死;要是听说谁有了身孕,那更是气得不得了,恨不得亲手把那个还没做成的瓜给掏出来,总要千方百计把它给弄掉,才心满意足。柏贤妃生了个儿子,这可把万贵妃恨坏了,日里夜里都想着怎么把这孩子弄死才好。可是柏贤妃地位与自己一般,又是当年英宗为宪宗聘的十二个妃子之一,等闲得不了手。到了成化七年(公元1471年),柏贤妃之子被立为太子,这让万贵妃又惊又怕,又气又恨,恨不得亲手把他给掐死。后来果然遂了她的心愿,让她神不知鬼不觉地害死了太子。

万贵妃这么辛辛苦苦地经营后宫,还真挺奏效的。虽然公主生了不少,可皇子却一个也没有,不是坐不住胎儿,便是生下后夭折。众人心里明白,惮于万贵妃的声势,谁也不敢言语。万贵妃天天机关算尽,活得很累,可这结果让她觉得舒坦、惬意。

话分两头。却说宫中有一位宫女,本是蛮人土官的女儿。宪宗派兵攻打蛮人部落,这位女子的父亲被杀,蛮族部落战败,因而被俘入宫。这位女子虽是生于蛮荒之地,但长得颇为不俗,人又机敏,又精通文字,入于掖庭不久就被授予女史,以守内库。其时万贵妃正在殚精竭虑地扫荡后宫,后宫之中自皇后妃嫔以下人人自危,只有这位女史把这眼前的一切置之度外,每日除了簿籍文书往来,就一个人对月伤心,见花长叹,遥望南方,思念家乡,悲悼父母,暗暗垂泪。有时见左右无人,便把那家乡的俚词小曲唱

上几声,以慰乡思。

这一天忙完杂务,她觉得有些情怀郁闷难遣,便把家乡的小调唱上一回,唱到伤心处,真个是情词婉转,心旌摇曳,把持不住竟独自珠泪涕零。她这一唱一哭不打紧,却不料哭出一场祸事来。

原来宪宗皇帝这一日偶然漫步宫中,从这内库经过,恰巧听见有人在里面轻声而歌,那音律虽不似中原所有,但声情凄切,如泣似诉,余音袅袅,听来别有一番感人的滋味。皇帝平日所闻都是些平平淡淡的调子,耳朵都听出老茧子了,今日在这阒然无人的宫中听到如此奇妙而动人的曲子,不觉停下脚步,侧耳倾听,听到凄婉处,竟有些痴了,一步步移向内库来。进门一看,唱歌的原来是位宫女,身上罩着一件淡黄长衫,乌云上拢,随意插一两件头饰,侧身向里,在瑟瑟的秋风里正拿着香罗帕子拭泪呢,显然是还沉浸在自己的歌声里。皇帝走到中庭的时候她才惊觉,转身出来跪迎皇帝。皇帝叫她起来,她起来站立一旁,双腿抖个不住。

宪宗皇帝见她长得虽不娇美,但清雅脱俗,别有一种惹人怜爱处,更有那长长的睫毛上挂着泪珠点点,益发显得楚楚动人。宪宗那时刚刚二十出头,正是少壮的年纪,见此姝丽,不觉动心,便问道:"你叫什么?哪里人氏?"

那宫女道:"回陛下,贱妾姓纪,是四川掌蛮人,在内库为女史。"

宪宗见她口齿清楚,声音悦耳,原来的三分喜欢便又增加了二分,笑着问道:"你是蛮人,可曾发过蒙吗?"

"回陛下,妾父曾延师胡乱教过一些,因此识得些字。"

宪宗听她如此说,那欢喜又添了二分。原来那时的女子能识得几个字的已是凤毛麟角,何况这又是个蛮女呢?便接着问道:"你方才唱的是什么曲子?怪好听的,可否为朕再唱一支?"

那女子无奈,只得战战兢兢地唱起来。无非是些鄙俚之词、风情小调而已。皇帝听罢叫"好",就在这内库幸了这个姓纪的女子。

这次遭际在皇帝只不过是一时兴之所至,时过境迁,便不再放在心上。后宫佳丽无数,皇帝又是个喜欢拈花惹草的人,哪里记得这许多?可在

260

这纪女史却大不同。谁也没料到,就这么偶然的一次邂逅,她便有了身孕。起初那个月不来身上,她已暗自心慌;又过得一两个月,仍不见动静,更惊得她手足无措,又怕被人知道,传到万贵妃耳朵里,可不是闹着玩的,因此每日小心提防。可是人算不如天算,那肚腹日见隆起,人又日见憔悴,病恹恹的没个精神,岂有不引人注意的?一来二去,万贵妃的耳朵里就灌进了些风声,这就差一点断送了母子二人的性命。

那万贵妃天天留意,日日提防,怎的时至今日才听着些动静?这里有个缘故。原来那天皇帝偶幸内库,身边只有个司礼太监怀恩跟随。这怀恩虽是个宦官,但生性耿直,为人刚正,对万贵妃的所为颇为不满,皇帝行幸的事又如何肯告诉她?因此万贵妃不知。但现在纪女史自己的身子露了马脚,贵妃也就疑疑惑惑地想到定是这小贱人哪一次偷偷勾引了皇帝才把肚子弄大的,于是便派人去查看。

再说纪女史知道万贵妃对自己产生了怀疑之后,吓得日夜担惊,不得安稳。宫中谁个不晓得万贵妃的手段?若被她查得实了,别说孩子不保,连大人命也休矣!于是就和心腹商量。纪女史的心腹只有个门监,姓张名敏,对纪女史一向忠心耿耿,皇帝幸内库的事也只他一人知道。依着纪女史自己的意思便要偷偷把这孩子做掉,张敏摇头道:"使不得,使不得!万贵妃正在怀疑,这么一闹腾,不是正好给她逮住把柄?到那时即便是堕了胎儿,只怕还是不能幸免。还是另想个万全之策为好。"

二人想来想去,最后便想到了装病。这装病怎么能躲得过去?医生一看脉不就全露馅了吗?原来明代自太祖开辟以来,宫禁颇为严厉。在唐、宋时期妃嫔们的娘家女眷可以随便进宫来探望,朝廷命妇、郡国夫人之类也可以入宫来朝会拜谒;明代则严禁入宫。不仅这些人不得入宫,就连太医亦不得入内。宫人有了病,便把那症候转述出来,由医生裁断,然后斟酌用药。因此二人才想到这一招。于是就由纪女史装病,张敏则张罗看病抓药。纪女史那模样本来就病歪歪的,再躲在床上一哼唧,就更似重病在身。万贵妃派人来刺探时,便说是医生说的,是痞症——说明白一点,就是肚子里面有个莫名其妙的硬块。纪女史还让来人亲手摸了摸:"看,就这儿。哎

哟,疼死我了!"来人信以为真,回去就把医生怎么诊病、病人什么症状等等一五一十地禀报了万贵妃。万贵妃见说得活灵活现,不由不信,何况又从没听说过皇帝曾和这个小贱人会过面,心也就放下了许多。不过万贵妃还是不肯轻易放过,宁可错杀八百,也不能放走一个,便命人将纪女史从内库迁往安乐堂:不许随意走动,更不得见任何人。同时又偷偷命人给她下了药,若不是怀孕还倒罢了,若是怀孕也得给你弄下来。

这纪女史逃得了性命已是暗自庆幸,哪提防万贵妃差人在中间又做了手脚?幸亏她吃得少,肚子一阵阵剧痛,下面又流出一些血来,她自己也以为这一下孩子没了,哭不敢哭,喊不敢喊,足足折腾了大半天,最后还是张敏不知从什么地方掏弄点药来,这才好了些。总算这孩子命大,硬是从毒爪中挣扎过来,保住了。不过代价是纪女史因此落下个肚子痛的病根,孩子生下来时头顶有一寸见方那么大块地方没有一根头发。这且不提。

到了第二年,也就是成化六年(公元1470年)的七月,十月满足,纪女史产下一子,这便是后来的孝宗皇帝。生产那天纪女史疼得死去活来,牙齿咬得咯吧咯吧响,手把衣服都揪碎了。又不敢惊动别人,只有个张敏伺候着,也急得团团乱转。做好做歹总算生了下来,孩子哇的一声落地,产妇也昏死了过去。张敏急得乱忙了一通,半响纪女史才醒转。抱过孩子来看,见是个男孩,虽不太胖,却也长得结实,连哭声也十分响亮。纪女史心里又是喜又是悲,喜的是生了个这么讨人喜欢的儿子,悲的是自己身在牢笼之中,这孩子又怎能养得活?想到此处,便落下泪来。心想,与其让他惨死在万贵妃的手里,还不如今天就把他弄死,就算一落生就死了,也免得以后牵肠挂肚的,就对张敏道:"把他溺死了吧!"

张敏忙前跑后,见母子平安,很是高兴,听纪女史这么说,还以为是自己听差了,等纪女史说第二遍时,这才听清楚,惊问道:"为什么?"

纪女史叹了口气,道:"唉!不是我绝情,这也是为了这孩子。我自己是朝不保夕,说不上什么时候就会死,怎能养得活他?就是不死,这么大点的宫院,又怎保得不透泄消息?到那时我死不打紧,可就苦了孩子了。还不如这就了结了,也免受这几年罪了。"她虽然心狠,但毕竟是母子天性,心里似刀子割着一般难受。

张敏紧紧地把孩子抱在怀中,说:"这万万使不得!当今皇上正没有儿子,怎么能生下一个来反倒想坏他性命?老奴抵死不能奉命!"

纪女史忍不住哭了起来,说道:"这可怎么好?溺又不忍溺,养又没法养,天哪,这不是活活要我们母子的命吗?"

孩子像懂事似的哭得一声比一声高,张敏心酸,也跟着哭。哭了半响,张敏道:"天无绝人之路,我们用心保护他,未必便不能活下来。有朝一日得见皇上,你们母子也就有了出头之日了,还是留下来吧。"

儿女是母亲身上掉下来的肉,纪女史到底是舍不得的,便叹了口气,从张敏手中接过孩子,紧紧地抱在怀里。

孩子留了下来。

这安乐堂在宫的西面,是个荒凉的所在,等闲不见有人来。与安乐堂毗邻的是西内,里面住着的正是当年因杖责万贵妃惹怒了皇帝而被废了的吴皇后。

这吴皇后与纪女史并不相识,吴皇后被废的时候纪女史还没入宫。不过今天都是天涯沦落人,又都是受万贵妃之害,平时有些走动,纪女史也常常过去请安,二人倒颇说得来。纪女史因为生产后身体一直虚弱不堪,又每日担心孩子被万贵妃知晓,一连好几个月不曾出门。把孩子藏在隐秘的暗室里,没人时才抱出来。乳汁本来就少,又怕给万贵妃察觉,早就把乳汁吊没了。就用米粉糊糊和蜂蜜之类的东西胡乱喂着,到底不如母乳,孩子整日啼哭不止,纪女史也暗暗发愁。

再说吴皇后原来对纪女史的痞病就有些疑心,这回许久不见她来,就更是怀疑。便派个心腹宫女去探视,一来二去就给她知道了。这吴皇后听后万分高兴,她自己没有半个子息,总觉得自己是因为这个缘故才被万贵妃扳倒的。现在听说纪女史有了皇帝的血脉,便觉得有了报仇雪恨的机会。于是亲自到安乐堂来跟纪女史商量,要把孩子抱到她那儿去,由她来照看。纪女史自是欣然从命,她这安乐堂虽然也很僻静,可万贵妃对她到底不甚放心,每每派人前来刺探,虽然侥幸避过,可也不是久远之计。吴皇

后那里平素极少有人去,她虽是个被废的皇后,万贵妃总是忌惮几分,不敢过分相逼。孩子得吴皇后照拂,自己还可以去那儿看他,又减了许多风险,自是高兴。跪下谢过皇后,孩子便由吴皇后接过去了。

一年又一年过去了,总算有惊无险,孩子也一天天长大了。先是会爬,会站着,接着开始蹒跚学步,再后来就能四处乱跑了,见了纪女史就闹着让娘抱。吴皇后幽居深宫,寂寞无聊,有这么一个可爱的小东西搅和着,也就把那痛苦丢开几分,对他倍加疼爱。纪女史当然更是疼爱得不得了。有时默默地听着孩子跟自己咿呀乱语,有时又不管孩子懂还是不懂,流着泪诉说着心中的苦闷,说:"儿啊,你快点长大吧,长大了去见你父亲,咱们母子就有出头之日了。"泪水滴滴答答流到孩子的小脸上。小家伙睁着一对亮亮的眼睛呆呆地看着母亲,不知母亲为什么会哭。

再说宪宗皇帝眼见自己年近三十,可是至今连一个儿子也没有,原来万贵妃生的皇长子不等成人便没了;柏贤妃生的朱祐极成化七年(公元1471年)被立为太子,不久也死了。没有子嗣,这江山传给何人?皇帝心里很是烦闷,朝廷文武官员也深以为忧。皇帝可没料到这是万贵妃在背后捣的鬼,每次皇帝为此忧心的时候,万贵妃就婉言相劝,说:"陛下青春正富,只要用心去求,何愁没有皇子?"还劝皇帝多与宫嫔们亲近。皇帝听了焉有不喜之理?连夸贵妃贤德,心下也着实感激她,所以终宪宗一世也没对万贵妃产生过丝毫怀疑,甚至在万贵妃死时还悲悼不已,一连七天不上朝。这都是后话了。

成化十一年(公元1475年)夏天到了,天气异常炎热。这一天皇帝将张敏召来给他梳头。这张敏原来就是侍奉纪女史的那个门监,很会梳头。这梳头虽是小事,可也有很多讲究,要的是不可性急,要轻梳慢拢,既不伤发,又使皮层血液流畅,洗时也有许多说道。皇帝说张敏梳理得好,每次梳洗之后都觉得头清目明,精神爽健,因此回回要他来梳。

且说这次又召张敏来给他梳头,张敏小心谨慎地伺候着,不敢有半分差错。皇帝取过宝镜自照,见镜中的自己刚刚二十七八的年纪,额头和眼角便已堆满皱纹,脸色灰暗,皮肤松弛,鬓边也有了星星点点的白发。放下

镜子,不觉长叹道:"唉,快要老了,头发都要白了,可连个儿子也没有!"说得甚是凄怆。

张敏在旁听了,心里一动,立即伏地叩道:"老奴罪该万死!万岁无须忧心,万岁已有皇子了。"

皇帝吃了一惊,忙问道:"你说什么?"

"老奴说,万岁已有皇子了。"

"在哪里?在哪里?快说!"皇帝又惊又喜。

张敏叩头道:"老奴不敢说,乞请万岁为皇子做主!"

皇帝一急,连脏话都冒了出来:"混账!什么不敢说!快说皇子现在何处?朕不降罪于你就是。"他还以为张敏是为了隐匿皇子的事而害怕,哪里知道张敏担心的不是自己,而是皇子!万一给万贵妃知道了,自己性命不保,连皇子也有性命之忧,是以踌躇不决。抬头看了看站在一旁的司礼太监怀恩,那意思是说:你看怎么办?

怀恩正是当年跟随皇帝到内库时的太监,后来纪女史有了身孕,张敏便将此事悄悄地告诉了他。怀恩是司礼太监,在宫中地位最尊,人又正直,又深得皇帝信任,大小太监们都很敬戴他,因此张敏才跑去跟他商量。怀恩自是高兴,嘱咐张敏用心伺候,他也常常暗中保护。那次以痞病骗过万贵妃,也多亏他从中斡旋,这五六年来就更不必说了,否则以张敏一个小小的门监,如何维护得周全?

怀恩见张敏用眼睛瞧着自己,也双膝跪下,顿首奏道:"张敏所言句句是实,皇子潜养在西内,今年已经六岁了,一直藏着,没敢跟陛下说,伏请陛下恕罪!"

皇帝一听自己果然有了儿子,而且已经六岁了,心里高兴,多少年的忧郁一下子全没了,这时的心情极佳,哪里还会怪罪手下?便挥手道:"还跪着干什么?还不快给朕把皇子接来!"

怀恩和张敏叩头谢恩,起身赶紧去接皇子。

二人去后,皇帝在屋中踱来踱去,越想越是兴奋,恨不得马上就能见到儿子。越是急,越觉得时间过得慢。等了一会儿还不见怀恩把皇子接来,

265

便叫人准备銮驾,亲自去西内看皇子。

皇帝来到西内,吴皇后出来跪迎圣驾。皇帝上前搀起,想到她这几年受了不少苦,又为自己抚养皇子,甚觉过意不去,道了一声:"可苦了你了!"那吴皇后便流下泪来。皇帝心里也是一酸,但一想到儿子,便把这不快抛到了九霄云外,急问道:"皇子现在何处?"

吴皇后奏道:"皇子在安乐堂,正和他母亲在一起,怀恩他们已去接了,请万岁少待,马上便到。"

再说纪女史,这一天正和儿子在一起。儿子已经六岁了,纪女史有时便把他偷偷带过来,教他认几个字。这孩子虽是顽皮,但对母亲却甚是亲热,每当他不听话的时候,只要一见母亲脸上露出忧伤的表情,便很懂事地不吵不闹了。这天纪女史正在给他讲故事听,突然见张敏和怀恩领着几个人走来,吃了一惊,还以为发生了什么事,待听完张敏和怀恩说明来意,这才放了心。回头看到儿子那天真烂漫的样子,想到儿子总算能回到父皇身边了,可自己却还被关在这冷宫,一时之间又是喜又是悲,一把将儿子揽在怀里,哭了起来。

张敏向前道:"这是喜事,该高兴才是,多少年了,不就是盼着这一天吗?"

怀恩在旁也劝道:"万岁虽然没叫我们接你出安乐堂,但只要皇子见了万岁,一切都会好起来的。"

纪女史听二人说得也有道理,但一想到万贵妃还是不寒而栗。万贵妃若是知道自己骗了她这么多年,非得把自己吃了不可。便捧着孩子的小脸哭道:"儿啊,你这就要离开母亲了,母亲却不能出去,咱们母子恐怕以后再也见不到了!"说到这儿,哭得更加厉害。

张敏听纪女史如此说,也想起了万贵妃的心狠手辣,纪女史虽然生养了一个皇子,但是一个小小的女史又怎能跟贵妃相比?以万贵妃今日的得宠,要弄死一个女史,那还不跟捏死一个蚂蚁一样容易吗?到那时连自己也难逃一死了。想到这儿,张敏心里也是一紧。就听皇子这时撒娇地道:"母亲,孩儿不去,孩儿要跟母亲在一起。"

"傻孩子,净说傻话!"纪女史亲了儿子一下,道,"唉,你已经长大了,是该去见你父皇的时候了。儿啊,你听母亲说,你长这么大还没见过父皇,一会儿你去了,见一个身穿黄袍、长着胡须的人,那就是你的父皇。你记住了吗,孩子?"

怀恩见他们母子絮絮叨叨说个没完,怕皇帝等急了,便催着快些动身。纪女史无奈,只得将儿子交给怀恩,又嘱托怀恩仔细保护皇子。看着他们给皇子穿上绯袍,抱到小舆上,抬着走了,她觉得撕心裂肺般难受。

怀恩带着皇子来到西内时,皇帝正盼得两眼欲穿。小舆抬到阶前,皇子从舆上下来,见上面坐着一位穿黄袍的人,记得母亲告诉自己的话,知道这便是父皇,便稚声稚气地叫了声"父皇",跑过去投进了皇帝的怀里。皇帝搂抱着儿子,一时悲喜交集,流下泪来。抚摸着儿子那长长的头发,仔细端详着,对身旁的吴皇后说:"真是我的儿子!你看长得多像我!"

吴皇后也很高兴,道:"恭喜万岁父子团聚。"堂上堂下都被这场面所感染,众人都是歔欷不已。

皇帝有了皇子,文武大臣都很高兴,纷纷向皇帝朝贺。纪女史也很快从安乐堂移居到长寿宫,皇帝还数次召见了她,并安慰了她一番。万贵妃得知后果然又气又怒,大发雷霆,骂完了手下的人又骂张敏和纪女史,咬牙切齿地说:"好你个贱婢,瞒得我好苦!我不把你碎尸万段誓不为人!"

就在这年6月,纪女史真个上吊死了,是在万贵妃召见过她之后死去的。至于万贵妃用什么办法逼得她上吊自杀的,这就谁也说不清了。纪女史死后,皇帝念她生皇子之功,谥为恭恪庄僖淑妃。孝宗皇帝即位后,又追谥为孝穆慈慧恭恪庄僖崇天承圣纯皇后。

贵不保子的张皇后

自从有了身孕之后,张皇后就像换了个人似的,一改过去端庄稳重、不苟言笑的做派,眼角眉梢竟常常挂着幸福的笑意,有时甚至还和左右宫女们说上几句家常话,这真是破天荒的事。皇帝朱由校(后世称明熹宗)也笑着说她变了,皇后就故意撅起小嘴问:"什么变了?是不是变得难看了?"皇帝也不说破,就逗她说:"你要是难看,那仙女可就成了丑八怪了!"

皇后听了就开心地笑,皇帝也笑。皇后笑起来很美,双颊绯红,像一朵初绽的桃花,流光溢彩,十分动人。皇帝看得有些痴了,皇后更加羞涩地低下了头,嗔道:"看什么呀,陛下?"皇帝只是笑,不说。皇后瞧着左右无人,便拉过皇帝的手放在自己隆起的肚子上,小声说:"陛下摸摸,他在里面动呢!"皇帝便顺从地去摸,果然就觉得有些动,心里便洋溢着些爱意,柔声地劝皇后多多小心,不要生气,以免动了胎气。皇后一一答应,皇帝这才起身去了。

皇帝和皇后一直很融洽。皇帝二十岁还不到,皇后年龄更小,两个人正是如胶似漆的年纪。皇帝虽然处处留情,但跟皇后始终是十分恩爱,皇后自己也很满足,要不是因为有皇帝的乳母客氏和太监魏忠贤横亘在中间,皇后准会觉得自己是这个世界上最幸福的人。可惜不是,她常常为此烦恼、生气,也常常向皇帝提起客氏和魏忠贤的种种劣迹。皇帝总是一笑了之,说这都是些鸡毛蒜皮的小事,何必深究。皇后刚要生气,皇帝便说:"好了好了,朕与爱卿去万岁山看海子,好不好?"皇后的气便生不起来了。

于是客氏和魏忠贤便一如既往地骄纵,皇后也就一如既往地气闷。有一次实在气不过,便把客氏叫来责骂了一通,正要给她点苦头尝尝,不知是谁通风报信告诉了皇帝。皇帝急匆匆赶来时皇后正在大发雷霆。皇帝便假装生气地说了客氏几句,打发她走了,然后就来劝慰皇后。皇帝说:"你

看你,气什么气?气坏了身体可不是小事。她一个奶妈子,不过是仗着奶过我几年,有时摆一摆空架子而已,说到底也不过是个下人。你是皇后,尊贵的人,怎么还和这等人一般见识?朕可是为你不值。"

皇后气犹未消,愤愤地道:"这老东西在宫中四处招摇,到处揽权,还无事生非地捉弄这个陷害那个的,这后宫早晚得让她给搅和乱了!"

皇帝赔笑道:"好了好了,别为这样的人生气了,朕明儿个管教她就是。"

皇后听皇帝这样说,便不好再怒下去。虽然心里明镜似的,知道皇帝宠着客氏,过后必不肯责罚她,但自己也不愿过分相逼惹怒皇帝,何况手头又没真的抓着客氏和魏忠贤的什么大把柄,弄僵了也不会有什么好。于是勉强一笑,也就过去了。现在有了孩子,便把这些不快抛到了脑后,只想着马上就要做母亲了,整天沉浸在那种朦胧甜蜜得令人有些眩晕的幸福里,也就忘了还有客氏和魏忠贤的存在。

眼看着就要临盆了,张皇后既兴奋又紧张。想起生产时一应使用的物事不知准备好了没有,便喊随侍左右的宫女来问。喊了几声,才见一个陌生的年纪大些的宫女和两个年纪较轻的宫女走进来,问娘娘有何吩咐。皇后见有些面生,便问:"你们是谁?她们几个呢?"

年纪大些的宫女道:"回娘娘,奴婢是陛下派来侍候娘娘的。陛下说,皇子就要降生,怕她们几个年轻识浅,才唤奴婢来听娘娘使唤。"

皇后听说是皇帝派来的,也就没再多想,便叫她们分头去准备生产时用的东西。宫女们答应着去了。

张皇后做梦也没料到,这些宫女都是客氏和魏忠贤安置的。原来客氏和魏忠贤对张皇后一直十分忌惮,又见皇后每每于皇帝面前数落他二人的短处,有一次还差一点将客氏绳之以法,二人心里更是恼恨。只是皇帝、皇后感情很好,急切间扳她不倒。二人背地里不知咬牙切齿骂了多少回。后来皇后有了身孕,二人听了更加心慌,心想万一生下个男孩,定要立为皇太子,到那时还能有二人的好果子吃吗?于是就秘密商议,把皇后身边的宫女和太监都换成他们的心腹,寻个机会把孩子弄掉。皇后要问起来,就说是皇帝派来的,皇后还会为这么点小事去问皇帝不成？就是问起来,到了皇帝手里事情就好办了。于是神不知鬼不觉地就做了手脚。

唉,皇后还以为是皇帝对自己的关心呢。

这一天早晨起来张皇后便觉得肚腹一阵阵痛得厉害,间歇一会儿疼一会儿,疼一会儿间歇一会儿。越往后间歇的时间越短,疼得也越是剧烈。到了傍晚,这疼痛直是连成一片。张皇后咬牙忍耐着,额头上冒出了豆大的汗珠。忍到掌灯时分,疼痛已达到了顶点,分娩也就开始了。

众人七手八脚地把疼得不住喊叫的张皇后扶到准备好的产褥上,又七手八脚地把准备好的布啦、热水啦、棉花啦之类的物事拿出来,屋里忙得一团糟。那位年岁大些的宫女便叫众人出去,免得影响皇后,屋里只留一两个支应的。众人便纷纷退出来。

众人退出来时见大厅外已经围了一层人,都是各宫嫔妃派来探问的,裕妃张氏、成妃李氏、慧妃范氏等都亲自过来请安。怀着身孕的裕妃一见里面有人出来,便焦急地问:"怎么样了？皇后娘娘生了吗？"

"还没,正在生哩。"

众人便在厅里等。

里面怎么样谁也不知道,只听见皇后一声紧似一声地喊叫,那叫声撕心裂肺般难受,叫得外面的人坐也不是,站也不是。后来叫声逐渐嘶哑着弱下来,里面也不断出来传唤着要这要那。就这样一直持续了大约两个时辰,才见那个年岁大些的宫女从里面出来。众人忙问:"生了吗？"

"生了。"

"是个皇子还是个公主？"

"是个皇子。"

"怎么没听见哭声？"

"小皇子没落生就死了。"

众人听那宫女说皇后胎位不正,小皇子降生时脐带缠到了脖子上,生出来时早没气了,众人都叹惋了一番。好在皇后娘娘还平安,虽然有些虚脱,休息一下会恢复过来的。众人便陆陆续续地散了。

皇后的儿子没有降生就死了。

儿子的夭折就像重重的一记闷锤砸在了张皇后的心窝上,一下子就把她砸倒在床上,一声不响,一躺就是半年。半年后张皇后比原来削瘦了有小半圈,嘴角眉梢的笑意没了,常常愣愣怔怔地一个人想心事,再不就是独自自言自语:"怎么就没了呢?怎么会呢?"众人谁也不敢去打搅她,私下里又觉得皇后脑子受了刺激,有些不正常。

其实张皇后的心里像镜子一样明亮。这几个月来她躺在床上,始终也想不透孩子为什么会是死的。分娩前她还清楚地觉得腹中的婴儿在嘣嘣地动,动得是那么有力,怎么会死呢?后来她连痛带累,又失血过多,便迷迷糊糊地失去了知觉,醒来时他们竟告诉她孩子没了。她当时被那痛苦给拉向了绝望的深渊,像麻木了一样,什么都不存在了,整个世界都从她的眼前一下子消失得无影无踪。可现在回想起来,却觉得疑问重重。她又下意识地摸了摸腹部,原来高高隆起的腹部现在已经完全干瘪下去了,像被抽空了似的。她闭上眼睛,手指还会在腹部体验到孩子的躁动不安。张皇后忽地从床上坐起来,命人马上将那个年岁稍大些的宫女叫来,她要亲自审问孩子究竟是怎么死的。可是审来审去,还是没个结果,不过总算拷问出是奉圣夫人和魏公公叫她们来的,说是皇帝的旨意,别的就不知道了。张皇后后来问过皇帝,是不是派过宫女。皇帝想了想,便含糊其辞地说:"好像有这么回事。"皇后还能说什么呢?

但皇后心里已明白了一切。眼下奉圣夫人客氏和太监魏忠贤正得皇帝宠信,自己又没抓到她们的罪证,皇帝是不会听了自己的话就去惩罚这两个人的。

皇后不动声色地把那几个服侍她临盆的宫女除掉了。

皇后什么也没说,就像什么也没发生过。

奉圣夫人客氏和魏公公魏忠贤现在是越来越受宠,在宫中和外朝都是气焰滔天。见皇后不再开口,更是肆无忌惮起来。先后弄死了光宗的赵选侍和冯宫嫔,又活活饿死了裕妃,囚了慧妃,贬了成妃。凡是不顺从他们

心思的,不是死就是囚禁。朝臣气不忿,便纷纷上疏弹劾魏忠贤不法。先有副都御史杨涟疏奏魏氏二十四大罪状,一时朝野震动,都以为魏忠贤难逃公道。魏氏自己也觉得大难临头,跪着爬到御座前,一把鼻涕一把眼泪地向皇帝哭诉、乞求,客氏又在一旁替他说情,糊涂透顶的小皇帝反以为魏忠贤是为了他才蒙受了不白之冤。魏忠贤又一连三天不让皇帝上朝,到了第四天皇帝上朝时,魏忠贤又命数百个阉宦披甲带刃地拥着皇帝,令百官不得奏事。最后杨涟和都御史左光斗等人都被削籍。后来魏大中、陈良训等七十余人交章论魏忠贤不法,内阁大学士叶向高和礼部尚书翁正春等也请遣魏忠贤归私第,否则朝野汹汹,也不好向群臣交待。可小皇帝怎么着?任你说得闹得吵得嚷得天塌下来地陷下去,他也稳如泰山不为所动,把魏忠贤和客氏当宝贝似的护着宠着。这客氏、魏氏好不欢天喜地,各自放开手段去捉去杀,随着性子去惩治对手。

这些事张皇后在宫中也都一一看在眼里。可她势孤力单,只能偷偷洒泪,暗自伤心。皇帝对自己虽然没有变心,可整天泡在女人堆里,不大到自己这宫中来。

张皇后觉得无可奈何。有时闲极无聊,便找出几部书来读,一来消磨日子,二来借此避祸。这一日正读得入神,忽报万岁驾到,便随手把书放在桌上出去接驾。皇帝携着她的手,一边往里走一边问:"爱卿近来身体可好?"

皇后自从分娩以来身子始终不大好,所以皇帝才这么问。皇后回道:"托万岁爷洪福,妾比过去好多了,有劳万岁爷挂念!"

皇帝见她面色虽有些苍白,但已透着红润,知道是好多了,也很高兴。就又问了一些饮食起居的事情,皇后一一作答。皇后见皇帝说话时不断咳嗽,底气也显得不足,便有些不安地问道:"陛下身子不舒服吗?"

皇帝咳了一声,道:"没什么,只是四肢有些无力,没有精神。"

"陛下不可太过劳神。"皇后总有些担心。

皇帝"嗯"了一声,没说什么。两个人心里都清楚最近朝廷整日吵闹个没完。皇后见客氏和魏忠贤日益跋扈而不无忧虑,皇帝也早已对这吵闹心

烦得很,有时干脆一连几天不上朝,来个眼不见心为静。唉,说是心静,又哪里静得了?

过了一会儿,皇帝见桌上放着书,便问:"爱卿在读书吗?读的是什么书?"

"妾在读《赵高传》。"张皇后把"赵高"二字说得很清很重,说话时两眼望着皇帝,瞧他的反应。

"《赵高传》。"皇帝轻声重复了一句,便默然不语。那赵高乃是秦始皇的一个宦官,始皇帝死时,他曾助二世胡亥夺得帝位。后来一朝大权在握,便开始作威作福。有一次甚至把鹿带到二世面前,当着二世胡亥和文武百官的面说这是马。胡亥听了笑得前仰后合。"丞相你真会开玩笑,这不是鹿吗?你怎么说它是马?哈哈哈,真好笑,赵丞相你可真逗。"然后便问左右大臣,你们说这是鹿还是马?文臣武将吭哧了半天,竟然也有一大半说这是马,真是马,就是马。胡亥惊得两眼发直,以为不是自己眼花了看不清,就是自己真的不知什么是鹿什么是马。后来赵高把揽朝政,排斥异己,残害忠良,终于有那么一天咔嚓一刀砍下了二世胡亥的头颅,把个威风凛凛的秦朝给断送了。这故事皇帝从小就熟悉,今天听皇后提起却是一愣。他细细地品味着皇后的语调和皇后的眼神,也细细品味着这则惊心动魄的故事。心想,皇后是什么意思呢?是把赵高来比魏公公吗?那怎么能一样?赵高是丞相,魏公公不过是个秉笔太监,再说还有乳母客氏,就跟朕的亲娘一样,怎会害我呢?

皇帝、皇后沉默不语,对望了很久。

皇后心乱如麻,觉得真不是滋味。

客氏在后宫一手遮天,别说皇后和妃嫔,就连皇太后也得退避三舍。魏忠贤的气势更是不得了。自从杨涟等人弹劾他没有参倒之后,魏忠贤便仗着皇帝的宠信开始大肆报复,杨涟、魏大中、周朝瑞等六人被逮捕下狱掠治而死;经略熊廷弼也给抓起来砍了头,还传首三边;其他朝臣什么尚书啦、侍郎啦、御史啦之类,一下子就有五六十人被罢免削逐。刹那之间朝

署为之一空。魏忠贤便乘机安置自己的心腹。至此内外大权全归到魏忠贤手中,文臣有崔呈秀等五人主谋议,号称"五虎";武将有田尔耕等五人主杀戮,号称"五彪"。此外又有"十狗"、"十孩儿"、"四十孙"之号,孝子贤孙遍布天下,把稍有正义感的人都当成东林党人。崔呈秀等人还造了专门的花名册,叫"天鉴录"、"同志录"、"点将录",凡是他们看着不顺眼的有点地位有点影响的人,全都打入册中,一个一个地加以整治。谁要是不满,谁就得遭殃。听听这两个例子,你就知道有多可怕了。一个是中书吴怀贤。杨涟在狱中被处死之前曾给小皇帝写了一篇绝命奏疏,写得慷慨激昂、血泪俱下,杨涟虽死,这疏却传布出来。吴怀贤在自己家中读这疏时,被感动得热泪纵横,忍不住击节称叹。得,就这么一"称叹",马上被一家奴告发了,吴怀贤被杀,家也被抄。这是个文官。又有一个辽东男子名叫武长春的,有一天逛妓院,也是一时高兴,口没遮拦胡说了几句,便大难临头,被杀身亡。这还不说,那些魏忠贤的阿附者们还编造说这个武长春要造反,追捕了好几年都没追捕到,多亏了"厂臣"魏公公忠智绝伦,才立此奇功。真是说得天花乱坠。可糊涂皇帝偏信这个,龙颜大悦,就封魏忠贤的侄子魏良卿为肃宁伯,又赏赐宅第、田庄,还颁给免死铁券。你说这有多荒唐!但还有比这更荒唐的,各地纷纷为魏忠贤建祠塑像,穷极工巧。建祠没有建祠文的,死!进入祠中不跪拜的,死!一个男不男、女不女的太监竟也有这等威风!皇帝是"万岁",他就是"九千岁";皇帝被称为"陛下",他就被称为"厂臣"。就是皇帝的诏书上也得连上他的名字,说"朕与厂臣"如何如何。

　　张皇后听在耳里,看在眼里,忧在心里。真不知皇帝是中了什么邪了,偏偏宠信这两个无赖。每次皇后试探地想要问点什么说点什么的时候,皇帝就一脸的倦意,打起了呵欠。皇后摸不透皇帝的心思,也不敢贸然行事,只好在心里对客氏和魏忠贤咒骂不止。

　　张皇后对客氏和魏忠贤恼恨不已,而客、魏二人对她更是恨之入骨。当皇后在宫中又恼又恨、一筹莫展的时候,客氏和魏忠贤已开始打她的主意了。

　　原来有一天在厚载门出现了一张匿名榜,上面详细开列了魏忠贤谋

反的罪状,并罗列了魏阉死党七十多人的名字,榜后只署了个"张"字。魏忠贤便怀疑这纸榜是张皇后的父亲所为。他和客氏本来就一直忌恨张皇后的贤明,更何况又早已结下了生死之仇,不是鱼死便是网破,一不做二不休,要干就干到底。魏忠贤就和客氏商议,要借着打击皇后的父亲张国纪来扳倒皇后,事要成了就另立魏良卿的女儿做皇后,到那时天下还不是他魏忠贤的?于是便暗暗募人上疏来弹劾张国纪。可这件事情太大,牵连到皇亲国戚,一旦闹出来可不是玩的,愿意冒这险的人很少。就在这时跳出个刘志选来。

这刘志选其实是条狂吠不已的疯狗,逮住谁咬谁,自从走上仕途他就这么一路咬着过来的。魏忠贤见他可用,便让他做了顺天府丞。刘志选见魏忠贤要状告张国纪,顿时喜上眉梢,一拍大腿自言自语道:"机会来了。这一宝要是压正了,还不升个两级三级的!反正是七十多岁的人了,早活够了,活腻了,死了也不算短命鬼了。"刘志选就去找魏忠贤,慷慨请缨,一本奏上,狠狠实实地列了一大堆张国纪的罪状,什么谋占宫婢图谋不轨了,什么假传皇后懿旨非法鬻(yù)爵了,什么勾结东林党人怨谤朝政了,什么放纵家奴横行不法了,等等。还有一条最厉害的,是说皇后不是张国纪之女!这其中任何一条都能让张国纪吃不了兜着走。

奏疏一上,皇帝见了后就拍桌子大叫:"这还了得!把张国纪给我抓起来!"这一动气,又不住地咳了起来,回到宫中,仍是咳个不停。不过坐了一会儿,火气渐消,心也渐平,皇帝这才记起这张国纪乃是皇后的父亲。他与皇后伉俪情深,实不忍心伤害她,可这桩事又太不寻常,怎能置之不理?思前想后拿不定主意,便不由自主地来到了皇后所居的坤宁宫。

皇后见皇帝脸色不好,便关切地问:"陛下身子不舒服吗?"

这样的话皇后以前不知问过多少次了,今日听来却倍感亲切。皇帝便手捂着嘴咳道:"没……没什么。"然后便叹了口气,从袖中掏出刘志选的奏章来放到皇后面前。"唉,朕也没有想到会是这个样子,你看看吧。"

皇后吃了一惊,拿过奏章一看,顿时吓得花容失色,忙问道:"不知陛下如何处置?"

皇帝道:"朕已将张国纪拿了。"

皇后一听,忙跪下泣道:"伏请陛下开恩!"

皇帝道:"爱卿请起,这不关你事,朕心里有数,你放心好了。"

第二天早朝,大学士李国檜奏道:"太康伯张国纪本是皇亲国戚,不可因道听途说之言遽加刑宪。况且牵连中宫,事情非小,一旦处置不当,动摇国体,深可忧也。乞陛下三思!"

皇帝也觉得有理,便听从大臣之言免去了张国纪的封爵,放他回归故里颐养天年。魏忠贤虽然不满,可也不好再说什么,没扳倒皇后扳倒了皇后的父亲,总算搬开了一块挡路的大石头,心下也有几分喜悦。

难过的是皇后,父亲被放归乡,她在宫中忍不住痛哭了一回。可又一想,皇帝没再深究,这已是天恩浩荡了,还有何不满的呢?何况眼下客、魏正独霸宫廷内外,避一避风头也是好的。这么一想,才渐渐止住了眼泪。

皇帝的身子越来越糟。张皇后衣不解带地日夜服侍左右,熬得眼窝都深陷了下去。皇帝很是过意不去。

可皇帝还是没挺过来,到了天启七年(公元1627年)八月病情日见沉重,终于在一个秋风瑟瑟的晚上撒手归西了。皇帝的弟弟信王朱由检(后世称为崇祯皇帝)继了位。这朱由检平素对魏忠贤那个骄横的样就瞧不顺眼,即位后虽是不动声色,但暗地里却在布置人手,削弱魏忠贤的势力,伺机而发。魏忠贤万万没有料到皇帝二十三岁年纪轻轻的就会死去,连给他个准备后路的机会都没有。他也知道这新皇帝不待见他,于是便深自警戒。张皇后见机会来了,便一面暗暗命人上疏弹劾魏忠贤,一面又亲自出马去见新皇帝,把魏忠贤和客氏几年来干下的罪恶勾当一桩桩一件件地说给皇帝听。这么四下出击果然奏效,就在这一年的11月,魏忠贤等被诏命到凤阳安置,不久又诏命将魏氏一干人等逮治。那时魏忠贤正磕磕碰碰地走在去凤阳的路上,听到消息后料知此番回京有死无生,心一横,就找了根麻绳吊死在阜城的驿馆里了。

魏忠贤在阜城上吊时也正是客氏在宫中浣衣局被杖杀的时候,客、魏两家被戮被抄,魏阉党羽或被杀或被贬,一时土崩瓦解,烟消云散了。一代奸雄就这么结束了罪恶的生命。

　　魏忠贤和客氏死后,张皇后又活了十七个年头。这十七年风雨飘摇,她也是苦熬苦撑。宫中去了个客氏,也没见安静多少;外面少了个魏忠贤,也没见怎么消停。满清的大炮声连续不断,李自成的起义军也已兵临城下。到崇祯十七年(公元1644年)三月,京城终于为李自成攻破,张皇后也上吊死了。

临难不悔的珍妃

慈禧太后今夜失眠了。

几天前,光绪皇帝下了一道"亲裁大政"的谕旨,她明白地嗅出这个名义上的皇儿要撵她下台而亲政了。

痴心妄想,一厢情愿!你还要被我紧紧地捏在手心里。慈禧想着,冷然一笑。她已盘算好了一着棋,给皇帝选一个完全听命于她的皇后。慈禧深知皇后对于皇帝的特殊影响,她要用皇后捆住皇帝。这个皇后的人选慈禧已经定了下来,是她的亲侄女,弟弟那拉氏都统桂祥的女儿。这个女孩子才色平庸,皇帝不会喜欢这样的人,侄女要想保住皇后的宝座只有靠姑妈的庇护,条件是侄女成为姑妈的心腹人。

一

光绪十四年(公元1888年)十月初五,这一天宫内举行光绪帝选皇妃典礼。

备选的五名少女排成一列鱼贯进殿。珍姑娘走在最后。

珍姑娘是他他拉氏左侍郎长叙的二女儿,人长得端庄中透着秀气,秀气中透着活泼。她今年才十三岁。从小饱览诗书,通晓文史,双手能写字画画,是个颇有名气的小才女。今天她和姐姐一起跻身于备选皇妃的行列。初次进入紫禁城,她有一点心慌,款步走在甬道上,顾不得欣赏殿宇楼阁的辉煌,满心里涌动着的是中选的希望。

五位少女走进体和殿,肃立在殿中央排成纵列,为首的正是慈禧的侄女,接着是江西巡抚德馨的两个女儿,后边才是珍姑娘姐妹。

珍姑娘站在姐姐背后,她抬头略一顾盼,旋即又低下头去。她意识到

那稳坐在宝座上、嘴上挂着高傲的微笑的是慈禧太后,站在她身边显得有一点拘谨的少年男子定是光绪帝,慈禧身后侍立的几个女人当是王公重臣的福晋和命妇吧。

慈禧太后面前摆着一张长方形小桌,桌上放有一柄镶玉如意、两对红色绣花荷包。这是选定的证物,如意给皇后,荷包给妃嫔。

大殿内鸦雀无声,气氛紧张。

"皇上,选后的事自当由着你自己,你瞧着哪一个中意,就把如意递给她。"慈禧抬手指一指五个女孩子发话了。话音未落,站在她背后的荣寿固伦公主走向小桌,捧起玉如意呈给慈禧,慈禧又把玉如意递给光绪。

"此等大事,还是由母后做主,儿臣怎敢自主?"

光绪不是慈禧的亲生儿子。慈禧四十岁那年亲生儿子同治早逝,她随即召集皇亲重臣,力主继立醇亲王的儿子载湉(tián)为帝。这是经过深思熟虑的,载湉的妈妈是她亲妹子,她是载湉的亲姨。加上这个小外甥才四岁,不能亲政,她可以继续独揽大权。将来载湉长大了,由于受她多年的特殊教训,也会听命于她。十多年过去了,载湉登上皇位,果然一切都由她慈禧做主。

"不,要你自个做主,按大清祖制,皇后应由皇上亲自选嘛。"慈禧煞有介事地坚持。

光绪的脸上透出一丝喜色。他想这一回真的让我自主,那好。他对排头的一个一瞥而过,长得太平庸。第二、第三个妩媚动人,他走近德馨的两个女儿,想从中选一个立为皇后。

"皇上!"

慈禧炸雷般的一嗓子,惊得光绪连忙向慈禧转过身去,见慈禧正努嘴指向排头的那拉氏。光绪顿感一阵发冷,眉宇间透出几分凄楚,手中的镶玉如意也变得沉重起来。他必须把这件信物交给那个面容呆板、望而生厌的女人;他将和这个人生活在一起,度过没有温情和爱恋、没有欢声笑语的悠悠岁月。

光绪木然地把如意授给叶赫那拉氏。

慈禧心满意足。她的侄女安插在光绪身边,她为进一步控制光绪、长期操纵朝政而采取的一项重大举措也就成功了。她早料到她是一定会成功的。

珍姑娘头垂得低低的,她绝望了。当不上皇后,只怕连个妃嫔也轮不上她。父亲的功名在备选的三户中是最小的。但珍姑娘万万没有想到那慈禧一见光绪属意于德氏二女,她怕德氏姐妹入选日后必然夺宠坏了大事,便回过头去急命荣寿固伦公主给长叙的两个女儿各授一对荷包。

珍姑娘双手接过一对红色的荷包,心在突突地跳动。总算能够承恩于皇上,有施展自己才情的指望了。

二

光绪眉头紧锁、脸色灰白地走向珍妃的寝宫。

早春三月,北京的春寒未了,夜风劲吹。光绪连着打了几个寒战。

自他"亲政"以来,烦恼日甚一日。他从老师军机大臣翁同龢(hé)和两三个近臣的口中了解到他这个所谓皇上的处境。其实何必问别人,他自己有更深切的体会,朝政完全操控在慈禧太后手里。一想到慈禧的歹毒阴险,他的心便缩得紧紧的。慈禧为他选皇妃不过是进一步控制他的一步棋,更高的棋着是慈禧近几年未雨绸缪,加紧排除异己,结成"后党"。那位曾是她得以垂帘听政的头号功臣恭亲王奕䜣,就因为后来不那么俯首帖耳了,竟被她革了职。慈禧牢固地建立起以皇上做招牌、由她慈禧专政的体制。

今天,光绪肺都被气炸了。太监总管李莲英——靠给慈禧梳头得宠的慈禧太后死党竟敢捉弄他。他早朝后去颐和园向慈禧请安。此刻,他的心情沉重。中日甲午战争北洋水师全军覆没了,京津已处于敌军的威胁之下。日本人无理地提出割地赔款的苛刻条件。他想向慈禧太后申明他拒签丧权辱国的《马关条约》的理由。他在殿外足足等了一个时辰。李莲英硬说太后老佛爷身体不爽,正在小睡,不便惊扰。

走近寝宫,光绪停下脚步,和缓了一下情绪。他非常同情和可怜珍妃。珍妃入宫以来的遭遇也的确是不幸的。最初只被封为嫔,慈禧太后六十大寿庆典时才被晋升为妃。因为光绪皇帝一直讨厌被封为孝定景皇后的慈禧的侄女,喜欢珍妃,慈禧的侄女便经常往慈禧耳里吹风,说皇帝遇事不听太后的听珍妃的,致使珍妃屡受鞭责。入宫六年后的今天,珍妃仍受他的牵累。甲午战争前夜,光绪主战,慈禧宠臣李鸿章苟安媚外,拒不备战。等到战争打响,李鸿章又惧敌如虎屡失战机,眼看着日本人按侵略计划攻陷了旅顺军港。光绪气极,颁谕斥责李鸿章"临事而惧"、"调度乖方",给予"褫职留任"的处分。这原是极轻微的处分,慈禧却不依不饶了。就在光绪颁谕的第三天,她宣懿旨给珍妃扣上个"干预朝政"的罪名,降级四等,从妃降为贵人。紧接着又把珍妃的堂兄礼部侍郎志锐发往边远的乌里雅苏台。

珍妃和堂兄志锐与光绪有着个人亲情,并抱有共同的政见。志锐曾通过珍妃向皇帝进言,力主对日抗战。老谋深算的慈禧这么做,不单是为了李鸿章的事出气解恨,更主要的是削弱光绪的政治力量。

光绪长叹了一声,急步走进寝宫。

珍妃赶忙上前迎驾。

"皇上,见到太后了?她怎么说?"

"她,好好的假装有病。先说签约与否由朕做主,可紧跟着又说仗既然打败了,就得议和,议和就得让日本人占点便宜。言外之意是逼朕签约。"

"祖宗之地一寸也不可让与外人啊!"

珍妃的眼里闪现出无限沉思与忧虑。在最危难的日子里,她与皇帝共同经受着煎熬,原不丰腴的面庞更显清癯。

"她管什么祖宗,只图自己享受!"光绪悲愤难耐,放开了嗓门。

珍妃把食指放在唇上,提示皇帝隔墙有耳。

"我不做亡国之君!爱妃你想,这几亿白银从何筹措?台湾一省拱手让给倭寇,何以抚民心、保国体?唉,大清亡国无日了!"光绪激愤不已,不管不顾地喊叫着。这个经过慈禧多年特殊抚育,站在慈禧面前时常抖颤的过

继儿子，今天很像一个男子汉了。珍妃看着皇帝眉宇间浮动着的勃勃英气，一下子紧握住光绪的手，传递出她的无限温情与信任。

"是啊，皇上绝不能做亡国之君！"珍妃语气坚定地赞同光绪的决心。她自入宫以后，一直想效法历代贤后，成为光绪的得力帮手。

三

光绪不愿做亡国之君，拒绝在《马关条约》上签字用宝，但到底抵不住后党的一些权臣，尤其是慈禧的威逼，经过一番痛心疾首之后，还是满足了慈禧的意图。

甲午战败以后，光绪极力探索中国"致败之故"，寻求"图强"之道。他越来越感到，以慈禧为首的后党推行的旧制再继续下去的话，则地必尽割，国必偕亡。与其坐以待毙，不如铤而走险，他决心和后党对着干，维新变法！他认为变法如能成功，可以收回主权、保全疆土，就是不成，也可以开启民智，存希望于将来。

慈禧起先没怎么把变法放在心上，以为不过是洋务派的一套罢了。而且朝廷搞一点变法，也许还能对逆党孙文之流唱的"合众政府"高调起到熄火的作用。等到变法触及她的班底，罢了她的几个宠臣的官后，她就绝不再袖手旁观，决意反扑了。她立即召见光绪和珍妃。

光绪先一步走进殿来，见慈禧怒形于色。

"皇上，你要变法我不反对，但不容许违背祖制，有损满洲权益。你偏听康有为和翁老头子，以远间亲，以新间旧，这是何意？"

李莲英赶紧帮腔，他借机煽阴风，把慈禧的邪火点旺：

"老佛爷，听说变法这玩艺，罢完满洲重臣的官以后，紧接着就向太监开刀了，求老佛爷开恩！"

"住嘴，我是和皇上说话呢。"慈禧看了一眼李莲英，脸上的愠怒稍显缓和。可还没等李莲英"奴才该死，奴才该死"这句话说完，慈禧的怒气又上来了。

"叫珍妃进来!"

珍妃惶急地进殿,跪在慈禧面前:

"奴婢给太后请安!"

慈禧阴沉着脸,语含讥讽:

"你给我请安,你眼里还有我?我且问你,皇上用'如不与我权,我愿逊位'来将我的军,是不是你给出的点子?"

慈禧的目光如刀般刺向珍妃。光绪焦急万分,带着哭腔说:

"不是她,是儿臣出自肺腑,孩儿是以宗社为重,不愿做亡国之君啊!"

慈禧对光绪的话听而不闻,咬牙切齿地说:

"珍妃,你给我放规矩点。今天当着皇上的面,我把话讲清楚。谁敢惹我一时不痛快,我就叫他一辈子痛快不了。"

慈禧把她凶狠的目光移向光绪:

"皇上,我可真是以大清国的利益为重,我要你立即免了老糊涂翁同龢的官;今后任命二品以上大员都必须到我这儿来谢恩;速派荣禄任直隶总督。皇上,你听清楚了没有?"

"儿臣遵照母后的旨意办。"光绪无可奈何地口里应着,他的心里在流血。罢去翁同龢无异于砍掉他的一只手;新任大员都将倒向母后这一边;兵权又落入她的宠臣手里,我这个皇上还有法子干下去吗?剪掉翅膀的鹰怎能飞上天去?

珍妃沉默地跪着,她的确是支持皇上变法维新的。她预感到慈禧饶不了她,但她更担心的是皇帝,慈禧对待皇帝真像猫捉老鼠,吃之前总先要捉弄个够。

四

钟粹宫在紫禁城的一个偏僻所在,宫后的北三所更为冷寂,这是个囚禁妃嫔的地方。

珍妃被囚进北三所已经一年多了。她身边只有两名宫女,说是侍奉

她,其实是监视她的一举一动的。门被反锁着,饭食从门槛缝隙递进来。初时,每天有一个时辰,她得跪着听慈禧太后派下来的二号总管太监崔玉贵数落她的所谓罪状。一个月以后再也没人来了,耳根子倒是得以清净,但一股撕肝裂肺的孤独袭击着她。她绝不是一个情感脆弱的女人,如今离开了皇帝,外界音信渺然,她仿佛是一只跌落在荒漠上的孤雁,心里空空荡荡的。

珍妃时刻挂记着软禁在中南海瀛台的皇帝。

那一天是农历八月初六。天色微明,慈禧便从颐和园赶回紫禁城皇帝的寝宫,凶神附体似的劈头问光绪道:

"你有多大胆子,变法变到我头上来了!你的良心叫狗吃了,竟妄想动用袁世凯的新军加害于我!你四岁入宫,是我把你抚育成人,扶你登基做皇帝的,你忘恩负义!"

光绪跪伏在地上,又急又怕,全身颤抖。珍妃见状知道皇上失算了,袁世凯为人奸诈多变,皇上指望他杀荣禄、发兵颐和园、请太后勿干朝政的一整套谋划彻底破灭了。她面白如纸。

"你也别用逊位来逼我,我看你是命薄福浅当不了皇上了。"慈禧胸有成竹地转头朝向李莲英,"立即传我旨意,就说皇上染病,养疴瀛台,暂时不宜过问朝政,今后一切政务统由我亲自安排!"

这无异是要把皇上废了!珍妃想着,连忙叩头:

"请母后息怒,皇上变法为的是大清的江山社稷,绝无不利于母后之心。他纵有过失,也请开天地之恩饶他一次吧!"

"你这骚货,变法也有你唆使的一份,还敢饶舌!"慈禧对珍妃又烦又恨,她说的这句话有如给慈禧已经燃起的心火浇上一勺油。

"皇上乃一国之君,不能随意废立!"珍妃把吉凶置之度外,直视慈禧。慈禧抡圆胳膊狠狠打了珍妃一个耳光,厉声吼道:

"把珍妃簪珥撤尽,用过杖刑再囚禁起来!"

珍妃想到这儿惨然一笑。已经三更天了,她昏昏沉沉地闭上眼睛,一会儿工夫就睡过去了。她蒙蒙眬眬地看见有个手捂肚腹翻来滚去的身影。

是慈安皇太后?宫内有过传言,说这位和善的女人是糊里糊涂被慈禧给毒死的。不!是个男人,是皇上,皇上真的给害死了!这可不是风传,是真的!啊!

听得珍妃一声惨叫,受惊的两名宫女跑过来叫醒珍妃。宫女侍奉珍妃并不敢怠慢,皇帝说不准哪一天又能执掌朝政。何况,今天一大早,珍妃还没有醒,就来了一个不速之客,卫士打扮,悄声告诉她俩,皇帝今夜要驾临北三所。两个宫女你一言我一语地把皇帝要来北三所看望娘娘的消息告诉给珍妃。

珍妃疑惑自己是否仍在梦中,见到皇上的梦她不知做过多少次了。她抬起手腕子狠狠咬了一口,好痛,还起了一道血印,这回不是梦!

大雨将至,深夜的空气发闷。珍妃哪里睡得着,白天的消息靠得住吗,会不会发生意外?

咣当一声门锁开了,两个人一前一后迅急地闪进屋来,前面的一个正是她日夜思念的皇上!随行卫士和宫女知趣地躲了出去。珍妃一头扎在皇帝怀里,皇帝紧紧地抱住她,语声哽咽:

"是朕害苦了你!你遭囚禁,朕眼前的一点光亮也消失了。"

一年多不见,如同隔世,今宵相会,一刻千金。珍妃看定皇帝,强忍住泪水问道:

"皇上,目前朝政可有好的转机?"

"唉,朕囚居瀛台,已是个挂名天子了。此次看你是冒风险偷着来的。"光绪的确来得慌急,一脸的汗水。

"皇上切不可以奴婢为念,要时刻想着大清的命运,忍辱负重,等待时机。"珍妃憔悴的脸上一双秀目仍旧闪烁着刚烈,"只是我一直担心,生怕她对你……"珍妃说不下去了,热泪夺眶而出。

"太后她现在还不会让我死,也没急着公开废我。你以为是她发善心了?不,变法是昙花一现,百日维新嘛,康、梁逃亡日本,谭嗣同等六君子搭上了性命,但举国上下对朕还有公论,外国人也有同情朕变法维新的,这只怕就是太后暂时不敢对朕绝情的一个原因。还有个原因,现在国家面临

危亡,英法联军共同犯我,太后居心叵测,用义和团的血肉之躯抵御洋枪洋炮,惨败的局面已定,而她却说国家大事当问朕,把自己开脱得一干二净,让朕当替罪羊。"光绪一口气把要告诉珍妃的都倒了出来。

珍妃听着心冷得直打哆嗦,她知道慈禧太后心机深不可测,她在为废掉皇上制造口实。

光绪不能在北三所多逗留,珍妃送他出房门。仰望苍穹,泼墨似的黑,没有半点星光,没有一线云隙,她的心也遮满了乌云。珍妃痛苦地叫道:

"苍天啊,救救皇上!"

五

光绪二十六年(公元1900年)六月十八日八国联军攻陷天津,接着长驱直入,七月二十日攻入北京城郊,离天坛已不远。慈禧闻讯吓得魂飞天外,当即更换汉装,让李莲英把头发梳成汉人妇女的样式。她吩咐光绪和孝定景皇后,还有珍妃的姐姐瑾妃也都穿上汉人衣裳。

慈禧在国难当头、兵临城下的时刻还冒出个歹毒的主意,她要趁机拔掉一颗眼中钉,处死珍妃。

"崔玉贵,快把珍妃给我带来,快!"

慈禧铁青着脸。崔玉贵一阵风似的把囚在北三所的珍妃带出来。珍妃趔趔趄趄地走到慈禧跟前跪倒。慈禧冷冷地盯着她说:

"你身子骨一直不好,就别跟着逃难了。你年纪轻轻的,长得又俊,现如今兵荒马乱的,如果被匪人玷污了,有损皇家声名。你就自裁吧!"

珍妃已经病了好些日子了,她周身乏力,四肢酸软,不思饮食,昨夜又是一夜无眠,辗转床榻。黎明时分她隐隐约约听到炮声。前两天她听到宫女慌恐地议论,八国洋人合伙攻打清国,眼看就要打到北京城了。她的秀目蓦然一亮,慈禧必然逃离京畿,皇上有无可能留下来和洋人谈判?一旦脱开慈禧太后,皇上会有所作为的呀!

珍妃临难不悔,跪伏在地,镇定地乞求:

"太后,请留下皇上以安我大清民心吧!"

"放屁!你死到临头还同我耍心眼!崔玉贵,还不动手?"丧失人性的慈禧发疯似的叫喊着。现在她最担心的就是留下光绪,再掀起什么政治风浪危及她的统治。

太监崔玉贵立即上前拖起珍妃,把她拖到宁寿宫外,推进一口水井里。

光绪眼看着自己的爱妃任人杀害,他,不要说是皇权,就是一个普通男人的权力也没有,他的一切都被慈禧剥夺得一干二净了。光绪悲愤至极,呆立着活像个木头人。

后人为了纪念珍妃,给宁寿宫外那口井起了个名字,叫"珍妃井"。

附录
历代皇妃非正常死亡情况表

先秦（公元前206年以前）

（略）

西汉（公元前206—公元25年）

戚　姬（？—前194）：高祖刘邦姬妾。为吕后所杀。
张　嫣（？—前143）：惠帝刘盈皇后。囚死。
薄皇后（？—前147）：景帝刘启皇后。囚死。
栗　姬（？—前150）：景帝刘启姬妾。忧死。
陈　娇（？—前110？）：武帝刘彻皇后。被废囚死。
卫子夫（？—前91）：武帝刘彻皇后。自杀。
赵钩弋（？—前88）：武帝刘彻婕妤。被赐死。
许平君（前89—前71）：宣帝刘询皇后。被霍显毒死。
霍成君（前86—前54）：宣帝刘询皇后。自杀。
冯　媛（？—前6）：元帝刘奭昭仪。被逼饮药自杀。
许皇后（？—前8）：成帝刘骜皇后。被赐死。
赵飞燕（？—前1）：成帝刘骜皇后。自杀。
赵合德（？—前7）：成帝刘骜昭仪。自杀。
傅皇后（？—前1）：哀帝刘欣皇后。自杀。
王皇后（前12—23）：平帝刘衎皇后。投火自杀。

东汉（公元25—220年）

郭圣通（？—52）：光武帝刘秀皇后。被废而死。

宋贵人(？—82)：章帝刘炟贵人。自杀。

梁贵人(62—83)：章帝刘炟贵人。忧死。

阴皇后(生卒年不详)：和帝刘肇皇后。被囚忧死。

李恭愍(？—115)：安帝刘祜宫人，后谥曰"恭愍皇后"。为阎姬所杀。

阎　姬(？—126)：安帝刘祜皇后。囚死。

梁女莹(？—159)：桓帝刘志皇后。忧恚死。

邓猛女(？—165)：桓帝刘志皇后。被废，忧死于暴室。

田　圣(？—167)：桓帝刘志贵人。为皇后窦妙所杀。

窦　妙(？—172)：桓帝刘志皇后。囚死于南宫。

董孝仁(？—189)：灵帝刘宏生母。忧怖暴毙(或曰忧惧自杀)。

宋皇后(？—178)：灵帝刘宏皇后。忧死于暴室。

何皇后(？—189)：灵帝刘宏皇后。为董卓鸩杀。

王美人(？—181)：灵帝刘宏美人。为何皇后毒杀。

董贵人(？—200)：献帝刘协贵人。为曹操所杀。

伏　寿(？—214)：献帝刘协皇后。为曹操幽死于暴室。

三国(公元220—280年)

魏(公元220—265年)

甄皇后(182—221)：文帝曹丕皇后。被赐死。

毛皇后(？—237)：明帝曹睿皇后。被赐死。

蜀(公元221—263年)

李昭仪(生卒年不详)：后主刘禅昭仪。国破，魏军入洛，欲将蜀宫人赐给诸将之无
　　　妻者，乃自杀。

吴(公元222—280年)

王夫人(？—243？)：大帝孙权夫人。忧死。

夫　人(？—252)：大帝孙权夫人。为宫人缢死。

朱夫人(？—265)：景帝孙休皇后。被赐死。

西晋(公元265—317年)

夏侯徽(211—234):景帝司马师皇后。为司马师鸩杀。
杨　芷(259—292):武帝司马炎皇后。为贾南风所杀。
贾南风(257—300):惠帝司马衷皇后。为赵王司马伦等所废,被赐死。
谢　玖(？—300):惠帝司马衷淑媛,愍怀太子司马遹生母。为贾南风所杀。

东晋(公元317—420年)

庾文君(297—328):明帝司马绍皇后。苏峻作乱,见逼辱,遂以忧死。
王简姬(？—369？):简文帝司马昱皇后。被幽废,忧死。

南北朝(公元420—589年)

南朝·宋(公元420—479年)
胡道女(368—409):武帝刘裕婕妤。被遣赐死。
袁齐妫(405—440):文帝刘义隆皇后。愤恚成疾而死。
路惠男(？—466):孝武帝刘骏皇后。为明帝刘彧毒死。

南朝·齐(公元479—502年)
无

南朝·梁(公元502—557年)
徐昭佩(？—549):元帝萧绎妃嫔。被赐死。

南朝·陈(公元557—589年)
张丽华(？—589):后主陈叔宝贵妃。陈亡,为杨广所杀。

北朝·北魏(公元386—534年)
刘皇后(？—409？):太祖道武皇帝拓跋珪皇后。生太宗,依旧制被赐死。
李皇后(？—456):文成皇帝拓跋浚皇后。生显祖,依旧制被赐死。
李皇后(449—469):献文皇帝拓跋弘皇后。生孝文帝,依旧制被赐死。

林皇后(？—483)：孝文皇帝元宏皇后。生皇子元恂，依旧制被赐死。
冯皇后(？—499)：孝文皇帝元宏皇后。被赐死。
高皇后(生卒年不详)：孝文皇帝元宏皇后。为孝文幽皇后冯氏所杀。
高皇后(生卒年不详)：宣武皇帝元恪皇后。为胡皇后所害。
于皇后(486？—？)：宣武皇帝元恪皇后。为高夫人所害。
胡皇后(？—528)：宣武皇帝元恪皇后。为尔朱荣所拘，沉河死。

北朝·东魏(公元534—550年)

无

北朝·西魏(公元535—556年)

文皇后乙弗氏(510—540)：文帝元宝炬皇后。被赐自尽。
悼皇后郁久闾氏(525—540)：文帝元宝炬皇后，死于难产。

北朝·北齐(公元550—577年)

冯小怜(生卒年不详)：后主高纬淑妃。为李询母所逼，自杀。

北朝·北周(公元557—581年)

无

隋(公元581—618年)

无

唐(公元618—907年)

王皇后(？—655)：高宗李治皇后。被废，为武则天所杀。
萧良娣(？—655)：高宗李治良娣。为武则天所杀。
赵　妃(？—675)：中宗李显妃子。为武则天幽死。
韦皇后(？—709)：中宗李显皇后。为李隆基所杀。
上官婉儿(？—709)：中宗李显昭容。为李隆基所杀。
刘皇后(？—693)：睿宗李旦皇后。为武则天所杀。

窦德妃(？—693)：睿宗李旦德妃。为武则天所杀。
王皇后(？—724)：玄宗李隆基皇后。被废而死。
杨贵妃(719—756)：玄宗李隆基贵妃。为兵士所逼，被缢死于马嵬坡。
张皇后(？—762)：肃宗李亨皇后。谋废立太子，被幽死。
韦　妃(？—757)：肃宗李亨妃子。陷贼而死。
沈　妃(生卒年不详)：代宗李豫妃子。陷于贼，不知所终。
何皇后(？—905)：昭宗李晔皇后。为朱全忠所杀。

五代（公元907—960年）

后梁（公元907—923年）
无

后唐（公元923—936年）
刘皇后(？—926？)：庄宗李存勖皇后。为明帝李嗣源所杀。
曹皇后(？—936)：明帝李嗣源皇后。国破，与末帝李从珂自焚而死。
王淑妃(？—947)：明帝李嗣源淑妃。为刘知远遣人所杀。
孔皇后(？—934)：闵帝李从厚皇后。为末帝李从珂所杀。
刘皇后(？—936)：末帝李从珂皇后。国破，与末帝自焚而死。

后晋（公元936—947年）
李皇后(？—950)：高祖石敬瑭皇后。为契丹掳至北地，因病无医药而死。

后汉（公元947—950年）
无

后周（公元951—960年）
张贵妃(？—950)：太祖郭威贵妃。为后汉所杀。
刘皇后(？—950)：世宗柴荣皇后。为后汉所杀。
符皇后(930—955)：世宗柴荣皇后。忧患而死。

宋（公元960—1279年）

李宸妃(987—1032)：真宗赵恒宸妃。死于非命。
郭皇后(？—1035)：仁宗赵祯皇后。被废，暴毙。
刘皇后(1079—1113？)：哲宗赵煦皇后。为左右所逼，自缢而死。
黄贵妃(？—1191)：光宗赵惇贵妃。为李皇后所杀。
杨淑妃(？—1279)：度宗赵禥淑妃。宋亡，投海自杀。

辽（公元907—1125年）

萧太后(？—951)：世宗耶律阮生母。为耶律察割所杀。
萧撒葛只(？—951)：世宗耶律阮皇后。为耶律察割所杀。
甄　妃(？—951)：世宗耶律阮妃子。为耶律察割所杀。
萧菩萨哥(983—1032)：圣宗耶律隆绪皇后。为顺圣元妃萧耨斤所杀。
萧观音(？—1075)：道宗耶律洪基皇后。被赐自尽。
萧师姑(生卒年不详)：天祚帝耶律延禧德妃。以哀泣卒。
萧瑟瑟(？—1121)：天祚帝耶律延禧文妃。被赐死。

金（公元1115—1234年）

萧崇妃(生卒年不详)：太祖完颜阿骨打崇妃。为海陵王所杀。
裴满氏(生卒年不详)：熙宗完颜亶皇后。为完颜亶所杀。
徒单氏(生卒年不详)：海陵王完颜亮嫡母。为海陵王所杀。
唐括定哥(生卒年不详)：海陵王完颜亮贵妃。被海陵王赐死。
耶律察八(生卒年不详)：海陵王完颜亮昭媛。为海陵王所杀。

元（公元1206—1368年）

答纳失里(？—1335)：顺帝孛儿只斤妥懽帖睦尔皇后。为丞相伯颜所杀。

明（公元1368—1644年）

马皇后(？—1402)：惠帝朱允炆皇后。燕王朱棣攻陷都城，死于大火。
胡皇后(？—1443)：宣宗朱瞻基皇后。被废而死。

293

纪太后(？—1475)：宪宗朱见深宫人，孝宗生母。暴毙(或曰为万贵妃所害)。

陈皇后(？—1528)：世宗朱厚熜皇后。帝怒，惊惧堕胎而死。

张皇后(？—1536)：世宗朱厚熜皇后。被废而死。

曹端妃(？—1542)：世宗朱厚熜端妃。谋杀世宗不成，被杀。

刘太后(？—1610)：光宗朱常洛淑女，思宗生母。被谴死。

李庄妃(生卒年不详)：光宗朱常洛庄妃。为魏忠贤、客氏所恶，愤郁而死。

赵选侍(？—1623)：光宗朱常洛选侍。为魏忠贤、客氏矫旨赐死。

张皇后(？—1644)：熹宗朱由校皇后。李自成攻破都城，自缢而死。

张裕妃(？—1623)：熹宗朱由校裕妃。为魏忠贤、客氏幽死。

冯贵人(？—1623)：熹宗朱由校宫人。为魏忠贤、客氏所害。

周皇后(？—1644)：思宗朱由检皇后。李自成攻破都城，自杀。

清(公元1616—1911年)

富察氏(？—1620)：太祖爱新觉罗·努尔哈赤继妃。获罪而死。

纳喇氏(？—1626)：太祖爱新觉罗·努尔哈赤太妃。太祖死，从殉。

他他拉氏(？—1901)：德宗爱新觉罗·载湉珍妃。忤太后叶赫那拉氏，沉井而死。

历代有多少后妃死于非命？很难说。难说的原因之一是历代的后妃多得就像天上的星星、海滩上的沙粒，数也数不清。据说，周代王者立一后、三夫人、九嫔、二十七世妇、八十一女御，但那只是形式上的规定，临到实际上龙登九五之时，就恨不能把天下所有的美女都弄进宫来做自己的老婆。周代还算老实的，除皇后外只有四个级别，秦朝则增至八个级别，到汉武帝增至十二个级别，再到了汉元帝更是青出于蓝而胜于蓝，花样翻新地增到了十五个级别！难怪连大文学家兼大史学家欧阳修也要慨叹"不可胜记"(《新五代史》卷十五)了。

难说的原因之二是后妃比帝王具有更大的变数。在某一朝某一代某一时里帝王只有一个(至少名义上是如此)，后妃可绝不会是一个。连最"本分"的帝王也不例外。本来后宫的美女就多得数不清，再加上这一变数的影响，自然是很难说了。

  难说的原因之三是在那个不把女人当人看的时代里，究竟各朝各代有多少后妃在宫闱争战中丧生，根本就没有个完全而确切的记载和统计。一个嫔妃死了，就像死了一只猫一只狗，若不是因为她们还和一个个神圣而伟大的皇帝有那么点关系，恐怕连现在记录下来的这些也存不下来。

  所以历代后妃到底有多少人死于非命，尤其是在夺权斗争中丧生，实在是难说得很。至于死亡的人占总数的百分比，更是一道哥德巴赫猜想式的数学难题，除非时光倒转让历史再来一遍，否则这道题是绝不可能有解开的时候。因此，本表根据"二十五史"辑录的这117名"非正常死亡"的历代后妃，也只是九牛一毛而已。

(京)新登字 083 号

图书在版编目(CIP)数据

解读王朝. 后妃卷 /韶华,亚方,邓荫柯主编;郎享伯著. —北京:中国青年出版社,2011.1
ISBN 978-7-5006-9747-3

Ⅰ.①解… Ⅱ.①韶… ②亚… ③邓… ④郎… Ⅲ.①后妃-人物研究-中国-古代 Ⅳ.①K827=2

中国版本图书馆 CIP 数据核字(2010)第 244774 号

策　　划:	庄志霞
责任编辑:	杜海燕
出版发行:	中国青年出版社
社　　址:	北京东四 12 条 21 号
邮　　编:	100708
网　　址:	www.cyp.com.cn
编辑电话:	010-57350503
门市电话:	010-57350370
印　　刷:	三河市君旺印装厂
经　　销:	新华书店
开　　本:	700×1000　1/16
印　　张:	19
插　　页:	4
字　　数:	260 千字
版　　次:	2011 年 1 月北京第 1 版
印　　次:	2011 年 1 月河北第 1 次印刷
印　　数:	1—6000 册
定　　价:	28.00 元

本图书如有印装质量问题,请凭购书发票与质检部联系调换　联系电话:010-57350337

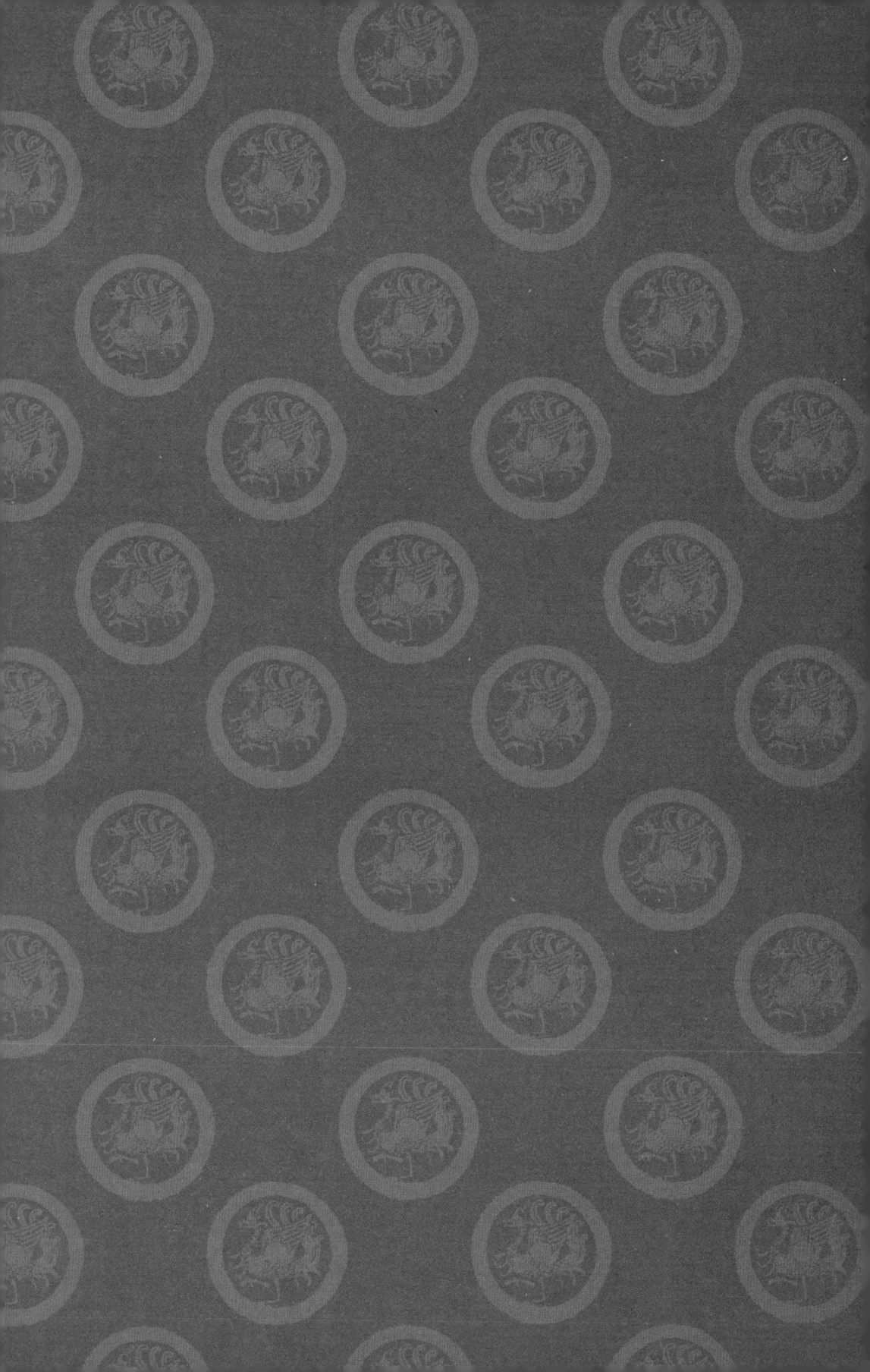